ULRICH SCHIRMER

Der Einfluß paramonetärer Institutionen auf die Vermögensbildung, das Kreditangebot und die Geldpolitik

Untersuchungen über das Spar-, Giro- und Kreditwesen

Schriften des Instituts für das Spar-, Giro- und Kreditwesen an der Universität Bonn

Herausgegeben von Prof. Dr. Dr. Dr. h. c. Fritz Voigt

Band 55

Der Einfluß paramonetärer Institutionen auf die Vermögensbildung, das Kreditangebot und die Geldpolitik

Von

Dr. Ulrich Schirmer

DUNCKER & HUMBLOT / BERLIN

Gedruckt 1971 bei Berliner Buchdruckerei Union GmbH., Berlin 61
Printed in Germany

ISBN 3 428 02467 2

Meinen Eltern

Inhaltsverzeichnis

Tabellenverzeichnis

TEIL 1

Einleitung und Abgrenzung der Untersuchung

I. Die Problemstellung

Die vorliegende Arbeit wendet sich der Untersuchung der Tätigkeit und der ökonomischen Wirkungen von Kapitalsammelstellen zu, die generell dem Geld- und Kreditsystem einer Volkswirtschaft zugerechnet, jedoch nicht als Geschäftsbanken gekennzeichnet werden können. Ihre Entstehung und Entwicklung ist wie die des Bankensystems verknüpft mit dem Industrialisierungsprozeß, der sich in vorwiegend an marktwirtschaftlichen Wirtschaftsordnungsformen orientierten Industriegesellschaften vollzog. Im Verlauf dieses Prozesses ergab sich in zunehmendem Maße eine institutionelle Trennung zwischen Sparern und Investoren[1]. Simultan entwickelte sich das Problem der Transformation von Geldmitteln solcher Wirtschaftssubjekte, die Ersparnisse bilden, unter Berücksichtigung deren Anlagevorstellungen, in Finanzierungsmittel in Form von Krediten, die den Investoren, entsprechend ihren Finanzierungserfordernissen, zur Verfügung gestellt werden können. Mit der zur Erhaltung eines anhaltenden Prozesses wirtschaftlichen Wachstums eng verbundenen Notwendigkeit, Nettoinvestitionen vorzunehmen, kompliziert sich infolge zunehmend differenzierter Finanzierungserfordernisse die finanzielle Transformation. Dadurch werden günstige Voraussetzungen für die Entwicklung des Geld- und Kreditsystems allgemein, insbesondere aber der hier betrachteten Kapitalsammelstellen geschaffen.

Diese Kapitalsammelstellen, die im folgenden als paramonetäre Institutionen bezeichnet werden, wurden erstmalig von Gurley und Shaw[2] in die geldtheoretische und geldpolitische Diskussion eingeführt.

---

[1] Diese Trennung von Sparen und Investieren wurde erstmals von Keynes in aller Klarheit dargestellt. Vgl. *John Maynard Keynes*, The General Theory of Employment, Interest and Money Dtsch. Übersetzung: Allgemeine Theorie der Beschäftigung, des Zinses und des Geldes, Berlin 1955, S. 46 ff.

[2] Vgl. *John G. Gurley, Edward S. Shaw*, Financial Aspects of Economic Development, in: The American Economic Review, Vol. 45 (1955), S. 515—38. *Dieselben:* Financial Intermediaries and the Saving-Investment Process, in: The Journal of Finance, Vol. 11 (1956), S. 257—76. *Dieselben:* Money in a Theory of Finance, 3. Aufl., Washington 1964.

In ihrer Analyse des finanziellen Sektors, insbesondere aber der paramonetären Institutionen im Wachstum, kamen sie zu dem Ergebnis, daß mit dem Prozeß realwirtschaftlichen Wachstums eine Ausdehnung des Bereichs finanzieller Institutionen verbunden ist. Gurley und Shaw folgern aus der Entwicklung der finanziellen Institutionen, daß ein Zwang zur Modifizierung der bisherigen geldtheoretischen und geldpolitischen Analyse besteht. Die Anregung zu ihren Arbeiten erhielten sie durch Untersuchungen R. W. Goldsmiths[3] über die Entwicklung finanzieller Institutionen in den USA. Goldsmiths Arbeiten enthalten weder eine geldtheoretische noch eine geldpolitische Fragestellung. Sie zeigen lediglich die institutionelle und strukturelle Entwicklung nicht dem Bankensystem zugehöriger Kapitalsammelstellen im Vergleich zu den Banken auf. Goldsmith kommt zu dem bedeutsamen Ergebnis, daß paramonetäre Institutionen im Zeitraum von 1900 bis 1950 in den USA ein stärkeres Wachstum verzeichneten als die Geschäftsbanken.

Die finanzielle Transformation der paramonetären Institutionen vollzieht sich einerseits in der Weise, daß diese den Vermögensbesitzern eigene Emissionen in Form finanzieller Forderungen gegen sich selbst — in der Terminologie von Gurley und Shaw: indirekte finanzielle Aktiva — zum Kauf anbieten, während sie andererseits vornehmlich von Unternehmen aufgelegte Schulden — nach Gurley und Shaw: direkte finanzielle Aktiva — in ihre Portefeuilles aufnehmen[4]. Mit der Einbeziehung der von den paramonetären Institutionen ausgeübten Transformationsfunktion in die Betrachtung des wirtschaftlichen Wachstumsprozesses wird eine theoretische Verknüpfung der Probleme des realwirtsschaftlichen Wachstums mit monetären und finanziellen vollzogen.

Dieser Ansatz erweitert die bisher formulierten Wachstumstheorien um den monetären und den finanziellen Aspekt. In den keynesianischen und neoklassischen Grundmodellen zur Analyse der Determinanten des gesamtwirtschaftlichen Wachstums wurde die monetäre und damit auch die finanzielle Komponente vernachlässigt[5]. Eine den Erfordernissen des Wachstums angemessene Finanzierung wird allenfalls als gegeben vorausgesetzt. Erst in neueren Ansätzen wird den monetären und finanziellen Bedingungen des Wachstums Beachtung geschenkt. Sie lassen, vornehmlich durch die Einbeziehung der Vermögensdispo-

---

[3] Vgl. *Raymond W. Goldsmith,* The Share of Financial Intermediaries in National Wealth and National Assets, 1900—1949, National Bureau of Economic Research, Occasional Paper 42, New York 1954. *Derselbe:* Financial Intermediaries in the American Economy since 1900, Princeton 1958.

[4] Vgl. *John G. Gurley, Edward S. Shaw,* Money in a Theory of Finance, a.a.O., S. 60 f., 200 ff.

[5] Als keynesianische und neoklassische Grundmodelle der Wachstumstheorie werden die von Harrod, Domar, Solow und Phelps entwickelten Ansätze verstanden.

sitionen der Wirtschaftssubjekte, Zweifel daran aufkommen, daß das Problem der Kreditversorgung, bzw. der Finanzierung des Wachstums, durch eine alleinige Einbeziehung des Bankensystems in die Analyse angemessen berücksichtigt wird[6].

Die Emissionen der paramonetären Institutionen stehen in einer mehr oder minder engen Substitutionsbeziehung zum Zentralbankgeld. Daraus ergibt sich die Frage nach den Rückwirkungen, die diese wachsenden Bestände finanziellen Vermögens auf die Konsum- bzw. Sparentscheidungen der Vermögensbesitzer auszulösen vermögen. Des weiteren ergibt sich die Notwendigkeit, die Rückwirkungen der Akkumulation zu untersuchen. Da ein Teil der von den paramonetären Institutionen emittierten indirekten finanziellen Aktiva in engerer Substitutionsbeziehung zum Geld steht als direkte finanzielle Aktiva, sie selbst jedoch nur in geringem Umfang Kassenreserven halten, erhebt sich die Frage, ob sie im Verlauf ihres Wachstumsprozesses in der Lage sind, die Geldnachfrage zu reduzieren. Es erweist sich daher als erforderlich, die institutionellen und strukturellen Besonderheiten dieser finanziellen Institutionen in der Theorie der Geldnachfrage zu berücksichtigen[7]. Dies war bisher nicht der Fall. So enthält die von Keynes entwickelte Theorie der Geldnachfrage zwar das Einkommen und einen nicht näher spezifizierten Zins für Wertpapiere als Determinanten, nicht jedoch den Vermögensbestand[8]. Erst in den Ansätzen der Chicago-Schule sowie der durch sie angeregten Weiterentwicklung der Theorie der Geldnachfrage werden finanzielle Vermögenstitel — jedoch ohne nähere Spezifikation — explizite in die Geldnachfragefunktion einbezogen[9].

Die Tatsache enger Substitutionsbeziehungen zwischen den Emissionen paramonetärer Institutionen und dem Geld führt ferner zu der Frage nach den daraus resultierenden Rückwirkungen auf die Umlaufsgeschwindigkeit des Geldes. Erhöht sich infolge der finanziellen Trans-

---

[6] Vgl. *James Tobin,* Money and Economic Growth, in: Econometrica, Vol. 33 (1965), S. 671—684. *Harry G. Johnson,* Money in a Neo-Classical One-Sector Growth Model, in: Essays in Monetary Economics, London 1967, S. 143—78. *James Tobin,* Notes on Optimal Monetary Growth, in: The Journal of Political Economy, Vol. 76 (1968), S. 833—59.

[7] Vgl. auch *Harry G. Johnson,* Monetary Theory and Policy, in: The American Economic Review, Vol. 52 (1962), S. 351 ff.

[8] Vgl. *John Maynard Keynes,* The General Theory of Employment, Interest and Money, a.a.O., S. 163—175.

[9] Vgl. *Milton Friedman,* The Quantity Theory of Money — A Restatement, in: Studies in the Quantity Theory of Money, Hrsg. Milton Friedman, Chicago 1956. Eine Übersicht über die Entwicklung der Theorie der Geldnachfrage findet sich bei: *Artur Woll,* Die Theorie der Geldnachfrage: Analytische Ansätze und statistische Ergebnisse für die Bundesrepublik Deutschland, in: Zeitschrift für die gesamte Staatswissenschaft, Bd. 125 (1969), S. 56—81.

formation der paramonetären Institutionen die Umlaufsgeschwindigkeit, so können sich daraus negative Effekte für den Wirkungsgrad geldpolitischer Maßnahmen ergeben.

Über einen langen Zeitraum hinweg konzentrierte sich die Geld- und Kredittheorie auf den Geldschöpfungsmechanismus des Bankensystems. Von besonderem Interesse war hierbei das Phänomen, daß das Bankensystem die Fähigkeit besitzt, auf der Grundlage einer gegebenen Zentralbankgeldmenge ein Vielfaches eigenen vom Publikum als Zahlungsmittel akzeptierten Geldes — Giralgeld — zu schöpfen. Die Erkenntnis des engen Zusammenhanges zwischen der Geldmenge des Bankensystems und dem gesamtwirtschaftlichen Ausgabenvolumen richtet die Aufmerksamkeit der Nationalökonomen primär auf die Banken[10]. Die Ansätze zur Bestimmung der Grenzen der Geld- und Kreditschöpfung gehen daher allein von einer Interaktion von Banken im Rahmen des Geldschöpfungsmechanismus aus. Sie wurden erweitert durch die Analyse der institutionellen Bedingungen im Bankensystem sowie der Kassenhaltungsgewohnheiten des Publikums, um auf diese Weise eine Annäherung an die Realität und damit einen höheren Präzisionsgrad zu erreichen[11]. Auch das Instrumentarium der Zentralbank zur Beeinflussung des gesamtwirtschaftlichen Ausgabenvolumens ist primär auf eine unmittelbare sowie mittelbare Kontrolle der Geld- bzw. Kreditschöpfung des Bankensystems abgestimmt. Erst die von Gurley und Shaw eingeleitete Analyse der finanziellen Transformation durch die paramonetären Institutionen hat zu Ansätzen zur Erklärung des Geldschöpfungsmechanismus geführt, in denen diese explizit berücksichtigt werden.

Die Arbeiten Gurleys und Shaws, wie auch die Goldsmiths, haben eine lebhafte Diskussion unter Geldtheoretikern und Geldpolitikern ausgelöst. Den geldpolitischen Problemen im Zusammenhang mit den Aktivitäten der paramonetären Institutionen wird dabei das stärkere Gewicht zugemessen. Insbesondere bewegt sich die Diskussion um die Frage, ob angesichts der wachsenden Bedeutung der paramonetären Institutionen im Geld- und Kreditsystem vornehmlich der USA das geldpolitische Instrumentarium noch einen hinreichenden Wirkungsgrad besitzt, um wirtschaftspolitische Ziele mittels dessen Einsatzes zu realisieren. In einigen Ländern sind zur Klärung dieses Problems um-

---

10 Vgl. *Chester A. Phillips*, Bank Credit, New York 1920. *Rudolf Stucken*, Geld und Kredit, 2. Aufl., Tübingen 1957, *Erich Schneider*, Einführung in die Wirtschaftstheorie, Teil III, Geld und Kredit, Volkseinkommen und Beschäftigung, 9. Aufl., Tübingen 1964.

11 Vgl. *Karl Brunner*, A Scheme for the Supply Theory of Money, in: The International Economic Review, Vol. 2 (1961), S. 79—109. *Karl Brunner, Robert Crouch*, Money Supply Theory and British Monetary Experience, in: Operation Research Verfahren, Bd. III, Festschrift für Wilhelm Krelle, Hrsg. Rudolf Henn, Marienborn 1967, S. 77—112.

fangreiche Bankenenquêten erstellt worden. Sie wenden sich einerseits einer intensiven Analyse der institutionellen und strukturellen Bedingungen des Geld- und Kreditsystems zu sowie andererseits der Wirkungsanalyse der geldpolitischen Instrumente[12].

Die vorliegende Untersuchung befaßt sich mit den in der Bundesrepublik wirkenden paramonetären Institutionen. In einem ersten Abschnitt werden die Funktionen dieser Institutionen im Wirtschaftskreislauf untersucht. Hierbei wird zunächst der Versuch unternommen, den Finanzierungsaspekt des wirtschaftlichen Wachstums in den Zusammenhang mit der Geldvermögensbildung der privaten Haushalte sowie der Produktivvermögensbildung der Unternehmen zu stellen. Dieser Aspekt der sektoralen Vermögensbildung als Ergebnis der finanziellen Transformation des Geld- und Kreditsystems, ist in den Arbeiten von Gurley und Shaw nur implizite enthalten. Dazu sind die Probleme der Entstehung sowie des Zusammenhanges zwischen realer und finanzieller Vermögensbildung näher zu untersuchen. Dem schließt sich eine Analyse der von den paramonetären Institutionen wahrgenommenen Transformationsfunktion an. Hierbei wird versucht, die Unterschiedlichkeiten in den Teilfunktionen gegenüber den Geschäftsbanken herauszuarbeiten.

Eine Untersuchung der Stellung der paramonetären Institutionen im Prozeß der finanziellen Transformation soll deren Geschäftsentwicklung im Zeitraum von 1950 bis 1968 im Vergleich zu den Geschäftsbanken aufzeigen. Hierbei interessiert insbesondere die Frage, ob die Entwicklung der paramonetären Institutionen in der Bundesrepublik einen ähnlichen Verlauf genommen hat wie in einigen angelsächsischen Ländern. Als Kriterium zur Beurteilung dieser Frage wird die Entwicklung der Aktiva sowie der Kredite dieser Institutionen herangezogen. Ferner wird die Entwicklung des Anteils der Emissionen der paramonetären Institutionen an der Geldvermögensbildung der Haushalte untersucht. In den neueren Ansätzen zur Analyse der Determinanten des gesamtwirtschaftlichen Ausgabenvolumens gewinnt die Untersuchung der Wirkungen des Vermögensbestandes der Wirtschaftssubjekte auf die Konsum- bzw. Sparentscheidungen in wachsendem

---

[12] Vgl. hierzu Committee on the Working of the Monetary System. Report. Presented to the Parliament by the Chancellor of the Exchequer by Command of Her Majesty, August 1959, Reprinted London 1964 (Radcliffe-Report). Ferner: Money and Credit. Their Influence on Jobs, Prices and Growth. The Report of the Commission on Money and Credit (CMC), Englewood Cliffs 1961. Ferner: 1964 Report of the Royal Commission on Banking and Finance (Porter Commission), Ottawa 1965. Ferner aus australischer Sicht: *F. Argy*, Non-Banking Financial Intermediaries and the Process of Credit Creation, in: The Economic Record, Vol. 36 (1960), S. 530 bis 541. *Warren P. Hogan*, Monetary Policy and Financial Intermediaries, in: The Economic Record, Vol. 36 (1960), S. 517—29.

Maße an Bedeutung. Hierbei kommt insbesondere den Haushalten eine außerordentlich wichtige Funktion im Prozeß des Ausgleichs von Budgetüberschüssen und -defiziten zu[13]. Die Haushalte realisieren in der überwiegenden Mehrheit Budgetüberschüsse und akkumulieren mit diesen nicht konsumtiv verwendeten Mitteln finanzielle Forderungen. Im Hinblick auf eine ständig zunehmende Institutionalisierung des Sparprozesses erscheint daher eine Analyse der Einwirkungsmöglichkeiten der paramonetären Institutionen auf die Entscheidungen der Haushalte bezüglich ihrer Vermögensbildung als notwendig. Dabei wird jedoch auf eine Berücksichtigung der Ansätze zur Theorie der optimalen Portefeuillegestaltung der Haushalte verzichtet. Das Angebot finanzieller Forderungen vornehmlich an die Haushalte führt zu einem Strom von Zentralbankgeld erheblichen Ausmaßes zu diesen Institutionen. Hierbei erhebt sich die Frage, ob die in den USA festgestellten Vermögensumschichtungen von den Geschäftsbanken zu den paramonetären Institutionen seitens der Haushalte in gleicher Weise in der Bundesrepublik vorgenommen werden. Dieses Problem ist wettbewerbspolitisch von Bedeutung. Ferner ist zu untersuchen, wie sich das wachsende Angebot nichtmonetärer finanzieller Vermögensobjekte seitens der paramonetären Institutionen gegenüber der Geldnachfrage der Haushalte auswirkt.

Die finanziellen Ströme, die infolge unausgeglichener Budgets der Wirtschaftssubjekte über die Kapitalsammelstellen fließen, sind von beträchtlicher Wirkung für das gesamtwirtschaftliche Kreditangebot. So wird das Kreditangebot einerseits von der Bereitschaft der Haushalte bestimmt, finanzielle Forderungen aus Emissionen dieser Kapitalsammelstellen in ihr Portefeuille aufzunehmen. Andererseits tritt das Kreditangebot dieser Institutionen zu dem des Bankensystems hinzu. In diesem Zusammenhang ist zu untersuchen, ob diese Institutionen in gleicher oder ähnlicher Weise fähig sind, wie das Bankensystem Geld bzw. Kredit zu schöpfen. Ferner ist zu klären, ob und in welcher Richtung sich die Geld- bzw. Kreditschöpfungsmöglichkeiten verändern, wenn diese Institutionen in einen Ansatz zur Bestimmung der Grenzen der Geld- bzw. Kreditschöpfung auf der Basis einer gegebenen Zentralbankgeldmenge einbezogen werden. Insbesondere im Hinblick auf die

---

[13] Vgl. hierzu *Boris P. Pesek, Thomas R. Saving*, Money, Wealth, and Economic Theory, New York, London 1967. *Manfred Willms*, Portfolioentscheidungen, Zinsstruktur und Geldpolitik, Habilitationsschrift, Universität Bonn 1968. *Hans Georg Monissen*, Konsum und Vermögen. Analyse der Konsum-Vermögensrelation im makroökonomischen Gesamtzusammenhang. Theorie und Politik. Volkswirtschaftliche Untersuchungen aus dem Institut für Industrie- und Gewerbepolitik der Universität Hamburg, Hrsg. Gérard Gäfgen, Bd. 3, Göttingen 1968. *Hartmut Rudloff*, Vermögensbestand, Sparverhalten und Wirtschaftswachstum, Untersuchungen über das Spar-, Giro- und Kreditwesen, Bd. 47, Hrsg. Fritz Voigt, Berlin 1969.

Frage nach der Wirksamkeit des geldpolitischen Instrumentariums ist zu prüfen, welche Rückwirkungen sich aus der finanziellen Transformation seitens der paramonetären Institutionen auf die Umlaufsgeschwindigkeit des Geldes ergeben.

Die Akkumulation finanzieller Forderungen aus Emissionen der hier untersuchten Institutionen seitens der Haushalte wird nicht ohne Wirkungen auf deren Ausgabenentscheidungen bleiben. Es können sich daher sowohl kurzfristige als auch langfristige Einflüsse auf das gesamtwirtschaftliche Ausgabenvolumen ergeben. In gleicher Weise werden von dem Kreditangebot dieser Kapitalsammelstellen Impulse auf das Ausgabenvolumen ausgehen. Die Zentralbank versucht durch den Einsatz ihrer Instrumente vornehmlich auf die kurzfristige Entwicklung des Ausgabenvolumens stabilisierend einzuwirken. Wie oben schon angedeutet wurde, ist das Instrumentarium der Zentralbank jedoch primär auf die Kontrolle des Bankensystems abgestimmt. Angesichts dieser Situation erhebt sich die Frage, ob und gegebenenfalls in welchem Umfang die hier untersuchten Institutionen fähig sind, die Wirksamkeit geldpolitischer Maßnahmen seitens der Zentralbank zu beeinträchtigen.

II. Zum Begriff der paramonetären Institutionen

In der vorliegenden Arbeit werden alle diejenigen Kapitalsammelstellen als paramonetäre Institutionen bezeichnet, deren Forderungen gegen sich selbst nicht als Zahlungsmittel akzeptiert werden oder solche Institute, deren typisches Passivgeschäft nicht in der Einräumung von Sichteinlagen gegenüber Nichtbanken besteht. Das zentrale Kriterium für die Zurechnung von Kapitalsammelstellen zu den paramonetären Institutionen ist also die Struktur der Passivseite ihrer Bilanzen. Die Tatsache, daß die paramonetären Institutionen keine oder nur in sehr geringem Umfang, der praktisch vernachlässigt werden kann[14], gegenüber Nichtbanken Sichteinlagen einräumen, ist hinsichtlich der gegenwärtigen Marktstellung dieser Institute im deutschen Kreditwesen sowie bezüglich einer künftigen Ausbreitung für das Geld- und Kreditangebot sowie für die Geldpolitik von weitreichender Bedeutung. Dem ist in der geldtheoretischen und geldpolitischen Diskussion durch die Hinwendung zu einem erweiterten Geldmengenbegriff Rechnung getragen worden. So wurde zunächst gefordert, den bisher üblichen Geldmengenbegriff, der das Zentralbankgeld und die Sichteinlagen bei Banken umfaßt, um die Termin- und Spareinlagen zu erweitern[15]. In neueren Beiträgen wird die Forderung nach der Aufgabe des Geld-

---

[14] Siehe Tabelle 1 auf Seite 22.

[15] Vgl. *Milton Friedman* and *Anna Schwartz,* Money and Business Cycles, in: The Review of Economics and Statistics, Vol. 45 (1963), Suppl., S. 44.

mengenbegriffs zugunsten eines gesamtwirtschaftlichen Liquidationskonzepts erhoben[16]. Diese Entwicklung vollzog sich in Erkenntnis der wachsenden Bedeutung der von den paramonetären Institutionen emittierten finanziellen Forderungen, die in differenzierter Substitutionsbeziehung zum Geld stehen.

Der Begriff der paramonetären Institutionen umfaßt einige Kapitalsammelstellen, die im üblichen deutschen Sprachgebrauch den Banken bzw. dem Bankensystem zugeordnet werden. Das gilt insbesondere für die privaten und öffentlich-rechtlichen Bausparkassen, die Hypothekenbanken und öffentlich-rechtlichen Grundkreditanstalten, die Teilzahlungskreditinstitute sowie die Kreditinstitute mit Sonderaufgaben. Darüber hinaus werden solche Kapitalsammelstellen unter diesen Begriffen subsumiert, die zwar dem Geld- und Kreditsystem zuzurechnen sind, jedoch nicht den Geschäftsbanken. Diese Terminologie weicht von der im deutschen Sprachgebrauch üblichen ab. Für die Problemstellung der vorliegenden Untersuchung erweist sich jedoch infolge der ähnlichen Struktur der Passivseite der Bilanzen dieser Institute im Hinblick auf Sichteinlagen diese Begriffsbildung als erforderlich. Die Bezeichnung paramonetäre Institutionen entspricht weitgehend den im angelsächsischen Sprachgebrauch üblichen Begriffen „non-monetary financial intermediaries“ oder „non-banking financial intermediaries“[17]. In der angelsächsischen Fachliteratur werden die Banken und die paramonetären Institutionen unter dem Dachbegriff „financial intermediaries“ zusammengefaßt[18]. Häufig finden sich jedoch Abweichungen dahingehend, daß paramonetäre Institutionen im Gegensatz zu den Banken (commercial banks) lediglich als „financial intermediaries“ bezeichnet werden[19]. Die Bezeichnung „financial intermediaries“ oder

---

[16] Vgl. Committee on the Working of the Monetary System, Report, a.a.O. Zur Diskussion um eine Erweiterung des Geldmengenbegriffs, vgl. ferner: *Boris P. Pesek, Thomas R. Saving*, Money, Wealth, and Economic Theory, a.a.O.

[17] Vgl. hierzu *Eugene A. Birnbaum*, The Growth of Financial Intermediaries as a Factor in the Effectiveness of Monetary Policy, in: Staff Papers, Vol. 6 (1957—58), S. 386. *Warren L. Smith*, Financial Intermediaries and Monetary Controls, in: The Quarterly Journal of Economics, Vol. 73 (1959), S. 534. *John G. Gurley, Edward S. Shaw*, Money in a Theory of Finance, a.a.O., S. 191 ff. *Assar Lindbeck*, A Study in Monetary Analysis, 2. Aufl., Stockholm 1965, S. 180 ff.

[18] Vgl. *Raymond W. Goldsmith*, Financial Intermediaries in the American Economy since 1900, a.a.O., S. 50 ff. OECD: Capital Markets Study III, Functioning of Capital Markets, Paris 1969.

[19] Vgl. *Joseph Aschheim*, Techniques of Monetary Control, Baltimore 1961, S. 111 ff. *Ezra Solomon*, The Issue of Financial Intermediaries, in: Money and Economic Activity: Readings in Money and Banking, Hrsg. Lawrence S. Ritter, 2. Aufl., Boston 1961, S. 327—33. *Karl Brunner, Allan H. Meltzer*, The Place of Financial Intermediaries in the Transmission of Monetary Policy, in: The American Economic Review, Vol. 53 (1963), Papers and Proceedings, S. 372—382.

übersetzt „finanzielle Intermediäre" für das gesamte Geld- und Kreditsystem einer Volkswirtschaft resultiert aus der finanziellen Vermittlerfunktion dieser Institute gegenüber den Wirtschaftssubjekten, deren finanzielle Situation dadurch gekennzeichnet ist, daß ihre Budgets in der Regel nicht ausgeglichen sind. Hierbei ist es gleichgültig, ob diese Institute den Wirtschaftssubjekten Forderungen gegenüber sich selbst einräumen, die als Zahlungsmittel angesehen werden, oder nicht. Wird diese Terminologie auf das Geld- und Kreditsystem der Bundesrepublik übertragen, so sind die Zentralbanken, die Geschäftsbanken sowie solche Institute, die nicht nur als Nebengeschäft Sichteinlagen von Nichtbanken entgegennehmen, als monetäre Intermediäre zu bezeichnen. Als monetäre Intermediäre werden in der folgenden Untersuchung nachstehende Kreditinstitute bezeichnet: die Zentralbank, die Kreditbanken, die Sparkassen und Girozentralen, die Kreditinstitute des Genossenschaftssektors sowie die Postscheck- und Postsparkassenämter. Entsprechend werden Kapitalsammelstellen, die spezielle Bankgeschäfte betreiben oder Versicherungsleistungen anbieten, jedoch keine oder nur in unbedeutendem Umfang Sichteinlagen von Nichtbanken entgegennehmen, als paramonetäre Institutionen bezeichnet. In der vorliegenden Untersuchung werden folgende Kapitalsammelstellen unter dem Begriff paramonetäre Institutionen zusammengefaßt: die Realkreditinstitute, die Kreditinstitute mit Sonderaufgaben, die Teilzahlungskreditinstitute, die Kapitalanlagegesellschaften, die Bausparkassen, die Individualversicherungen, die Sozialversicherungen sowie die Beteiligungsfinanzierungsgesellschaften. Von den hier als paramonetäre Institutionen bezeichneten Instituten besitzen die Realkreditinstitute, die Kreditinstitute mit Sonderaufgaben, die Teilzahlungsbanken, die öffenlichen Bausparkassen sowie die Mehrheit der privaten Bausparkassen das Recht, Sichteinlagen von Nichtbanken entgegenzunehmen. Wie aus Tabelle 1 hervorgeht, ist der relative Anteil der bei diesen Instituten gehaltenen im Vergleich zu den übrigen bei Kreditinstituten von Nichtbanken gehaltenen Sichteinlagen außerordentlich gering[20]. Diese Tatsache rechtfertigt die Annahme, daß die Entgegennahme von Sichteinlagen kein typisches Geschäft dieser Institutionen darstellt, und damit ihre Einbeziehung unter den Begriff paramonetäre Institutionen.

In früheren Veröffentlichungen zum Problem der nicht dem Bankensystem zugehörigen Kapitalsammelstellen wurden diese unter dem Begriff „Sekundärbanken" oder „Kreditvermittlungsbanken" gekennzeichnet als Gegensatz zu „Kreditschöpfungsbanken"[21]. Diese Einteilung

[20] Siehe Tabelle 1 auf Seite 22.

[21] Vgl. hierzu *Albert Hahn*, Volkswirtschaftliche Theorie des Bankkredits, 3. Aufl., Tübingen 1930, S. 46 ff. *Hans Neisser*, Der Tauschwert des Geldes, Jena 1928, S. 61 f. Jaeger bezeichnet in Anlehnung an Hahn und Neisser die

Tabelle 1: **Sichteinlagen der Nichtbanken bei Kreditinstituten 1959 - 1968 in Mill. DM**

	1959		1962		1966		1968	
	Mill. DM	in v. H.	Mill. DM	in v. H.	Mill. DM	in v. H.	Mill. DM	in v. H.
Sichteinlagen der Nichtbanken bei Kreditinstituten	29 117,4		40 105,4		49 998,1		62 564,8	•
davon bei: Kreditbanken	13 913,6	47,4	17 974,4	44,8	21 157,6	42,3	27 322,8	43,6
Sparkassen und Girozentralen	9 161,9	31,4	14 168,5	35,3	18 627,5	37,2	22 361,8	35,7
Kreditinstituten des Genossenschaftssektors	3 181,0	10,9	4 762,8	11,8	6 595,5	13,1	7 501,7	11,9
Postscheck- und Postsparkassenämtern	1 772,1	6,0	2 610,9	6,5	3 090,6	6,1	3 577,7	5,7
Realkreditinstituten	65,5	0,2	61,7	0,1	50,9	0,1	84,1	0,1
Kreditinstituten mit Sonderaufgaben	262,1	0,9	321,5	0,8	323,5	0,6	773,8	1,2
Teilzahlungskreditinstituten ..	103,2	0,3	137,1	0,3	37,9	0,07	34,3	0,05
Bausparkassen[a)]	41,8	0,1	41,2	0,1	114,7	0,2	180,1	0,2

a) Bei den Bausparkassen wurde die Position „sonstige Einlagen" in V 18 a des statistischen Teils der Monatsberichte der Deutschen Bundesbank verwendet.

Quelle: Errechnet aus: Deutsche Bundesbank, Monatsberichte, III B 1 und V 18 a.

der finanziellen Intermediäre ist aus zwei Gründen unbefriedigend. Einerseits verdienen nicht alle der hier betrachteten Kapitalsammelstellen die Bezeichnung Kreditinstitute. Die Individualversicherungen sowie die Sozialversicherungsträger — ihnen kommt unter den hier betrachteten Instituten infolge ihres Geschäftsvolumens die größte Bedeutung zu — sind ihrer Natur nach keine Kreditinstitute. Andererseits wird die Unterordnung dieser Institute unter die obigen Begriffe von der Geld- bzw. Kreditschöpfungsfähigkeit abhängig gemacht. Dabei wird jedoch eine analytische Trennung zwischen Geld- und Kreditschöpfung sowie eine Untersuchung des Kreditgewährungsvorgangs dieser Institute in isolierter Betrachtung, wie sie bezüglich der Kreditschöpfung des Bankensystems vorgenommen wird, unterlassen.

Um die Bedeutung der hier betrachteten Institute für die Liquiditätsposition der Wirtschaftssubjekte, insbesondere der Haushalte, für das Kreditangebot und damit für das gesamtwirtschaftliche Ausgabenvolumen hervorzuheben, erscheint es daher als sinnvoller, sie als paramonetäre Institutionen zu kennzeichnen.

III. Die Voraussetzungen für die Entstehung und die Entwicklung paramonetärer Institutionen

Die Entwicklung eines leistungsfähigen Geld- und Kreditsystems ist eng verbunden mit einem Prozeß anhaltenden wirtschaftlichen Wachstums. Allgemein wächst mit zunehmender Realkapitalbildung das Bedürfnis nach einer flexiblen Kreditfinanzierung. Mit der wachsenden Differenzierung der Produktionsstruktur treten differenzierte Kreditbedürfnisse und Risiken auf. Sie verlangen nach Finanzierungsformen, die von der standardisierten Kreditgewährung abweichen. Diese Situation enthält die günstigsten Bedingungen für die Entstehung und Entwicklung paramonetärer Institutionen.

Die Entstehung der paramonetären Insitutionen in Deutschland steht in engem Zusammenhang mit der zunehmenden Differenzierung der Produktionsstruktur. Mit zunehmender Komplexität entstanden neue paramonetäre Institutionen mit einem entsprechend komplexen Dienstleistungsangebot. Neben dem Bankensystem entwickelten sich, allerdings mit zeitlicher Verzögerung, zunächst das Versicherungsgewerbe und die Hypothekenbanken. Gegen Ende des vorigen Jahrhunderts traten die Sozialversicherungsträger hinzu. Mitte der ersten Hälfte

---

hier untersuchten Institute als „sekundäre Finanzierungsinstitute". Vgl. *Gerd Jaeger*, Entwicklung der sekundären Finanzierungsinstitute in der Bundesrepublik Deutschland und ihre Bedeutung für die Zentralbankpolitik, Kieler Studien, Forschungsberichte des Instituts für Weltwirtschaft an der Universität Kiel, Hrsg. Erich Schneider, Bd. 89, Tübingen 1968, S. 13 ff.

dieses Jahrhunderts nahmen die Bausparkassen und die Teilzahlungskreditinstitute ihre Tätigkeit auf. Erst nach 1950 gewannen dagegen die Kapitalanlagegesellschaften in Deutschland an Bedeutung. Demgegenüber nahmen sie in England und den USA ebenso wie die Bausparkassen schon Ende des vorigen Jahrhunderts eine beachtliche Stellung im Kreditgewerbe ein. Mit Beginn der Wiederaufbauphase in der Bundesrepublik setzte bei allen paramonetären Institutionen ein rapides Wachstum ihres Geschäftsvolumens ein. In diese Zeit fällt auch die Entstehung von Kreditinstituten mit Sonderaufgaben, die auf staatliche wie auf private Initiative zurückzuführen ist. Zwar wurden bereits in der ersten Hälfte dieses Jahrhunderts privatwirtschaftlich und öffentlich-rechtlich organisierte Kreditinstitute mit Sonderaufgaben, wie die Deutsche Verkehrskreditbank und die Landwirtschaftliche Rentenbank, gegründet. Doch gewannen die Kreditinstitute mit Sonderaufgaben erst in der Wiederaufbauphase an Bedeutung. Unter den öffentlich-rechtlichen Instituten sind die Kreditanstalt für Wiederaufbau und die Lastenausgleichsbank hervorzuheben. Die Ausfuhrkredit GmbH, die Industriekreditbank sowie die Privatdiskont AG können als die wichtigsten privatwirtschaftlichen Kreditinstitute mit Sonderaufgaben angesehen werden. Erst im Jahre 1966 entstand in Deutschland ein bisher unbekannter Typ paramonetärer Institutionen, die Beteiligungsfinanzierungsgesellschaften. Ihre Aufgabe besteht darin, mittleren nicht emissionsfähigen Unternehmen auf dem Weg über Beteiligungen Kapital zur Verfügung zu stellen. Die vorliegende Arbeit beschäftigt sich infolge der starken Ausdehnung des Geschäftsvolumens der paramonetären Institutionen in Deutschland in den Jahren von 1950 bis 1968 mit den sich daraus für die gesamtwirtschaftliche Entwicklung ergebenden Problemen.

IV. Die institutionellen Voraussetzungen für die Tätigkeit paramonetärer Institutionen

Die institutionell-rechtlichen Grundlagen für die Tätigkeit paramonetärer Institutionen sind durch die Rahmenbestimmungen des Kreditwesengesetzes[22] festgelegt. Danach wird jedoch nur ein Teil der paramonetären Institutionen der generellen Aufsicht durch das Bundesaufsichtsamt für das Kreditwesen unterstellt. Dazu gehören die Teilzahlungskreditinstitute, die Kreditinstitute mit Sonderaufgaben außer der Kreditanstalt für Wiederaufbau[23] und die Beteiligungsfinanzierungsinstitute[24]. Ferner bestimmt das Hypothekenbankgesetz[25], daß

---

[22] Siehe Gesetz über das Kreditwesen, vom 10. Juli 1961, BGBl I 1961, S. 881.
[23] Siehe Gesetz über das Kreditwesen, a.a.O., § 2 Abs. 1 und 3.
[24] Siehe Gesetz über das Kreditwesen, a.a.O., § 1 Abs. 1.

die Aufsicht über die Realkreditinstitute beim Bundesaufsichtsamt für das Kreditwesen liegt. Gleiches gilt gemäß den Vorschriften des Gesetzes über Kapitalanlagegesellschaften[26] für die Investmentgesellschaften.

Dagegen wird die Aufsicht über die privaten und öffentlichen Versicherungsunternehmen sowie die privaten und öffentlichen Bausparkassen durch das Versicherungsaufsichtsgesetz[27] geregelt. Danach obliegt die Aufsicht über diese Institute dem Bundesaufsichtsamt für das Versicherungs- und Bausparwesen[28]. Hinsichtlich der privaten und öffentlichen Versicherungsunternehmen bestehen jedoch Ausnahmeregelungen, die diese der Länderaufsicht unterstellen können. Für beide Institutsgruppen gelten jedoch die Bestimmungen der §§ 2 Abs. 3 und 14 des Kreditwesengesetzes. Nach § 2 Abs. 3 des Kreditwesengesetzes gelten dessen Vorschriften für diese Institute, wenn sie Bankgeschäfte betreiben, „die nicht zu den ihnen eigentümlichen Geschäften gehören". Gemäß § 14 des Kreditwesengesetzes sind sie bei Kreditgewährungen, die eine Million DM überschreiten, gegenüber der Deutschen Bundesbank anzeigepflichtig[29].

Die Aufsicht über die Sozialversicherungsträger (Rentenversicherung, Krankenversicherung, Unfallversicherung) wird durch die Reichsversicherungsordnung[30] bestimmt. Danach obliegt die Aufsicht über die Sozialversicherungsträger, soweit sie nicht von den Landesbehörden ausgeübt wird, dem Bundesversicherungsamt[31]. Die Bundesanstalt für Arbeitsvermittlung und Arbeitslosenfürsorge wird vom Bundesarbeitsminister beaufsichtigt[32]. Für die Sozialversicherungsträger sowie die Bundesanstalt für Arbeitsvermittlung und Arbeitslosenfürsorge gelten entsprechend die Bestimmungen der §§ 2 Abs. 3 und 14 des Kreditwesengesetzes.

---

[25] Siehe Hypothekenbankgesetz, in der Fassung vom 5. Februar 1963, BGBl I 1963, S. 81, insbesondere § 3.

[26] Siehe Gesetz über Kapitalanlagegesellschaften, vom 16. April 1957 (BGBl I 1957, S. 378), in der Fassung vom 20. Januar 1965, BGBl I 1965, S. 12.

[27] Siehe Gesetz über die Beaufsichtigung der privaten Versicherungsunternehmen und Bausparkassen, vom 6. Juni 1931 (RGBl I, S. 315, 750), in der Fassung vom 28. Februar 1955, BGBl I 1955, S. 85.

[28] Siehe Gesetz über die Errichtung eines Bundesaufsichtsamtes für das Versicherungs- und Bausparwesen, vom 31. Juli 1951 (BGBl I 1951, S. 480) in der Fassung vom 22. Dezember 1954, BGBl I 1954, S. 501, insbesondere die §§ 2—5.

[29] Siehe Gesetz über das Kreditwesen, a.a.O., §§ 2 Abs. 3 und 14.

[30] Siehe Reichsversicherungsordnung, vom 19. Juli 1911 (RGBl, S. 509), mit Änderung vom 9. Mai 1956, BGBl G 1956, S. 415, insbesondere § 30.

[31] Siehe Gesetz über die Errichtung des Bundesversicherungsamts, die Aufsicht über die Sozialversicherungsträger und die Regelung von Verwaltungszuständigkeiten in der Sozialversicherung und der betrieblichen Altersfürsorge, vom 9. Mai 1956, BGBl I 1956, S. 415.

[32] Siehe Gesetz über die Bundesanstalt für Arbeitsvermittlung und Arbeitslosenversicherung, vom 10. März 1952, BGBl I 1952, S. 123, insbesondere § 34.

TEIL 2

Die Funktionen der paramonetären Institutionen im Wirtschaftskreislauf

I. Reales, monetäres und nichtmonetäres finanzielles Vermögen und paramonetäre Institutionen

1. Die begriffliche Abgrenzung zwischen realem und finanziellem Vermögen

Die Wertsumme aller Aktiva im Besitz eines beliebigen Wirtschaftssubjekts zu einem bestimmten Zeitpunkt wird abzüglich der bestehenden Verpflichtungen als sein Nettovermögen oder auch sein Nettogesamtvermögen bezeichnet. Es setzt sich zusammen aus dem Sachvermögen, dem Geldvermögen und dem Arbeitsvermögen[1]. Das Sachvermögen wird entsprechend seinem Eigentümer in privates und öffentliches eingeteilt[2]. Soweit trifft der Vermögensbegriff auf alle am Wirtschaftsprozeß beteiligten Wirtschaftssubjekte zu.

Diese lassen sich jedoch entsprechend ihrer Stellung bzw. ihrer Funktion im Wirtschaftskreislauf in Gruppen oder Sektoren einteilen. Daher bedarf auch der Vermögensbestand eines einer bestimmten Wirtschaftsgruppe bzw. einem Sektor zugehörigen Wirtschaftssubjekts, entsprechend dessen Funktion, einer genaueren Kennzeichnung. Dieser Kennzeichnung soll die Durchführung von Nettoinvestitionen als Einteilungskriterium zugrunde gelegt werden. Nettoinvestitionen werden jedoch nur von den Sektoren Unternehmen und Staat vorgenommen. Die Haushalte nehmen ex definitione keine Investitionen vor[3]. Dementsprechend wird das Sachvermögen der Unternehmen und des Staates als Produktivvermögen oder reales Vermögen bezeichnet, während das

---

[1] Das Arbeitsvermögen ist im Zusammenhang mit dem Untersuchungsobjekt von geringem Interesse und wird somit keiner weiteren Untersuchung unterzogen.

[2] Vgl. hierzu *Wilhelm Krelle,* Volkswirtschaftliche Gesamtrechnung, 2. Aufl., Berlin 1967, S. 120 ff.

[3] Die Annahme wird in Anlehnung an die in der volkswirtschaftlichen Gesamtrechnung übliche Praxis getroffen. Darin wird die Sachvermögensbildung der Haushalte (insbesondere der Bau von Eigenheimen) ebenfalls dem Unternehmenssektor zugerechnet.

Vermögen im Besitz der Haushalte als Gebrauchsvermögen gekennzeichnet wird. Hieraus wird schon die unterschiedliche Funktion des Vermögens bei den Unternehmen und dem Staat gegenüber dem der privaten Haushalte ersichtlich. Durch das infolge von Nettoinvestitionen in wachsendem Umfang gegebene geplante Einschlagen mehrergiebigerer Produktionsumwege wird Produktivvermögen akkumuliert. Es entstehen wachsende Produktionskapazitäten. Die Funktion des akkumulierten Produktivvermögens besteht somit in der „Bereitstellung einer volkswirtschaftlichen Leistungsreserve“[4] in Form von Produktionskapazitäten. Demgegenüber ist das Vermögen im Besitz der Haushalte das Ergebnis sowohl bewußten als auch unbewußten Verhaltens. Die Funktion des Vermögensbestandes bei den Haushalten ist durch eine breite Skala von Akkumulationsmotiven gekennzeichnet[5]. Das Sachvermögen der Haushalte ist infolge seiner eindeutigen Zweckbestimmung zum täglichen Gebrauch relativ unflexibel im Hinblick auf Transaktionen und somit bezüglich der Themenstellung von geringem Interesse. Das Augenmerk richtet sich vielmehr auf das Geldvermögen sowie die Geldvermögensbildung der Haushalte.

Das Tätigkeitsfeld der Gesamtheit der finanziellen Intermediäre öffnet sich nach zwei Seiten. Einerseits bestehen Geschäftsbeziehungen zum Sektor Haushalte, zum anderen zu den Unternehmen und dem Staat[6]. Bezüglich des Untersuchungsobjekts — den paramonetären Institutionen — steht somit das Produktivvermögen einerseits sowie das Geldvermögen der Haushalte andererseits im Mittelpunkt des Interesses.

Der Geldvermögensbestand der Haushalte setzt sich aus Geld (in Form von Noten, Münzen und Sichteinlagen), Spareinlagen sowie Forderungsrechten verschiedenartigster Ausgestaltung zusammen[7]. Diesen Forderungsrechten im Vermögensbestand der Haushalte gilt besonderes Interesse. Sie stellen Teile nicht verbrauchten Einkommens

---

[4] Siehe *Fritz Voigt*, Der volkswirtschaftliche Sparprozeß, Berlin 1950, S. 40.

[5] Vgl. hierzu auch *Hartmut Rudloff*, Vermögensbestand, Sparverhalten und Wirtschaftswachstum, a.a.O., S. 14 ff.

[6] Einige paramonetäre Institutionen sind durch gesetzliche Vorschriften gezwungen, zumindest einen Teil ihrer liquiden Mittel in Staatsschuldtiteln anzulegen. Die monetären Intermediäre führen generell Staatspapiere in ihren Portefeuilles.

[7] Zur Frage, ob die Emissionen von paramonetären Institutionen als Nettovolksvermögen bezeichnet werden können, vgl. die Untersuchung von *Boris P. Pesek, Thomas R. Saving*, Money, Wealth, and Economic Theory, a.a.O., S. 103 ff. Sie sehen Noten, Münzen sowie Sichtdepositen als Nettovolksvermögen an. Die Emissionen paramonetärer Institutionen können nach ihrer Aussage nicht als Nettovolksvermögen angesehen werden, da an deren Halter ein Zins seitens des Emittenten zu zahlen ist. Gleichgültig ob es sich um Nettovolksvermögen handelt oder nicht, werden in der weiteren Untersuchung diese Titel als Vermögensobjekt im Portefeuille der Haushalte angesehen.

früherer Perioden dar und bilden somit durch die Wahl des Haushalts einer bestimmten Anlageform konkretisiertes Sparen. Dieses Geldvermögen, auch als Geldkapital[8] bezeichnet, dient, soweit es in Forderungsrechten besteht, der Finanzierung von Investitionen und damit der Produktivvermögensbildung im Unternehmenssektor bzw. beim Staat. Daher werden die im Vermögensbestand der Haushalte befindlichen Forderungsrechte als „nichtmonetäres finanzielles Vermögen" der Haushalte bezeichnet. Geldbestände im Besitz der Haushalte (in Form von Noten, Münzen und Sichteinlagen) werden als „monetäres finanzielles Vermögen" gekennzeichnet. Für die weitere Untersuchung ist das Sachvermögen der Haushalte nur im Rahmen der Probleme, die im Zusammenhang mit der Höhe des Gesamtvermögens eines Haushalts sowie dessen Struktur gegeben sind, von Bedeutung.

Dem „finanziellen Vermögen" der Haushalte steht das „reale Vermögen" bei den Unternehmen und beim Staat gegenüber. Diese Bezeichnung wird gewählt, um das finanzielle Vermögen, als konsumtives sowie wohlstandsökonomisch gekennzeichnetes Vermögen, klar vom realen, als Produktivvermögen, abzugrenzen. Die Tatsache, daß auf der Aktivseite der Bilanzen der Unternehmen auch Geldvermögensbestände ausgewiesen werden, bzw. daß der Unternehmenssektor selbst Geldvermögen bildet, wird nicht als Hindernis für die obige Begriffsbildung angesehen. Die Geldvermögensbildung ist nicht die primäre Funktion der Unternehmen, sondern vielmehr die Produktivvermögensbildung. Ferner dient die Geldvermögensbildung in Unternehmen anderen Zwecken als in den Haushalten. Der Geldvermögensbildung im Sektor Unternehmen liegen unterschiedliche Intentionen zugrunde. Sie wird einerseits vorgenommen zur Bildung finanzieller Reserven. Andererseits ist sie das Ergebnis kurzfristig auftretender Veränderungen der für die Unternehmen geltenden Daten, wie sie beispielsweise durch konjunkturelle Schwankungen verursacht werden. Eine geplante Geldvermögensbildung als unternehmensstrategische Maßnahme infolge außerordentlich unsicherer Erwartungen, wie sie beispielsweise im Jahr 1967 sowie Anfang 1968 nachzuweisen ist, kann nur als konjunkturbedingte, kurzfristige Ausnahmeerscheinung angesehen werden[9]. Die

---

[8] Vgl. hierzu *A. Forstmann*, Volkswirtschaftliche Theorie des Geldes, Erster Hauptteil: Reine Theorie des Geldes, Bd. I, Allgemeine Geldtheorie, Berlin 1943, S. 243 ff. Vgl. ferner: *O. Veit*, Reale Theorie des Geldes, Tübingen 1966, S. 85, der auf die Verwechslungsmöglichkeiten des Begriffs Geldkapital mit dem Kapital in der Unternehmensbilanz hinweist. *E. Preiser*, Der Kapitalbegriff und die neuere Theorie, in: Bildung und Verteilung des Volkseinkommens, 3. Aufl., Göttingen 1963, S. 99 ff., vermeidet ebenso den Begriff des Geldkapitals. Vielmehr betont er, daß zur Kennzeichnung des Sparens und dessen Konkretisierung in Vermögensanlagen der Begriff des Kapitals unnötig ist.

[9] Zu der außerordentlich hohen Geldvermögensbildung der Unternehmen im Zeitraum 1967 bis Anfang 1968 vgl. Monatsberichte der Deutschen Bun-

Kreditaufnahme der Unternehmen ist in der Regel größer als das eigentliche Finanzierungsdefizit. Die aus Eigenfinanzierung den Unternehmen zur Verfügung stehenden Mittel werden somit nicht notwendig zur Finanzierung der Realvermögensbildung verwendet. Der Grund dafür liegt im Wunsch der Unternehmen nach Konsolidierung einerseits sowie nach Liquiditätsvorsorge andererseits, d. h. einer Zuführung dieser Mittel zu den Reserven. Die Geldvermögensbildung der Unternehmen dient ferner der finanziellen Investitionsvorbereitung. Langfristige Geldvermögensbildung kann schließlich Ausdruck von Bestrebungen sein, im Zuge wirtschaftlicher Konzentrationsprozesse Beteiligungen an in- und ausländischen Unternehmen zu erwerben. Die Geldvermögensbildung der Unternehmen unterscheidet sich also von der der Haushalte. Somit rücken das Produktivvermögen als reales Vermögen und das finanzielle Vermögen in den Mittelpunkt der Betrachtung.

Zusammenfassend wird nochmals betont, daß reales Vermögen oder Produktivvermögen der Unternehmen und des Staates unterschieden wird vom finanziellen Vermögen der Haushalte. Das finanzielle Vermögen dient, sofern es nicht zu Transaktionszwecken verwendet wird, der Finanzierung des realen Vermögens.

2. Die Entstehung realen und finanziellen Vermögens

Die Voraussetzung für die Akkumulation von realem und finanziellem Vermögen ist eine fortschreitende Wirtschaft. Die Vermögensbildung ist somit grundsätzlich an die Durchführung von Nettoinvestitionen geknüpft. Dieser Prozeß wirtschaftlichen Wachstums ist durch einen realen sowie einen finanziellen Aspekt gekennzeichnet. Realwirtschaftlich gesehen führt der Wachstumsprozeß, unter der Annahme eines neutralen und/oder arbeitssparenden technischen Fortschritts, bei fortlaufenden Nettoinvestitionen zu einer kontinuierlichen Realkapitalbildung. Vornehmlich im Unternehmenssektor, aber auch beim Staat — die Haushalte nehmen ex definitione keine Nettoinvestitionen vor —, kommt es somit zu einer ständigen Akkumulation von Produktivvermögen. Dabei entspricht die reale Vermögensbildung einer Periode dem Teil der gesamtwirtschaftlichen Nettoproduktion, der nicht verbraucht wird, also in den Unternehmen bzw. beim Staat verbleibt. Das Realvermögen erhöht sich somit in jeder Periode um den Betrag, der dem Unternehmenssektor sowie dem Staat als Bestand in Form von Anlage- und Lagerinvestitionen zuwächst. Lange Zeit stand der reale Aspekt

---

desbank, 20. Jg., Nr. 4, 1968, S. 11—32 sowie 20. Jg., Nr. 9, 1968, S. 3—15 sowie S. 29—36.

des Wachstumsprozesses im Mittelpunkt des ökonomisch-theoretischen Interesses. Monetäre Aspekte des wirtschaftlichen Wachstums wurden zunächst insofern vernachlässigt, als in der ökonomischen Theorie davon ausgegangen wurde, daß eine elastische Kreditversorgung gegeben sei[10]. Die finanziellen Aspekte, insbesondere das Transformationsproblem sowie der Komplex der Vermögensbildung blieben dagegen unberücksichtigt[11]. Eine ausschließlich auf den Prozeß der Akkumulation von Produktivvermögen abgestellte Betrachtung reicht jedoch nicht aus zur exakten Erklärung ökonomischer Entwicklungsprozesse. Vielmehr ist, wie Keynes[12] nachwies, die institutionelle Trennung zwischen Sparer und Investor ein typisches Merkmal hochindustrialisierter Gesellschaften. Die Finanzierung der Produktivvermögensbildung wäre unproblematisch, wenn die Gewinne der Unternehmen so hoch anfallen würden, daß die Produktivvermögensbildung durch Selbstfinanzierung erfolgen könnte. Da die Gewinne im allgemeinen nicht dazu ausreichen werden, weil die Haushalte Budgetüberschüsse erzielen, d. h. sparen, müssen Wege erschlossen werden, die Ersparnisse der Haushalte für die Finanzierung der Produktivvermögensbildung zu mobilisieren. Die Realvermögensbildung und die Akkumulation finanziellen Vermögens vollziehen sich getrennt voneinander in verschiedenen Sektoren. Auch liegen den Entscheidungen der Investoren in Realkapital andere Intentionen zugrunde, als denen der Wirtschaftssubjekte, die finanzielles Vermögen akkumulieren[13]. Das bedeutet jedoch, daß der Wachstumsprozeß durch eine fortlaufend wachsende Schuldenaufnahme vornehmlich in den gleichen Sektoren — Unternehmen und Staat — gekennzeichnet ist. Dem steht eine entsprechende Akkumulation von Forderungen in Gestalt finanziellen Vermögens bei anderen Teilnehmern des Wirtschaftskreislaufs gegenüber. Somit wird eine analytische Trennung zwischen der Akkumulation von realem Vermögen oder Produktivvermögen und der Bildung monetären sowie nichtmonetären finanziellen Vermögens erforderlich. Bei näherer Betrachtung erweist sich dabei, wie noch zu zeigen ist, die Bildung finanziellen Vermögens als Spiegelbild der realen Vorgänge der Vermögensakkumulation. Sie gibt nach Form und Umfang Aufschluß darüber, welche Sektoren sich, außer den die Nettoinvestition durch-

---

[10] Vgl. hierzu auch *Fritz Voigt*, Aussagefähigkeit und Erkenntnisgrenzen der modernen Wirtschaftstheorie, in: Beiträge zur Theorie des Sparens und der wirtschaftl. Entwicklung, Untersuchungen über das Spar-, Giro- und Kreditwesen, Hrsg. Fritz Voigt, Berlin 1958, S. 7—83.

[11] Die finanziellen Grundlagen des Wirtschaftswachstums wurden erstmals von *John G. Gurley* und *Edward S. Shaw* dargelegt. Vgl. hierzu: Financial Aspects of Economic Development, a.a.O., S. 515—538; Financial Intermediaries and the Saving-Investment Process, a.a.O., S. 257—276.

[12] Vgl. *John M. Keynes*, The General Theory of Employment, Interest and Money, a.a.O., S. 46 ff.

[13] Vgl. hierzu *Hans Gestrich*, Kredit und Sparen, Jena 1944, S. 10 ff.

führenden, an deren Finanzierung beteiligt haben. Da einer ausschließlich von den Realvermögen bildenden Sektoren getragenen Finanzierung der notwendigen Nettoinvestitionen bei den gegebenen Verhaltensweisen der Wirtschaftssubjekte gegenwärtig erhebliche Hindernisse entgegenstehen, gelangt der finanzielle Aspekt des Wachstums und damit die Bildung finanziellen Vermögens in den Bereich gleicher Bedeutung wie die reale.

3. Der Zusammenhang zwischen realem und finanziellem Vermögen aus ex post Sicht

Der oben dargestellte Zusammenhang läßt sich anhand einer ex post Betrachtung der Kreislaufvorgänge aufzeigen. Geht man von einer einfachen Kreislaufbetrachtung aus, in der der Einfachheit halber Unternehmen und Staat als Realvermögen bildende Sektoren zusammengefaßt werden, so läßt sich der Zusammenhang zwischen realem und finanziellem Vermögen aus den finanziellen Salden der einzelnen Sektoren in einfacher Weise erfassen. Nur ein Teil der von den Unternehmen an die Haushalte gezahlten Geldeinkommen fließt an diese über die Verwendung für Konsumausgaben zurück. Der als Rest verbleibende Teil des Einkommens erhöht das Geldvermögen der Haushalte. Er wird von ihnen in Forderungen gegen die anderen Sektoren angelegt.

Abbildung 1

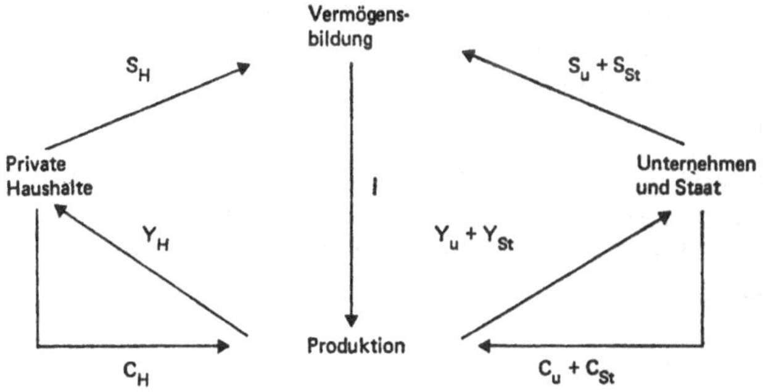

Da für jeden geschlossenen Kreislauf gilt, daß die Summe der in jeden Pol hineinfließenden Ströme gleich der Summe der herausfließenden ist, gilt für den Haushaltspol die Gleichung

(1) $$Y_H = C_H + S_H.$$

Der Kauf von Produktionsgütern sowie die Investitionen in Lagerbeständen abzüglich der Ersatzinvestitionen durch Unternehmen und Staat bilden, wie oben ausgeführt, die Realvermögensakkumulation der Volkswirtschaft in einer Periode. Der Realvermögensbildung in diesen Sektoren steht nun aber ein Finanzierungsbedarf in Höhe der Ausgaben für die Nettoinvestitionen gegenüber.

(2) $$I = FB$$

Dieser kann nur teilweise durch Inanspruchnahme eigener Quellen gedeckt werden. Diese bestehen vornehmlich aus den Gewinnen der Unternehmen. Sogenannte kurzfristige Kassenbestände oder „idle balances" im Besitz der Unternehmen sind angesichts des gesamten Finanzierungsvolumens von geringer Bedeutung. Die Ersparnisse der Unternehmen — die Gewinne — reichen jedoch in der Regel nicht aus, um den Finanzbedarf zu decken. Ein Blick auf die in den Vermögenspol einmündenden bzw. aus ihm abfließenden Ströme zeigt dies deutlich.

(3) $$I = S_U + S_S + S_H$$

Das Finanzierungsdefizit der Realvermögen bildenden Sektoren ergibt sich in Höhe der Ersparnisse der Haushalte.

(4) $$I - S_U - S_{ST} = S_H = FD$$

In diesem Umfang müssen sich die Unternehmen bzw. der Staat bei den Haushalten verschulden. Aus dem Kreislaufschema läßt sich gleichfalls ableiten, daß eine Vergrößerung der Ersparnisbildung im Haushaltssektor bei gegebenem Nettoinvestitionsvolumen zu einer entsprechenden Vergrößerung des Finanzierungsdefizits im Unternehmenssektor führen muß. Daraus ergibt sich eine Verschuldungszunahme des Unternehmenssektors und somit eine gleiche Vermögensbildung der Haushalte.

Das Kreislaufschema zeigt also klar den Zusammenhang auf zwischen realer und finanzieller Vermögensbildung. Das finanzielle Vermögen im Besitz der Haushalte gibt ex post den Umfang deren Beteiligung an der Finanzierung der Realvermögensakkumulation an. Dieser Zusammenhang ließe sich noch um eine Vermögensrechnung erweitern, in der die reale Nettovermögensbildung einer Periode, die Anteile der an ihrer Finanzierung Beteiligten sowie die Finanzierungsformen festgestellt werden[14]. Das Kreislaufschema sagt lediglich aus, daß die

[14] Die Deutsche Bundesbank veröffentlicht in halbjährlichen Abständen Berichte über die Entwicklung der Vermögensbildung und ihrer Finanzierung. Vgl. hierzu die jeweiligen Monatsberichte der Deutschen Bundesbank. Zur Methodik der Vermögensrechnung vgl. Monatsberichte der Deutschen Bundesbank, 13. Jg., Nr. 12, 1961, S. 13—25.

Haushalte an der Finanzierung der Realvermögensbildung mit ihren Ersparnissen beteiligt sind. Die Vermögensrechnung liefert Informationen über die Gesamthöhe der Beteiligten sowie über den Umfang der einzelnen Vermögensformen in denen die Beteiligungen gehalten werden. Das Kreislaufschema, ebenso wie die Vermögensrechnung, läßt jedoch nur Aussagen über den Ablauf einer abgeschlossenen Wirtschaftsperiode zu. Über die Zusammenhänge zwischen der laufenden Realvermögensbildung und der laufenden Akkumulation finanziellen Vermögens vermitteln sie jedoch keinen Aufschluß.

4. Der Zusammenhang zwischen realem und finanziellem Vermögen aus ablaufstheoretischer Sicht

Das führt zu der Frage nach der Abhängigkeit der laufenden Finanzierung der Realvermögensbildung von der laufenden Ersparnis der Haushalte. Hierzu ist festzustellen, daß das Vorhandensein laufender Ersparnisse keine zwingende Voraussetzung für die Finanzierung von Investitionen in das Realvermögen bildet. Vielmehr erfolgt die Finanzierung zunächst über die Kreditgewährung — bzw. die Kreditschöpfung — der finanziellen Intermediäre[15]. Diese ist jedoch weitgehend bestimmt von deren Liquiditätsposition. Die laufenden Ersparnisse der Haushalte können nun aber, je nach der Fristigkeit ihrer Anlage, die Liquiditätsposition der finanziellen Intermediäre nachhaltig beeinflussen. Somit werden über die Fristigkeit der Anlage der Ersparnisse kreditfördernde bzw. -hemmende Einflüsse auf die Kreditgewährung und damit auf die Finanzierung der Realvermögensbildung wirksam[16].

Sparen die Haushalte beispielsweise in Form von Bargeldhorten, so ergeben sich ceteris paribus kredithemmende Wirkungen. Die Verringerung des Rückflusses bzw. Zuflusses an Barzahlungsmitteln zu den finanziellen Intermediären schwächt deren Liquiditätsposition. Eine ähnliche kredithemmende Wirkung geht von Ersparnissen aus, die in Form von Sichtguthaben im Bankensektor gehalten werden. Da es sich dabei um kurzfristig (täglich) abrufbare Forderungen gegen die Kreditinstitute handelt, kann mittels dieser Sparformen eine Konsolidierung langfristig gewährter Investitionskredite nicht erreicht werden. Die durch vorher eingegangene Kreditengagements angespannte Liquiditätsposition bleibt bestehen.

Demgegenüber geht von einer Konkretisierung des Sparens der Haushalte durch den Erwerb finanzieller Vermögenstitel in Form von

---

[15] Zum Problem der Geld- bzw. Kreditschöpfungsfähigkeit der paramonetären Institutionen siehe Teil 2 VI 3 b.

[16] Vgl. hierzu auch *H. Gestrich*, Kredit und Sparen, a.a.O., vornehmlich die Ausführungen des 5. Kapitels.

Wertpapieren (Aktien, festverzinsliche Papiere, Investmentzertifikate) eine eindeutig kreditfördernde Wirkung aus. In Höhe des in Wertpapieren angelegten Sparens werden Investitionskredite der finanziellen Intermediäre kompensiert. Die auf diese Weise erreichte Konsolidierung erhöht die Liquidität der Kreditinstitute. Dadurch wird eine weitere Kreditgewährung zur Finanzierung realer Vermögensbildung ermöglicht[17]. Die gleiche Wirkung geht von Spareinlagen der Haushalte bei den finanziellen Intermediären aus. Für diese langfristig hereingenommenen Gelder werden Anlageformen entsprechender Fristigkeit gesucht. Es ergibt sich also der genannte Konsolidierungseffekt, der zu einer Ablösung der kurzfristigen Finanzierungskredite in der Fristigkeit der Investitionen führt.

Zusammenfassend kann festgestellt werden, daß dem Sparen der Haushalte über die Wahl der Anlageformen eine nicht geringe Bedeutung für die Finanzierung der Realvermögensbildung zukommt. Die Untersuchung des Finanzierungsablaufs der Realvermögensbildung läßt deutlich die Beziehung zwischen realem und finanziellem Vermögen erkennen. Demnach ergibt sich die finanzielle Vermögensbildung wie oben angedeutet über den Sparprozeß der Haushalte als Gegenstück zur Realvermögensbildung. Als Ergebnis der Finanzierung der realen Vermögensbildung entsteht finanzielles Vermögen, das von den Haushalten akkumuliert wird.

Eine Untersuchung der Finanzierungsformen der realen Vermögensbildung führt zu weiteren Einsichten bezüglich der Beziehungen zwischen realem und finanziellem Vermögen. Die Bereitstellung finanzieller Mittel durch Wirtschaftssubjekte mit Budgetüberschüssen an solche mit Budgetdefiziten kann in allgemeinster Form auf zwei Arten erfolgen.

(1) Die Wirtschaftssubjekte bieten von sich aus ihre Überschüsse den Kreditnachfragern an oder reagieren positiv auf deren Nachfrage. Sie treten somit individuell in direkte Kreditbeziehungen zu Kreditnachfragern ein und erwerben als Gegenleistung von diesen Forderungsrechte in Gestalt direkter oder indirekter Beteiligungen.

(2) Der andere Weg besteht darin, daß die Wirtschaftssubjekte ihre Budgetüberschüsse einem Vermittler — einem Intermediär — zur Verfügung stellen und dafür von diesem aufgelegte Forderungsrechte in ihren Vermögensbestand aufnehmen. Der Intermediär verwendet dann die angesammelten liquiden Mittel zur Kreditgewährung und damit zur

---

17 Zu den geldpolitischen Konsequenzen, die sich aus inflationären Entwicklungen im Wachstumsprozeß infolge einer sich aufschaukelnden Kreditgewährung und nachfolgender Konsolidierung ergeben, hinter der jedoch das reale Sparen, d. h. das Freistellen von Produktivkräften, zurückbleibt, siehe Teil 3 I.

Finanzierung der Realvermögensbildung. Das Wirtschaftssubjekt mit Budgetüberschüssen tritt hierbei lediglich in indirekte Beziehung zu dem Realvermögen bildenden Unternehmen.

Ein auf diesen Grundgedanken fußendes Konzept der Finanzierung der Realvermögensbildung verwenden Gurley und Shaw[18]. Sie unterscheiden einen direkten und einen indirekten Aspekt der Realvermögensfinanzierung. Im Wege direkter Finanzierung entstehen danach „direkte Schuldtitel“ (primary securities). Sie werden von allen Wirtschaftseinheiten emittiert, die nicht dem finanziellen Sektor angehören. Darunter fallen jene Wirtschaftssubjekte, deren Aufgabe im Wirtschaftsprozeß vornehmlich in der Produktion bzw. im Kauf der Produktion besteht[19]. Demgegenüber sind „indirekte Schuldtitel“ (indirect securities) Schulden der Intermediäre. Sie setzen sich aus der monetären indirekten Schuld in Form von Sichtverbindlichkeiten des Bankensektors sowie nichtmonetären indirekten Schulden aller Intermediäre zusammen. Diese Titel können sich grundsätzlich im Besitz aller am Wirtschaftskreislauf beteiligten Wirtschaftssubjekte befinden.

Die notwendige Voraussetzung für den Weg direkter Finanzierung ist die Bereitschaft der Wirtschaftssubjekte — hier insbesondere der Haushalte — diese direkten finanziellen Titel in ihren Vermögensbestand aufzunehmen. Diese Bereitschaft kann jedoch nicht a priori unterstellt werden. Der Grund für diese mangelnde Aufnahmebereitschaft liegt einerseits an dem recht häufig anzutreffenden Unvermögen der Wirtschaftssubjekte, ein optimales Portefeuille finanzieller Aktiva zusammenzustellen. Zum anderen läßt sich (wie noch im folgenden nachzuweisen ist) eine Divergenz zwischen den mikroökonomischen Motiven

---

18 Vgl. *John G. Gurley, Edward S. Shaw,* Money in a Theory of Finance, a.a.O., S. 93 ff. sowie 191 ff.

19 Diese Definition direkter Schulden umfaßt die Sektoren Unternehmen, Staat und Haushalte. Die infolge der Verschuldung der Haushalte gegenüber Kundenkreditinstituten entstehenden Forderungen werden somit in den Begriff der „direct securities“ miteinbezogen. Diese Finanzierung dient jedoch nicht direkt der Realvermögensbildung, sondern vielmehr dem Konsum. Indirekt jedoch trägt sie zur Finanzierung der Realvermögensbildung bei. Durch die Einbeziehung der Finanzierungsleistungen der Teilzahlungskreditinstitute in das Konzept direkter und indirekter Finanzierung tritt somit keine Inkonsistenz auf.

Zu den „primary securities“ gehören Aktien, Industrieobligationen, Schuldverschreibungen, sonstige Verbindlichkeiten, kurzfristige Verschuldungen bei Banken, Konsumentenschulden, Hypotheken, Staatspapiere sowie ausländische Wertpapiere. Es muß jedoch darauf hingewiesen werden, daß eine derartige Einteilung finanzieller Titel nur von vorübergehender Bedeutung sein kann. Der ökonomische Entwicklungsprozeß duldet keine endgültigen Strukturen. So werden in seinem Verlauf möglicherweise die hier aufgeführten Titel gänzlich verschwinden, durch anders gestaltete ersetzt oder einer anderen Kategorie zugerechnet werden.

der Geldvermögensbildung und den makroökonomischen Erfordernissen der Realkapitalbildung feststellen[20]. Die Finanzierung der Realvermögensbildung läuft, wie oben bereits gezeigt, nicht reibungslos ab. Ein aufschlußreiches Beispiel für den Mangel an Bereitschaft, direkte finanzielle Vermögenstitel aufzunehmen, bildet die Statistik der Anlagen von Ersparnissen der Haushalte in Form von Aktien in der BRD. Diese betrug gemessen an der Gesamtsumme der Geldvermögensbildung der Haushalte im Beobachtungszeitraum von 1959 bis 1968 im Durchschnitt nur 5,4 %.

Tabelle 2

Anlage von Ersparnissen der Haushalte in der BRD 1959—1968
(in Mrd. DM)

Jahr	(Geldvermögensbildung) der Forderungen Veränderung der Haushalte	Erwerb von Aktien	Anteil in v.H. der Geldvermögensbildung
1959	14,1	0,86	6,14
1960	15,9	1,43	8,99
1961	17,5	2,41	13,69
1962	18,3	0,83	4,53
1963	21,8	0,10	0,40
1964	26,9	0,61	2,26
1965	34,0	2,31	6,79
1966	32,1	0,77	2,39
1967	31,2	1,42	4,55
1968	36,8	1,60	4,40

Quelle: Monatsberichte der Deutschen Bundesbank, 20. Jg., Nr. 4, 1968, S. 19, 24 ff.; 17. Jg., Nr. 4, 1965, S. 15—19.

Demgegenüber erfreut sich beispielsweise das Kontensparen — eine Form indirekter Finanzierung der Realvermögensbildung — weitaus größerer Beliebtheit[21]. Der überwiegende Teil der Geldvermögensbildung vollzieht sich somit über die Inanspruchnahme der Leistungen finanzieller Intermediäre. Die indirekte Finanzierung erweist sich als notwendiger Ausgleich zwischen den Divergenzen, die hinsichtlich der realen Vermögensbildung seitens der Unternehmen und des Staates sowie der finanziellen seitens der Haushalte bestehen. Das bedeutet aber, daß die finanziellen Intermediäre den größten Anteil der von den Unternehmen aufgelegten „direkten Schuldtitel“ aufnehmen und über ihre Kreditgewährung die zur Finanzierung der Realvermögensbildung erforderlichen liquiden Mittel bereitstellen. Um sich ihrerseits wieder

[20] Vgl. hierzu auch *Hartmut Rudloff*, Vermögensbildung, Sparverhalten und Wirtschaftswachstum, a.a.O., S.14 ff.

[21] Siehe hierzu Tabelle 14 und 15 zur Geldvermögensbildung der Haushalte auf Seite 102 f. und 106 f.

in den Besitz liquider Mittel zu bringen, emittieren sie „indirekte Schuldtitel", die den Präferenzen der Haushalte hinsichtlich ihrer Vermögenshaltung besser entsprechen als primäre Schuldtitel. Die monetären Intermediäre emittieren neben nichtmonetären finanziellen Schulden (Bankschuldverschreibungen, Bankaktien, Wandelobligationen, Sparbriefe etc.) monetäre Schulden in Form von Gutschriften auf ihren Konten. Demgegenüber emittieren paramonetäre Institutionen nichtmonetäre finanzielle Schulden in Form verbriefter Titel. Für die USA ist z. B. ermittelt worden, daß der prozentuale Anteil des Sozialprodukts, der extern finanziert wurde, während der ersten Hälfte dieses Jahrhunderts unverändert blieb[22]. Daraus folgt, daß der Anteil der indirekten Finanzierung gewachsen und somit jener der direkten Finanzierung gefallen ist[23]. Diese Entwicklung führte zu einer ständig wachsenden Zahl finanzieller Intermediäre, vornehmlich aber paramonetärer Institutionen. Das relativ stärkere Wachstum im Prozeß indirekter Finanzierung verzeichnen hierbei, zumindest in den USA, die paramonetären Institutionen[24].

Aus dem Erfordernis indirekter Finanzierung der Realvermögensbildung ergeben sich nun für das Verhältnis zwischen realer und finanzieller Vermögensbildung quantitativ unterschiedliche Konsequenzen. Wäre es möglich, die Realvermögensbildung ausschließlich direkt zu finanzieren, stände jeder neu erstellten Einheit Realkapital eine Einheit finanziellen Vermögens gegenüber. Durch den Übergang zu einer Mischform aus direkter und indirekter Finanzierung, wie sie in der Realität gegeben ist, ergibt sich notwendig eine überproportionale Zunahme finanzieller Vermögenswerte gegenüber dem Produktivvermögen. Jeder neu erstellten Einheit Realkapital stehen mehr als eine Einheit finanziellen Vermögens gegenüber. Durch das Auftreten paramonetärer Institutionen wird diese Entwicklung erheblich verstärkt, zumal es unter diesen Institute gibt, die ihrerseits nur indirekte Schulden anderer paramonetärer Institutionen aufnehmen und daraufhin eigene indirekte Schulden emittieren[25]. Die Zunahme der überproportionalen Bestände monetären, vornehmlich aber nichtmonetären finanziellen Vermögens gegenüber dem Produktivvermögen deutet darauf hin, daß sich das

---

22 Hierbei wird unter externer Finanzierung eine Mittelbeschaffung durch Auflage von Aktien oder anderen Beteiligungspapieren, also im Sinne der hier verwendeten Terminologie durch eine direkte Finanzierung, verstanden.

23 Vgl. dazu *John G. Gurley, Edward S. Shaw,* Financial Intermediaries and the Saving-Investment Process, a.a.O., S. 260.

24 Vgl. hierzu *Raymond W. Goldsmith,* Financial Intermediaries in the American Economy since 1900, a.a.O.

25 Vgl. hierzu auch *John G. Gurley, Edward S. Shaw,* Money in a Theory of Finance, a.a.O., S. 95 sowie S. 193. Ebenso *Boris P. Pesek, Thomas R. Saving,* The Foundations of Money and Banking, New York, London 1968, S. 256.

Verhältnis zwischen Realvermögensbildung und Geldvermögensbildung in wachsendem Umfang kompliziert. Sie läßt ferner erkennen, daß sich einzel- und gesamtwirtschaftliche Funktionen des Vermögens in verschiedenartigen Vermögensformen realisieren[26].

5. Gesamtwirtschaftliche versus sektorale Vermögensbetrachtung

Die fortlaufende Akkumulation finanziellen Vermögens im Bereich der Haushalte führt zu der Vermutung, daß sie nicht ohne Wirkung auf die Ausgaben- bzw. Sparentscheidungen der Wirtschaftssubjekte[27] bleiben wird[28]. Das führt aber zu der Frage, durch welche Form der Betrachtung die gesamtwirtschaftliche oder die sektorale, diese potentiellen Wirkungen in angemessener Weise Beachtung finden. In der Literatur ist recht häufig der Gebrauch des Begriffs Volksvermögen zu finden, der aber offenbar die vermuteten Vermögenswirkungen nicht implizieren kann, da er jenen Teil des Vermögens, von dem diese Wirkungen ausgehen, gar nicht enthält. In gesamtwirtschaftlicher Sicht stehen den finanziellen Aktiva, die sich im Besitz der Haushalte befinden, direkte und indirekte Schulden der Unternehmen und finanziellen Intermediäre in entsprechender Höhe gegenüber. Bei der Ermittlung des Volksvermögens heben sich diese Forderungen und Schulden gegeneinander auf. Der Begriff des Volksvermögens enthält das finanzielle Vermögen folglich nicht. Er bezieht sich vielmehr lediglich auf das Produktivvermögen[29]. Unbeschadet der Tatsache, daß jeder finanziellen Forderung eine entsprechende Schuld gegenübersteht, bleibt sie doch für dessen Besitzer ein Bestandteil seines Vermögens. Darüber hinaus erscheint es nicht abwegig, der Frage nachzugehen, ob nicht durch das Vorhandensein finanzieller Aktiva bzw. durch Neuemissionen dieser Forderungen, gleichgültig ob monetärer oder nichtmonetärer, eine Erhöhung des Volksvermögens vorsichgeht. Dies wird für monetäre finanzielle Aktiva (Noten, Münzen und Sichtguthaben) befürwortet, jedoch für Emissionen paramonetärer Institutionen abgelehnt[30].

Als Begründung für diese Ablehnung wird angeführt, daß im Gegensatz zur Vermehrung monetärer finanzieller Aktiva, bei Neuemission

---

26 Vgl. *Hartmut Rudloff,* Vermögensbestand, Sparverhalten und Wirtschaftswachstum, a.a.O., S. 20.

27 Wenn im folgenden von Wirtschaftssubjekten die Rede ist, sind damit die Haushalte gemeint.

28 Eine Untersuchung der Wirkungen akkumulierter finanzieller Vermögensbestände auf die Ausgaben- bzw. Sparentscheidungen der Haushalte wird in Teil 2, IV, 3 vorgenommen.

29 Vgl. hierzu auch *Andreas Paulsen,* Allgemeine Volkswirtschaftslehre, Bd. I, Grundlegung, Wirtschaftskreislauf, 6. Aufl., Berlin 1965, S. 64 f.

30 Vgl. hierzu auch *Boris P. Pesek, Thomas R. Saving,* Money, Wealth, and Economic Theory, a.a.O., vornehmlich die Kapitel 3 bis 5 des 2. Teils.

nichtmonetärer Aktiva Schulden in gleicher Höhe entstehen. Diese Schulden müssen verzinst werden. Eine derartige Begründung vermag jedoch nicht ohne weiteres zu überzeugen. Akzeptiert man die Zurechnung monetärer Aktiva zum Volksvermögen — ein strittiges Verfahren, da diese auch als Schuld der Zentralbank bzw. des Bankensektors angesehen werden können —, so verlangt dies nach einer sorgfältigeren Betrachtung der nichtmonetären Aktiva. Ebenso wie es für monetäre finanzielle Aktiva nachgewiesen wird[31], erhöht sich zumindest der gesamtwirtschaftliche Nutzen durch die Emission nichtmonetärer finanzieller Aktiva. Durch sie wird eine Erleichterung der Finanzierung der Realkapitalbildung sowie die Möglichkeit der Mobilisierung von „idle balances" in den Vermögensbeständen der Haushalte erreicht. Sie trägt ohne Zweifel zur Erhöhung des gesamtwirtschaftlichen Nutzens bei. Mit wachsendem Umfang und weiterer Diversifikation des Angebots wächst auch der Nutzen, der durch finanzielle Aktiva gestiftet wird. Allerdings erscheint eine Bewertung dieses zusätzlichen Nutzens außerordentlich problematisch. Die Tatsache, diesen nachweislichen Nutzen nicht exakt bewerten zu können, erlaubt jedoch nicht, ihn gänzlich aus der Reihe der Komponenten des Volksvermögens zu eliminieren. Ein erweiterter makroökonomischer Vermögensbegriff, der den Vermögens- bzw. Nutzenzuwachs aus Neuemissionen monetärer wie nichtmonetärer finanzieller Aktiva als Komponenten enthält, erscheint durchaus akzeptabel. Er ist nur für Vermögensrechnungen wenig geeignet. Ein Volksvermögensbegriff jedoch, der das gesamte finanzielle Vermögen einer Volkswirtschaft durch Aggregieren völlig ausschließt, erscheint angesichts des gegebenen und ständig wachsenden Gewichts finanziellen Vermögens als ungeeignet. Durch die Verwendung dieses Vermögensbegriffs wurde die Analyse der Wirkungen des Geld- und Kreditsystems auf das Wachstum erheblich erschwert[32]. Der Vorschlag von Preiser, unter dem Volksvermögen die Summe aller Einzelvermögen zu begreifen, vermeidet den Ausschluß des finanziellen Vermögens. Ein solcher makroökonomischer Vermögensbegriff ist exakt und operational. Er wird im Zusammenhang mit den hier untersuchten Problemen verwendet.

Neben diesem makroökonomischen Vermögensbegriff bieten sich ferner mehrere sektorale Vermögensbegriffe nebeneinander als Alter-

---

[31] Vgl. *Boris P. Pesek, Thomas R. Saving,* Money, Wealth, and Economic Theory, a.a.O., 3. und 4. Kapitel des 2. Teils.

[32] Vgl. hierzu auch *Erich Preiser,* Der Kapitalbegriff und die neuere Theorie, a.a.O., S. 111, der betont, daß „der Begriff des Volksvermögens strenggenommen nicht erlaubt (sei), es sei denn, man fasse es lediglich als Summe der Einzelvermögen". Ebenso: *Andreas Paulsen,* Allgemeine Volkswirtschaftslehre, Bd. I, Grundlegung, Wirtschaftskreislauf, a.a.O., S. 62 ff. Ferner: *Otto Veit,* Reale Theorie des Geldes, a.a.O., S. 88.

nativen an. Ihre Verwendung erscheint jedoch insofern als wenig nützlich, als auf diese Weise die Zusammenhänge zwischen den Vermögensarten in den verschiedenen Sektoren verzerrt werden.

II. Die Funktionen der finanziellen Intermediäre im Prozeß realer und finanzieller Vermögensbildung

1. Die Darstellung der Funktionen monetärer finanzieller Intermediäre

Angesichts des ständig wachsenden Volumens nichtmonetärer finanzieller Aktiva stellt sich die Frage, auf welcher Grundlage in Gestalt von durch finanzielle Intermediäre ausgeübten Funktionen diese Entwicklung möglich wird. Die allgemeine ökonomische Funktion finanzieller Intermediäre besteht darin, Kreditnehmern Finanzierungsmöglichkeiten zu eröffnen, bei der Bestimmung des Finanzierungsspielraums mitzuwirken sowie Kreditgebern Geldanlagemöglichkeiten anzubieten. Die finanziellen Intermediäre üben somit eine Transformationsfunktion zwischen Kreditgebern und Kreditnehmern aus[1]. Dabei ist ihre Tätigkeit hinsichtlich der Geldvermögensbildung der Haushalte darauf gerichtet, solche Formen der Vermögenshaltung anzubieten, die der jeweiligen Präferenzskala der Haushalte entsprechen. Diese kann im Zeitablauf gewissen Schwankungen unterliegen, denen seitens der monetären Intermediäre Rechnung zu tragen ist. Andererseits erfordert die Kreditgewährung an Unternehmen, bzw. gegebenenfalls an den Staat, die der Finanzierung von Investitionen in das Realkapital dient, eine Anpassung an die Finanzierungserfordernisse im Hinblick auf die Laufzeit und die Verzinsung. Hierbei wird die Anpassung seitens der monetären Intermediäre gegenüber Großkunden erheblich stärker sein als gegenüber Nachfragern kleinerer Kredite. Die Transformationsfunktion der finanziellen Intermediäre beruht auf wenigen speziellen Funktionen, die von ihnen wahrgenommen werden. Dabei handelt es sich um:

(1) die Schaffung von Vertrauen gegenüber Kreditgebern wie Kreditnehmern,

(2) die Zahlungsfunktion oder auch Losgrößentransformation,

(3) die Risikotransformation sowie

(4) die Fristentransformation[2].

---

[1] Andererseits sind die monetären Intermediäre in der Lage, durch Geldschöpfung das Geldvolumen im Nichtbankensektor zu erhöhen.

[2] Zu den Funktionen der finanziellen Intermediäre vgl. auch *Rudolf Stucken*, Banken (II) Theorie, in: HDSW, Bd. 1, Göttingen 1956, S. 556. *Derselbe:* Geld und Kredit, a.a.O., S. 132 ff. *Wolfgang Stützel*, Bankpolitik heute und morgen, 2. Aufl., Frankfurt/M. 1964. *Derselbe:* Banken, Kapital und Kredit in der zweiten Hälfte des zwanzigsten Jahrhunderts, in: Struktur-

(1) Die Erwähnung der Vertrauensfunktion erscheint vielleicht banal angesichts eines so funktionsfähigen und ausgehnten Kreditapparats, wie er zumindest in den westlichen Industriestaaten existiert. Dennoch ist das Vertrauen des Einlegers in sein Institut, dem er einen erheblichen Teil seines Vermögens überläßt, sowie das gegenseitige Vertrauen zwischen Kreditinstitut und Kreditnehmer eine hervorragende Grundvoraussetzung für jegliche Kreditbeziehungen. Das wird in Krisenzeiten deutlich, in denen der dünne Firnis des Vertrauens, der die Geschäfts- und Kreditbeziehungen überzieht, leicht zu Rißbildungen neigt. Dem einzelnen Wirtschaftssubjekt, das gewillt ist, nicht verbrauchte Einkommensteile vermögenswirksam anzulegen, wird es nicht nur schwerfallen, ohne Inanspruchnahme finanzieller Intermediäre geeignete Anlagemöglichkeiten zu erkennen. Auch wenn ihm konkrete Anlagemöglichkeiten vorliegen, wird ein Wirtschaftssubjekt kaum in der Lage sein, die Kreditwürdigkeit seines Partners in angemessener Weise zu beurteilen. Finanzielle Intermediäre strahlen demgegenüber infolge ihres Kapitalfundus, der durch die Staatsaufsicht gegebenen institutionellen Beschränkungen der Geschäfte sowie durch ein erfahrenes Management für das einzelne Wirtschaftssubjekt hinreichend Vertrauen aus.

(2) Die Ballungsfunktion oder auch Losgrößentransformation der monetären Intermediäre besteht darin, auf der Seite ihrer Kreditgeber eine Vielzahl kleiner Einlagen zu sammeln und andererseits diese in größere Positionen zusammenzufassen, die dem Kreditbedürfnis ihrer Kreditnehmer entsprechen[3]. Ein wesentliches Merkmal des Investitionsprozesses hochindustrialisierter Wirtschaften ist der außerordentlich hohe Bedarf an Fremdfinanzierungsmitteln. Die Ersparnisse eines einzelnen Wirtschaftssubjekts erscheinen demgegenüber verschwindend gering. Auch die Beteiligung einer Vielzahl von Wirtschaftssubjekten mit ihren Ersparnissen an Investitionen über den Ankauf von Beteiligungspapieren reicht nicht aus zur Deckung des Finanzbedarfs der Kreditnehmer. Die Wahrnehmung der Ballungsfunktion

---

wandlungen einer wachsenden Wirtschaft, Schriften des Vereins für Socialpolitik, N. F. Bd. 30/II, Berlin 1964, S. 559 f. Ferner: *Hans Arnold*, Risikotransformation. Finanzierungsinstrumente und Finanzierungsinstitute als Institutionen zur Transformation von Unsicherheitsstrukturen, Dissertation, Saarbrücken 1964. *John G. Gurley*, *Edward S. Shaw*, Money in a Theory of Finance, a.a.O., S. 192 ff.

[3] Die Ballungsfunktion bzw. Losgrößentransformation wird nicht nur im Wege indirekter Finanzierung durch finanzielle Intermediäre vorgenommen. Im Bereich direkter Finanzierung wird im Aktienwesen ebenso die Losgrößentransformation durchgeführt.

Die Fragen, die sich im Zusammenhang mit der Festlegung der Höhe einzelner Positionen durch die finanziellen Intermediären ergeben, gehören in den Verhaltensbereich dieser Unternehmen und werden hier nicht weiterverfolgt.

durch finanzielle Intermediäre hat sich daher als notwendige Konsequenz des Finanzierungsbedarfs ergeben[4].

(3) Vermögenswerten ist die Eigenschaft inhärent, bestimmte Gewinnchancen und Verlustrisiken zu repräsentieren. Die Risikotransformation umfaßt daher alle jene Maßnahmen, die geeignet sind, einen Vermögensbestand in der Weise zusammenzusetzen, daß er der Risiko-Chancen-Struktur des Investors entspricht. Es lassen sich zwei Gruppen der Risikotransformation feststellen:

(1) Die Zerlegung von Positionen in unterschiedlich strukturierte Parten;

(2) Die Zusammenlegung von Parten. Auf diese Weise wird jeweils Risikokompensation und Risikostreuung erreicht[5].

Monetäre Intermediäre unternehmen die Risikotransformation, indem sie die ihnen anvertrauten Vermögen ihrer Einleger in Parten investieren, die den Einlegern selbst zu riskant gewesen wären. Sie bieten eine sicherere Anlage als ein anderer potentieller Kreditnachfrager. Dennoch bietet die Anlage von Vermögenswerten in Forderungen gegenüber monetären Intermediären keine absolute Sicherheit vor dem Verlust des Vermögens. Das Risiko des Vermögensverlustes wird lediglich vermindert. Der Einleger substituiert ferner das Risiko, sein Vermögen durch Diebstahl, Feuer etc. zu verlieren, gegen das Bonitätsrisiko des Intermediärs.

Entscheidend bleibt jedoch der weitgehende Schutz vor Vermögensverlusten, die durch eine unsachgemäße Auswahl des Schuldners seitens des einzelnen Wirtschaftssubjekts auftreten können. Das Management monetärer Intermediäre besitzt die notwendige fachliche Qualifikation, um Bonitätsrisiken ihrer Schuldner auf ein erträgliches Maß zu reduzieren. Die Auswahl der Schuldner erfolgt nach eingehenden Kreditwürdigkeitsprüfungen. Die Schuldner werden überdies hinsichtlich ihrer Bonität ständig überwacht. Aufgrund ihrer starken Verhandlungsposition können die monetären Intermediäre im Gegensatz zum einzelnen kleinen Kreditgeber ausreichende Sicherheiten von ihren Schuldnern verlangen. Die Kreditengagements sowie das weitere Anlageverhalten der monetären Intermediäre sind auf eine hinreichende Risikodiversifikation ausgerichtet. Schließlich verfügen sie über ausreichendes Haftungskapital oder, wo das fehlt, besteht wie im Falle der Sparkassen die Gewährsträgerhaftung einer öffentlichen Körperschaft. Je mehr Besitzer von Geldvermögen sich scheuen, das Risiko einer direkten

---

[4] Vgl. hierzu auch *Rudolf Stucken*, Geld und Kredit, a.a.O., S. 7 f.

[5] Vgl. hierzu *Hans Arnold*, Risikotransformation. Finanzierungsinstrumente und Finanzierungsinstitute als Institutionen zur Transformation von Unsicherheitsstrukturen, a.a.O., S. 6.

Finanzierung von Investitionen im Unternehmensbereich auf sich zu nehmen, desto höher ist der Bedarf an Transformationsleistungen[6].

Dagegen können monetäre Intermediäre den Einleger nicht vor Vermögensverlusten bewahren, die durch Preissteigerungstendenzen hervorgerufen werden. Durch das Zusammenwirken der Gesamtheit aller monetären Intermediäre können diese tendenziell zu einer Gefährdung der realen Erträge finanziellen Vermögens beitragen, wenn sie durch den Geldschöpfungsprozeß zu einer inflationären Entwicklung beitragen. Diese Konsequenz ergibt sich aus dem Verhalten jedes einzelnen Instituts, Überschußreserven in ertragbringende Anlagen zu investieren.

Auch das Zinsänderungsrisiko kann dem Einleger nicht von monetären Intermediären abgenommen werden. Die Einlagen unterliegen den der Marktsituation entsprechenden Zinsänderungen, es sei denn, der Einleger konnte langfristige Sparverträge mit dem Institut abschließen, in denen er von sinkenden Zinsen nicht betroffen wird, bei steigendem Zins aber eine Anpassung der Verzinsung seiner Guthaben seitens des Kreditinstituts vorgenommen wird. In diesem Fall trägt das Institut das Zinsänderungsrisiko. Dieser Fall ist jedoch unrealistisch. In allen anderen Fällen ist es in das Belieben des Wirtschaftssubjekts gestellt, durch Umstrukturierungen seines Vermögensbestandes dessen Ertrag zu manipulieren.

(4) Betrachtet man die Geldvermögensbildung der privaten Haushalte in der BRD, so zeigt sich, daß sie sich zumindest in den vergangenen vier Jahren zu mehr als 50 % in Form von Spareinlagen vollzieht[7]. Der überwiegende Teil der Spareinlagen ist unter Vereinbarung gesetzlicher Kündigungsfrist angelegt worden und somit jederzeit abrufbar. Dieses Anlageverhalten der privaten Haushalte läßt auf eine hohe Liquiditätspräferenz schließen. Andererseits muß jedoch betont werden, daß ein beträchtlicher Teil dieser Spareinlagen mit gesetzlicher Kündigungsfrist oft mehrere Jahre auf den Konten monetärer Intermediäre verweilt, ohne abgerufen zu werden. Unabhängig von dieser Verhaltensweise besteht natürlich immer die Möglichkeit für den Einleger, über seine Guthaben kurzfristig zu disponieren. Die monetären Intermediäre sind gezwungen, sich in ihren Liquiditätsdispositionen darauf einzurichten. Dieser Vorliebe privater Haushalte nach kurzfristiger Disponibilität liquider Mittel steht die Nachfrage der Kreditnehmer nach lang-

---

[6] Vgl. hierzu auch *Wolfgang Stützel*, Commercial Banks in Relation to Medium and Long Term Credit (Lecture delivered at the 16th International Banking Summer School, Semmering Austria, September 1963), Wien 1964, S. 27 ff.

[7] Vgl. hierzu die Veröffentlichungen in den Monatsberichten der Deutschen Bundesbank zur Vermögensbildung in der BRD.

fristig verfügbaren Mittel zur Investitionsfinanzierung gegenüber. Die Aufgabe der monetären Intermediäre besteht nun darin, diese Diskrepanz der Fristen zwischen Kreditgeber und Kreditnehmer zu überbrücken. Diese Funktion wird als Fristentransformation bezeichnet[8]. Dazu steht ihnen die Möglichkeit offen, im Passivgeschäft für längerfristige Einlagen höhere Zinsen zu gewähren und somit die Einleger dazu zu bewegen, in längerfristige Anlagen zu wechseln. Dem sind jedoch gewisse Grenzen gesetzt. Hinsichtlich der Einleger liegt die Grenze der Bereitstellung weiterer finanzieller Mittel dort, wo ihre Transaktionsbedürfnisse berührt werden. Es kann nicht davon ausgegangen werden, daß die Neigung der Einleger finanzielles Vermögen zu bilden, durch Anheben des Zinses beliebig erhöht werden kann. Im Hinblick auf die Kreditnehmer steht einer aus der Anhebung der Habenzinsen notwendig folgenden Steigerung der Sollzinsen die Elastizität der Kreditnachfrage entgegen. Es kann hier nicht erwartet werden, daß die Kreditnachfrage nur in geringem Maße auf Zinssteigerungen reagiert. Dem Bemühen um Fristentransformation kommt jedoch zugute, daß sich Ein- und Auszahlungen im Passivgeschäft weitgehend kompensieren. Begünstigend wirkt ferner im gesamten System monetärer Intermediäre die Fähigkeit, Geld zu schöpfen. Die Auszahlungen werden, abgesehen von dem im Publikum verbleibenden Baranteil, sehr schnell wieder zu Einzahlungen. Vollziehen sich die Auszahlungen in Form bargeldloser Überweisungen von einem Institut zum anderen, so verliert das System als Ganzes überhaupt nicht an Liquidität. Insgesamt ist jedoch hinsichtlich der Möglichkeit, die Fristentransformation durchzuführen, für die monetären Intermediäre die Haltung der Zentralbank von Bedeutung. Schränkt sie das Refinanzierungsvolumen und damit die Liquidität der Institute ein, ergeben sich restriktive Wirkungen für die Kreditgewährung. Aus Veröffentlichungen der Deutschen Bundesbank über die Bestimmungsgründe des Geldvolumens kann die Entwicklung der Fristentransformation des Kreditsystems annäherungsweise entnommen werden[9]. Dort wird die Veränderung der vom Bankensystem an Nichtbanken gewährten Kredite in Relation zur Veränderung der längerfristigen Bankverbindlichkeiten gesetzt. Ein wachsender Überschuß der Kreditgewährung gegenüber der Geldvermögensbildung deutet auf eine

---

8 Die Fristentransformation wird auch durch die direkte Finanzierung möglich. Durch Auswechselung des Gläubigers wird hier die Fristenverlängerung erreicht. Sie ist jedoch mit dem Risiko eines Disagios für den jeweiligen Besitzer der Position verbunden. Vgl. hierzu auch *Eugen Schmalenbach*, Kapital, Kredit und Zins in betriebswirtschaftlicher Beleuchtung, 4. Aufl., Köln und Opladen 1961, S. 132 ff., der unter dem Begriff der Transformation allerdings nur die Fristentransformation versteht.

9 Vgl. hierzu Geschäftsberichte der Deutschen Bundesbank, verschiedene Jahrgänge.

zunehmende Fristentransformation der monetären Intermediäre hin und vice versa.

Für den Prozeßablauf hochentwickelter, komplizierter Kreditwirtschaften erweist sich die Transformationsfunktion der monetären Intermediäre als zwingende Notwendigkeit. Durch sie wird die Verbindung der sich gegenseitig beeinflussenden Produktivvermögensbildung einerseits sowie der Geldvermögensbildung andererseits hergestellt bzw. erst ermöglicht.

2. Die Transformation von Risiken, Fristen und Losgrößen durch paramonetäre Institutionen

Die Existenz sowie das starke Wachstum paramonetärer Institutionen läßt vermuten, daß die monetären Intermediäre allein nicht in der Lage waren bzw. sind, im Prozeß der finanziellen sowie der realen Vermögensbildung die Transformationsfunktion optimal zu bewältigen. Vielmehr begannen die paramonetären Institutionen im Bereich der Geldvermögensbildung der Haushalte, wie im Bereich der Kreditfinanzierung der Unternehmen von den monetären Institutionen unbeachtete oder nur mit geringem Interesse registrierte Bedürfnisse zu befriedigen sowie neue Bedürfnisse zu wecken. Es stellt sich daher die Frage, ob und gegebenenfalls in welcher Weise die paramonetären Institutionen von den oben dargestellten Funktionen monetärer Institutionen im Prozeß finanzieller und realer Vermögensbildung abweichen.

Vorweg kann festgestellt werden, daß von den paramonetären Institutionen in gleicher Weise wie von den monetären Intermediären die Vertrauensfunktion ausgeübt wird. Hinsichtlich der anderen von den paramonetären Institutionen ausgeübten Funktionen lassen sich jedoch einige Besonderheiten gegenüber den monetären Intermediären feststellen.

a) Die Realkreditinstitute

Bei den privaten und öffentlichen Hypothekenbanken ergeben sich hinsichtlich der Losgrößentransformation keine Abweichungen gegenüber den monetären Intermediären. Sie führen jedoch eine Sonderform der Fristentransformation durch, die der direkten Finanzierung durch Aktienemission ähnelt. Der Käufer eines Pfandbriefs oder einer Kommunalobligation ist nicht gezwungen, dieses Papier bis zum Ablauf seiner Laufzeit in seinem Vermögensbestand zu halten. Er kann dieses Papier vielmehr auf dem Rentenmarkt veräußern. Dadurch wird die verhältnismäßig lange Laufzeit der Papiere — diese kann bis zu 50 Jahren betragen — im Zeitablauf von mehreren Gläubigern der Realkreditinstitute getragen.

Anders als im Regelfall bei den monetären Intermediären, ist häufig die Laufzeit der im Passivgeschäft emittierten Pfandbriefe bzw. Kommunalobligationen länger als die Hypothekar- bzw. Kommunalkredite im Aktivgeschäft. Der Liquiditätspräferenz der Käufer dieser Papiere wird durch die Fungibilität und den etablierten Markt Rechnung getragen. Eine relativ hohe Verzinsung bietet darüber hinaus den Anreiz, diese finanziellen Aktiva längerfristig zu halten. Wenngleich durch die dingliche Sicherung der von den Hypothekenbanken gewährten Kredite das Ausfallrisiko der Position für den Pfandbriefbesitzer erheblich reduziert wird, so enthält dieses Papier trotz der Kurspflege seitens der Emittenten doch ein Kursrisiko. Will der Besitzer das Papier vor dem Ende der Laufzeit veräußern, muß er unter Umständen ein Disagio in Kauf nehmen. Es besteht somit auch hinsichtlich der Risikotransformation eine Abweichung bei den Realkreditinstituten gegenüber den monetären Intermediären[10]. Durch das Angebot langfristiger, relativ hochverzinslicher Anlageformen gegenüber dem Sparer wird durch die Transformationsfunktion seitens der Realkreditinstitute die Geldvermögensbildung der Haushalte gefördert. Die Bereitstellung langfristiger Hypothekenkredite ist für die Sachvermögensbildung der Haushalte sowie die Produktivvermögensbildung im Unternehmenssektor von erheblicher Bedeutung.

b) *Die Kapitalanlagegesellschaften*

Auch bei den Kapitalanlagegesellschaften (Investmentgesellschaften) vollzieht sich die Losgrößentransformation in gleicher Weise wie bei den monetären Intermediären. Je nach der rechtlichen Konstruktionsform wird jedoch die Fristentransformation durch die Kapitalanlagegesellschaften in unterschiedlicher Form vorgenommen. Ist die Rechtsform der Kapitalgesellschaft gegeben, so sind die Sparer Aktionäre der Gesellschaft. Bei dieser Konstruktionsform können nach europäischem Aktienrecht die Aktien im Gegensatz zum amerikanischen Recht nicht in unbeschränkter Menge von der Gesellschaft zurückgekauft werden. Die Fristentransformation vollzieht sich wie bei der direkten Finanzierung durch Aktienerwerb oder wie bei den Emissionen der Realkreditinstitute durch Auswechselung des Gläubigers. Wird dagegen

[10] Vgl. hierzu auch *R. Stucken*, Geld und Kredit, a.a.O., S. 23 f., 141, der die Vertrauens- und Losgrößentransformation durch die Realkreditinstitute bejaht, jedoch behauptet, daß die Fristentransformation nicht von ihnen ausgeführt wird. Stucken läßt ferner die Risikotransformation — allerdings für die gesamten Intermediäre — unberücksichtigt.

eine rechtliche Konstruktion in Gestalt einer Treuhandgesellschaft gewählt, so kann nach den in den europäischen Ländern geltenden Rechtsvorschriften die Gesellschaft die Investmentanteile ihrer Geldgeber wieder zurückkaufen. Hierzu bedarf es jedoch der Ausgestaltung des Investmentfonds als „open-end"-Gesellschaft. Die Zahl der Teilhaber des Fonds ist in diesem Falle unbegrenzt. Im Gegensatz dazu wird von einer „closed-end"-Gesellschaft die Anzahl der Investmentzertifikate fixiert. Der Erwerb bzw. Verkauf der Zertifikate erfolgt in diesem Falle über die Börse. Die Fristentransformation wird dabei durch Auswechseln der Anteilsinhaber vollzogen. Im europäischen Bereich hat sich jedoch die „open-end"-Gesellschaft durchgesetzt. Der Vorteil dieser Lösung besteht darin, daß sie der Liquiditätspräferenz des Investmentsparens stärker entgegenkommt als die im Wege der Kapitalgesellschaft. Hier hat er die Gewißheit, seinen Investmentanteil jederzeit liquidisieren zu können[11].

Die Risikotransformation wird durch die Kapitalanlagegesellschaften durch Risikodiversifikation erreicht. Eine Vielzahl von Geldgebern schließt sich zum Zwecke des Erwerbs von Aktien verschiedener Unternehmen zusammen. Diese Aktien tragen unterschiedliche Risiken und Chancen. Dadurch kann ein Grad der Risikodiversifikation erreicht werden, wie er von einzelnen Sparern mit relativ geringen verfügbaren Mitteln nicht zu realisieren ist. Besteht jedoch der Zwang, zwecks Liquidisierung von Beteiligungspapieren der Investmentgesellschaften, die Leistungen der Börse in Anspruch zu nehmen, so ist ein Kursrisiko gegeben. Das Kursrisiko besteht jedoch auch dann, wenn sich die Kapitalanlagegesellschaft bereitfindet, ihre Emissionen wieder zurückzukaufen. Der Ankaufskurs wird regelmäßig unter dem jeweils herrschenden Verkaufskurs liegen. Die von den Kapitalanlagegesellschaften ausgeübte Transformationsfunktion kann für die finanzielle wie für die reale Vermögensbildung als außerordentlich förderlich bezeichnet werden.

c) Die Bausparkassen

Die privaten und öffentlichen Bausparkassen nehmen unter den paramonetären Institutionen eine Sonderstellung ein. Die überwiegende Mehrheit der Bausparer deponiert ihre Einlagen bei den Bausparkassen nicht zum Zwecke der Geldvermögensbildung. In der BRD werden wegen der hohen staatlichen Prämienleistungen allerdings auch Bau-

---

[11] Vgl. hierzu auch *Vincent C. Frank*, Zur Problematik der Investmenttrusts, Staatswissenschaftliche Studien, hrsg. von Edgar Salin und Gottfried Bombach, N. F., Bd. 42, Zürich 1961. Ferner: *Faonzi Rassi*, Investment Trusts: Gestion et Fiscalité, Paris 1964. Ebenso: *Wolfgang Tormann*, Die Investmentgesellschaften, Taschenbücher für Geld, Bank und Börse, Hrsg. Ph. Möhring u. Hch. Rittershausen, Frankfurt/M. 1964.

sparverträge zu diesem Zweck abgeschlossen. Das Primärziel des Bausparens ist jedoch der Eigenheimbau, d. h. die Sachvermögensbildung. Dennoch wird nach Abschluß des Bausparvertrages seitens des Bausparers zunächst Geldvermögen gebildet. Der Bausparer wechselt im Laufe seiner Geschäftsbeziehungen die Stellung gegenüber dem Bausparinstitut. Vor der Zuteilung der vertraglich vereinbarten Bausparsumme ist er Gläubiger der Bausparkasse. Nach der Zuteilung wird er in Höhe des von dem Institut gewährten Kredits dessen Schuldner. Die Zuteilung des Kredits erfolgt nach Einzahlung eines Mindestsparbetrages sowie nach Ablauf einer Mindestwartezeit. Auf diese Weise wird den Bausparkassen die Losgrößen- sowie die Fristentransformation möglich. Diesen Funktionen kommt die wesentliche Bedeutung im Bausparkassenwesen zu. Das Problem der Risikotransformation, wie es im Bereich monetärer Intermediäre gegeben ist, existiert hinsichtlich des Bausparens nicht. Der Bausparer hat in den meisten Fällen keine andere Möglichkeit, sein Geld zum Zweck des baldigen Erwerbs eines Eigenheims anzulegen, als in eine Bausparkasse einzuzahlen[12]. Das Ausfallrisiko seiner Spareinlagen ist angesichts der staatlichen Aufsicht über die Bausparkassen hinreichend vermindert. Die Transformationsfunktion wirkt somit vornehmlich in Richtung auf die Förderung der Sachvermögensbildung der Haushalte sowie die Produktivvermögensbildung.

d) Die Versicherungen

Auch der Abschluß eines Versicherungsvertrages dient nicht a priori der Geldvermögensbildung. Nur Lebensversicherungen, die auf den Erlebensfall bzw. auf den Todesfall abgeschlossen werden, können als Formen der Geldvermögensbildung des betreffenden Wirtschaftssubjekts bzw. seiner Angehörigen angesehen werden[13]. Ebenso müssen die Leistungen von Arbeitnehmern an die Sozialversicherung (Arbeitslosen- bzw. Rentenversicherung) strenggenommen als Geldvermögensbildung der zur Zahlung verpflichteten Haushalte angesehen werden. Die Höhe der Versicherungsleistung im Todesfall bzw. bei Eintreten der Arbeitslosigkeit liegt zu jedem Zeitpunkt fest. Bei Lebensversicherungen auf Kapitalbasis sowie bei der gesetzlichen Rentenversicherung ist es

---

12 Börsenspekulation und Lotteriespiele können nicht allgemein als Alternative angesehen werden.

13 Vgl. hierzu auch *Fritz Voigt*, Versicherung, in: Evangelisches Soziallexikon, Hrsg. Fr. Karrenberg, Stuttgart 1954, Sp. 1072—78. *Derselbe:* Die volkswirtschaftliche Bedeutung der Versicherung, in: Versicherungswirtschaftliches Archiv, hrsg. von der Arbeitsgemeinschaft der Versicherungswissenschaftler an deutschen Hochschulen, 1. Heft, Berlin 1955, S. 89—111. *Derselbe:* Versicherungswissenschaft, in: Handwörterbuch des Versicherungswesens, Hrsg. Eberhard Finke, Bd. 2, Darmstadt 1958, Sp. 2383—90.

möglich, den Anspruch des Versicherungsnehmers aufgrund seiner Leistungen zu jedem Zeitpunkt zu ermitteln. Es handelt sich in diesen Fällen unbedingt um eine Geldvermögensbildung[14]. Bei allen Sachversicherungen gilt dies nicht. Die eingezahlten Prämien verfallen bei Nichteintreten des Versicherungsfalles. Es wird mittels des Versicherungsabschlusses lediglich ein Schutz des vorhandenen (materiellen oder immateriellen) Vermögensbestandes erreicht[15].

Die Primärfunktion aller Versicherungen ist die Transformation von Risiken in Form der Risikostreuung. Sie steht im Mittelpunkt der Betrachtung[16]. Die spezielle Betonung der Risikotransformation im Versicherungswesen kennzeichnet die Abweichung von der Bedeutungsstruktur der Funktionen monetärer Intermediäre. Die Losgrößentransformation ergibt sich dabei als eine Notwendigkeit. Durch die Sammlung vieler kleiner Prämienleistungen der Versicherungsnehmer werden Ersatzleistungen in vergleichsweise wenigen Schadensfällen möglich. Die Fristentransformation durch Versicherungen ist im Vergleich mit den monetären Intermediären nur als Nebenprodukt der Risikotransformation zu verstehen. Sie ist keine von den Versicherungen angestrebte Leistung. Durch die regelmäßigen Prämieneinzahlungen der Versicherungsnehmer entstehen Liquiditätsanhäufungen. Für diese Mittel müssen geeignete Anlagen gefunden werden. Überdies werden seitens der staatlichen Aufsichtsbehörde vornehmlich langfristige Anlagen vorgeschrieben. Die Fristentransformation beinhaltet auch keine wesentlichen Probleme für die Versicherungen, da die Einzahlungen der Versicherungsnehmer nicht in dem Maße abgerufen werden können wie bei monetären Intermediären. Die Transformationsfunktion der Versicherungen konzentriert sich also vornehmlich auf die Risikostreuung. Dies jedoch nicht speziell im Hinblick auf finanzielle Positionen, son-

---

14 Vgl. hierzu auch *Gottfried Bombach, Dräger,* Vermögenspolitik heute, Studienstiftungsgesellschaft zur Förderung der angewandten Sozial- und Wirtschaftswissenschaften GmbH, hrsg. in Zusammenarbeit mit der Studiengesellschaft für Geld- und Kreditwirtschaft, Düsseldorf, Juli 1968, S. 9, 13.

15 Vgl. hierzu auch *Gottfried Bombach,* Vermögenspolitik heute, Studienstiftungsgesellschaft zur Förderung der angewandten Sozial- und Wirtschaftswissenschaften GmbH — Gemeinnützige Gesellschaft — Lübeck, hrsg. in Zusammenarbeit mit der Studiengesellschaft für Geld- und Kreditwirtschaft, Düsseldorf, im Juli 1968.

16 Vgl. hierzu auch *Hans Gerd Lobscheid,* Versicherung in wirtschaftstheoretischer Betrachtung. Versicherungsstudien, Veröffentlichungen der Kölner Versicherungswissenschaftlichen Vereinigung e.V., Hrsg. Hans Gerd Lobscheid, Heft 2, Berlin 1959. Ferner: *Gerhard Lukarsch,* Die Kapitalanlagepolitik der privaten Lebensversicherungsunternehmen im Hinblick auf die Erstellung kaufkraftäquivalenter Versicherungsleistungen. Frankfurter Wirtschafts- und Sozialwissenschaftliche Studien, hrsg. von der Wirtschafts- und Sozialwissenschaftlichen Fakultät der Johann-Wolfgang-Goethe-Universität Frankfurt am Main, Heft 5, Berlin 1959. Ferner: *Karl Hax,* Grundlagen des Versicherungswesens, Schriftenreihe „Die Versicherung", Bd. 1, Wiesbaden 1964, S. 23 ff.

dern allgemein auf alle versicherbaren Risiken. Die als Nebenprodukt abfallende Fristentransformation muß jedoch für die Akkumulation von Produktivvermögen als bedeutungsvoll bezeichnet werden. Die ständige Aufnahme langfristiger finanzieller Anlagen bildet den Kern der Fristentransformation[17]. Es sei ferner an die Finanzierung nach dem Revolvingsystem erinnert, die durch die Bereitstellung kurzfristiger Mittel seitens der Versicherungen möglich wurde. Die von den Versicherungen ausgeübte Transformationsfunktion kommt der finanziellen sowie der realen Vermögensbildung außerordentlich entgegen.

e) Die Teilzahlungskreditinstitute

Die wesentliche Funktion der Teilzahlungskreditinstitute besteht in der Förderung des Absatzes von vornehmlich langlebigen Konsumgütern durch Vorfinanzierung der Käufe durch Haushalte oder auch Unternehmen[18]. Aus dieser Primärfunktion ergeben sich Losgrößen-, Risiko- und Fristentransformation. Die Losgrößentransformation wird in der Weise ausgeübt, daß die dem Käufer zur Verfügung gestellte Kreditsumme in homogene Tilgungsraten aufgeteilt wird. Im Hinblick auf die Risikotransformation ist zu sagen, daß das Teilzahlungskreditinstitut das Risiko der Zahlungsunfähigkeit des Käufers übernimmt. Es findet eine Risikoabwälzung hinsichtlich der Zahlungsforderung vom Verkäufer an das Teilzahlungskreditinstitut statt. Die Fristentransformation wird durch die sofortige Bereitstellung der Kaufsumme für den Verkäufer und die ratenweise Tilgung des in gleicher Höhe entstandenen Kredits durch den Käufer gewährleistet. Die Tätigkeit der Teilzahlungskreditinstitute steht nicht in direktem Zusammenhang mit der Bildung finanziellen oder realen Vermögens. Es lassen sich jedoch indirekte Begünstigungen hinsichtlich der Vermögensbildung der Haushalte und Unternehmen ableiten.

f) Die Beteiligungsfinanzierungsinstitute

Diese unterscheiden sich hinsichtlich der von ihnen ausgeübten Teiltransformationsfunktionen nicht von den monetären Intermediären. Sie beteiligen sich in der Regel in Form einer Minderheitsbeteiligung an mittleren, nichtemissionsfähigen Unternehmen, die eine dynamische Entwicklung erwarten lassen. Die Beteiligungsfinanzierungsgesellschaften vergeben ihre Mittel als Eigenkapital und erschließen mittleren

---

17 Vgl. hierzu auch die Ausführungen in Teil 2. I. 4.

18 Vgl. auch *Walter Kaminsky*, Die Teilzahlungsbanken, Taschenbücher für Geld, Bank und Börse, Hrsg. Ph. Möhring und Hch. Rittershausen, Bd. 3, 3. Aufl., Frankfurt 1964, S. 27 ff.

Unternehmen auf diese Weise den Kapitalmarkt. Sie refinanzieren sich durch die Ausgabe von Beteiligungen an Kapitalanleger[19].

g) Die Kreditinstitute mit Sonderaufgaben

Von dieser Gruppe von Kreditinstituten werden verschiedene Gruppen von Haushalten und Unternehmen im Aufbau finanzieller und realer Vermögensbestände gefördert. Hierbei kommt es oft zur einseitigen Schwerpunktverlagerung auf die Förderung finanzieller bzw. realer Vermögensbildung. Bezüglich der Realvermögensbildung liegt das Gewicht vornehmlich bei der Industriekreditbank, der Ausfuhrkredit-GmbH., der Deutschen Verkehrskreditbank, der Landwirtschaftlichen Rentenbank sowie der Kreditanstalt für Wiederaufbau. Die Lastenausgleichsbank unterstützt durch die finanzielle Abwicklung der Lastenausgleichsansprüche sowohl die finanzielle als auch die reale Vermögensakkumulation. Demgegenüber fördert die Deutsche Landesrentenbank den Bau von Eigenheimen in ländlichen Regionen und somit die Sachvermögensbildung von Haushalten. Alle Kreditinstitute mit Sonderaufgaben nehmen, wenn auch mit unterschiedlichem Gewicht, die Losgrößen-, Risiko- und Fristentransformation wahr.

Zusammenfassend kann festgestellt werden, daß die paramonetären Institutionen die Transformationsfunktion in Gestalt der speziellen Funktionen, wie sie von den monetären Funktionen ausgeübt werden, ebenso gewährleisten. Entsprechend ihrer speziellen Aufgaben verlagern sich allerdings die Schwergewichte auf einzelne Funktionen. Insofern ergeben sich Abweichungen gegenüber den monetären Intermediären. Abgesehen von den Teilzahlungsinstituten läßt sich eine allgemein starke Förderung der finanziellen und realen Vermögensbildung durch die paramonetären Institutionen nachweisen. Dies ist auf die Spezialität der von ihnen angebotenen Dienstleistungen zurückzuführen.

III. Die Stellung der paramonetären Institutionen im Prozeß realer und finanzieller Vermögensbildung

Die bisherige Untersuchung zeigt die Art der Integration der paramonetären Institutionen in das System finanzieller Kommunikationen der Kreditwirtschaft. Zusammen mit den monetären Intermediären üben die paramonetären Institutionen eine Reglerfunktion aus gegenüber

[19] Vgl. hierzu auch *H. Joachim Krahnen*, Kapitalbeteiligungsgesellschaft, in: Enzyklopädisches Lexikon für das Geld-, Bank- und Börsenwesen, Bd. II, 3. Aufl., Frankfurt/M. 1968, S. 958—59. Ferner: Kein triumphaler Erfolg, aber hoffnungsvoller Anfang. Deutsche Beteiligungsgesellschaft hat sich bisher an 12 Unternehmen beteiligt, in: Frankfurter Allgemeine Zeitung, Nr. 262, 9. Nov. 1968, S. 20.

Strömen finanzieller Mittel zwischen Haushalten einerseits sowie Unternehmen und Staat andererseits. Die reine Feststellung der Funktionen paramonetärer Institutionen im Rahmen der Finanzierung des Wachstums wäre jedoch unbefriedigend. Vornehmlich im Hinblick auf die Probleme, die mit der Steuerung des kurzfristigen sowie des langfristigen Ablaufs des Wirtschaftsprozesses verbunden sind, interessiert in besonderem Maße der Anteil der paramonetären Institutionen an der Geldvermögensbildung der Haushalte einerseits sowie der Finanzierung der Realvermögensbildung bei den Unternehmen und dem Staat andererseits.

1. Die Entwicklung der Aktiva der paramonetären Institutionen insbesondere im Zeitraum von 1950 bis 1968 in der BRD

Die Untersuchungen R. W. Goldsmiths[1] hinsichtlich der Entwicklung finanzieller Intermediäre in den USA hat erst dazu geführt, daß die Nationalökonomie die paramonetären Institutionen in ihrer Gesamtheit als Problem erkannte. In einer Vielzahl von Veröffentlichungen, die auf Goldsmiths Untersuchungen folgten, wird versucht, die paramonetären Institutionen in die Geldtheorie zu integrieren sowie die Theorie der Geldpolitik um Gedanken zur Einbeziehung dieser Institutionen in die Steuerungs- und Kontrollmaßnahmen zu erweitern. Goldsmith selbst verweist auf die Mängel der Geldtheorie bezüglich der paramonetären Institutionen. Doch liefert er kein theoretisches Konzept. Vielmehr vertritt er die Auffassung, daß zur Konzipierung einer effizienten Geldtheorie sowie als Grundlage für die Geldpolitik eine intensive Analyse der Finanzierungsstruktur einer Volkswirtschaft notwendig sei[2]. Damit ist eine Untersuchungsmethodik, die quantitative wirtschaftshistorische sowie wirtschaftskundliche Analyse, festgelegt. Wenngleich diese Methode zur Fixierung des theoretischen Problems auch keine notwendige Bedingung darstellt, liefert sie doch wertvolle Erkenntnisse. Für die Geldpolitik ist sie dagegen von unmittelbarem Interesse. Die Ergebnisse ermöglichen eine hinreichend genaue Ab-

[1] Vgl. *Raymond W. Goldsmith*, The Share of Financial Intermediaries in the National Wealth and National Assets 1900—1949, a.a.O. *Derselbe:* Financial Structure and Economic Growth in Advanced Countries, Capital Formation and Economic Growth, Princeton University Press for the National Bureau of Economic Research, Special Conference Series No. 6, 1956. *Derselbe:* Financial Intermediaries in the American Economy since 1900, Princeton 1958, The National Balance Sheet of the United States of America, 1900—1949, Income and Wealth, Series IV, Bowes and Bowes 1955.

[2] Vgl. *Raymond W. Goldsmith*, Financial Intermediaries in the American Economy since 1900, a.a.O., S. 13 ff. Der Analyse der Finanzierungsstruktur gilt das besondere Interesse Goldsmiths. Vgl. hierzu *R. W. Goldsmith*, The Determinants of Financial Structure, Development Centre of the Organisation for Economic Cooperation and Development (OECD), Paris 1966.

schätzung der realen Bedeutung der paramonetären Institutionen sowohl für die Finanzierung der Geldvermögensbildung sowie der Produktivvermögensbildung als auch für die Geldpolitik.

Bevor die Entwicklung der paramonetären Institutionen in der BRD untersucht wird, soll daher eine kurze Zusammenfassung der wichtigsten Untersuchungsergebnisse Goldsmiths gegeben werden:

1. Die finanziellen Intermediäre haben in der Zeit von 1900 bis 1952 ein Wachstum ihrer Aktiva von 19 Mrd. US $ auf 560 Mrd. US $ zu verzeichnen. Das entspricht einer durchschnittlichen jährlichen Wachstumsrate von 6,7 %.

2. Obwohl alle finanziellen Intermediäre in diesem Zeitraum einen absoluten Zuwachs ihrer Aktiva verzeichnen können, hat es doch Unregelmäßigkeiten in den Wachstumsraten der verschiedenen Institutsgruppen gegeben. Gemessen an den Aktiva der Gesamtheit finanzieller Intermediäre hat der prozentuale Anteil der (1) Commercial Banks, (2) der genossenschaftlichen Sparkassen sowie (3) der privaten Treuhandgesellschaften im Beobachtungszeitraum abgenommen. Demgegenüber hat der relative Anteil der (1) öffentlichen und privaten Pensionsfonds, (2) der Lebensversicherungen, (3) der Investmentgesellschaften sowie (4) der öffentlichen Kreditinstitute zugenommen[3].

3. Daraus ist zu erkennen, daß die paramonetären Institutionen in den USA während der ersten Hälfte dieses Jahrhunderts ein stärkeres Wachstum verzeichneten als das Bankensystem. Der relative Anteil des Bankensystems an den Aktiva aller finanziellen Intermediäre ist von 65,6 % im Jahre 1900 auf 48,2 % im Jahre 1948 gesunken. Es haben sich somit im Kreditwesen der USA tiefgreifende Strukturwandlungen auf Kosten der monetären Intermediäre vollzogen.

Die nunmehr anschließende Analyse der Entwicklung der finanziellen Intermediäre in der BRD, insbesondere aber der paramonetären Institutionen, beschränkt sich im wesentlichen auf den Zeitraum von 1950 bis 1968. Dieser Zeitraum wurde gewählt, weil die erste Hälfte des Jahrhunderts insofern von geringem Interesse ist, als die paramonetären Institutionen für die Geldpolitik noch ohne Bedeutung waren. Ferner fällt in diese Zeit die Entwicklung des heute in der BRD in Gebrauch befindlichen geldpolitischen Instrumentariums. Eine detaillierte Auseinandersetzung mit der Entwicklung der finanziellen Intermediäre wäre für diese Periode nur von wirtschaftshistorischem Wert.

Um die Entwicklung der finanziellen Intermediäre aufzuzeigen, bietet sich methodisch der Vergleich von Kennzahlen an, die auf Informa-

---

[3] Vgl. *R. W. Goldsmith*, Financial Intermediaries in the American Economy since 1900, a.a.O., S. 3 f. sowie S. 68 ff.

tionen beruhen, die in allen betroffenen Instituten zur Verfügung stehen. Die hier als Grundlage der Untersuchung gewählte Indexziffer ist die jeweils auf das Jahresende bezogene Summe aller Aktiva der Gesamtheit der betrachteten finanziellen Intermediäre[4]. Ein ebenso aussagekräftiger Index ist die Gesamtkreditsumme der finanziellen Intermediäre. Die Entwicklung der Kreditgewährung wird im Zusammenhang mit der Frage nach den Finanzierungsanteilen der finanziellen Intermediäre an der Sachvermögensbildung als Grundlage herangezogen[5]. Weniger bedeutungsvoll sind die Schwankungen der Zahl finanzieller Intermediäre. Die Höhe der Einlagen kann ebensowenig als Vergleichsmaßstab herangezogen werden, da unter den paramonetären Institutionen nur wenige tatsächlich Einlagen hereinnehmen. Auch die Statistik der Geldvermögensbildung liefert unzureichende Informationen, da sie nicht exakt nach monetären und paramonetären Institutionen trennt. Ebenso wie mittels der Aktiva, ließe sich eine vergleichende Untersuchung an Hand des Geschäftsvolumens der finanziellen Intermediäre vornehmen. Die hier verwendete Methode hat vor allen anderen den Vorteil, daß sie Vergleiche zu den Aussagen der Untersuchungen Goldsmiths zuläßt.

Die monetären Intermediäre in der BRD haben während des Beobachtungszeitraums ein ununterbrochenes absolutes Wachstum ihrer Aktiva zu verzeichnen. Gleiches gilt bis einschließlich 1965 für die paramonetären Institutionen. Im Jahr 1966 wird das absolute Wachstum der Aktiva der Kapitalanlagegesellschaften unterbrochen. Im Jahre 1967 werden die Teilzahlungskreditinstitute sowie die gesetzlichen Versicherungen von einem absoluten Rückgang ihrer Aktiva gegenüber dem Vorjahr getroffen. Diese Bewegungen sind ein Reflex der konjunkturellen Entwicklung. Das Jahr 1968 bringt jedoch wieder für alle Institutsgruppen absolute Zunahmen ihrer Aktiva[6].

Die Aktiva aller in die Untersuchung einbezogenen Institute haben sich von 1950 bis 1968 um das 19,7fache erhöht. Die Aktiva der monetären Intermediäre sind in diesem Zeitraum um das 16,3fache gewachsen. Demgegenüber erhöhten sich die Aktiva der paramonetären Institutio-

---

[4] Hierbei wurden für die finanziellen Intermediäre die Daten aus den von der Deutschen Bundesbank zusammengestellten Zwischenbilanzen der Kreditinstitute entnommen. Bei den Versicherungen sowie den Kapitalanlagegesellschaften wurden anstelle der Aktiva die jeweiligen Vermögensbestände verwendet. Die Entwicklung des Vermögensbestandes der privaten Versicherungen ist, abgesehen von den institutionellen Unterschieden der einzelnen Versicherungszweige, abhängig von dem Zustrom an Prämienzahlungen, abzüglich der sich aus den Verträgen ergebenden Zahlungsverpflichtungen. Bei den gesetzlichen Versicherungen werden dagegen die Rechnungsüberschüsse, die sich sowohl aus Mitgliedsbeiträgen als auch aus staatlichen Zuwendungen rekrutieren, dem Vermögensbestand zugeführt.

[5] Siehe die Ausführungen in Teil 2. III. 2 b.

[6] Siehe hierzu Tabelle 3 auf Seite 55 ff.

Tabelle 3: **Die Aktivbestände der finanziellen Intermediäre in der Bundesrepublik von 1950 bis 1968, ermittelt jeweils zum Jahresende in Mrd. DM**

	1950	1951	1952	1953	1954	1955	1956	1957	1958
Aktiva insgesamt (Mrd. DM)	38 852,0	50 798,4	64 817,0	89 133,8	117 413,2	140 400,0	164 849,7	193 474,3	221 339,0
davon:									
Kreditbanken	11 761,6	14 633,9	18 034,2	22 772,3	28 680,7	32 407,6	38 038,8	42 950,9	47 636,2
Girozentralen	4 204,7	5 554,5	6 545,1	8 445,1	11 469,7	13 567,4	15 036,7	19 791,4	23 173,6
Sparkassen	7 674,2	9 426,0	12 189,6	15 890,6	21 010,6	25 072,3	28 349,8	33 881,0	40 236,3
Zentralkassen	829,5	934,8	1 233,0	1 469,5	1 809,5	2 127,8	2 403,7	3 134,4	3 890,7
Kreditgenossenschaften	2 334,1	2 787,3	3 488,2	4 384,5	5 575,1	6 445,0	7 340,1	8 652,9	10 209,9
Postscheck — Postsparkassen	1 028,3	1 187,8	1 494,4	1 801,3	2 355,5	2 804,3	3 522,0	4 082,6	4 768,0
monetäre Intermediäre insgesamt	27 832,4	34 524,3	42 984,5	54 763,3	70 901,1	82 424,4	94 691,1	112 493,2	129 914,7

Tabelle 3 (Fortsetzung)

	1959	1960	1961	1962	1963	1964	1965	1966	1967	1968
Aktiva insgesamt (Mrd. DM)	259 682,4	294 578,9	343 285,1	382 381,2	432 494,5	482 525,3	539 482,5	594 352,4	663 996,9	766 920,1
davon:										
Kreditbanken	55 588,1	61 753,1	70 474,1	76 181,4	84 220,6	92 011,6	99 618,7	108 335,6	125 149,9	150 357,6
Girozentralen	26 325,5	29 011,7	34 741,5	38 662,5	44 517,4	49 380,0	55 710,5	61 420,1	70 005,4	82 226,2
Sparkassen	48 566,3	56 031,1	63 519,6	72 419,6	82 064,8	92 721,3	105 787,7	117 238,4	131 566,9	149 332,1
Zentralkassen	4 638,8	5 014,3	5 952,0	6 737,0	7 853,2	8 982,9	10 409,4	11 338,6	13 691,1	16 416,6
Kreditgenossenschaften	12 172,8	13 999,1	16 186,9	18 563,8	21 800,2	25 298,5	29 577,4	33 407,1	38 031,0	43 793,7
Postscheck-Postsparkassen	5 434,6	6 060,5	7 350,7	8 061,9	8 625,6	9 282,1	10 160,3	10 676,3	11 715,0	12 668,1
monetäre Intermediäre insgesamt	152 726,1	171 869,8	198 224,8	220 626,2	249 081,8	277 676,4	311 264,0	342 416,1	390 159,3	454 794,3

Tabelle 3 (Fortsetzung)

	1950	1951	1952	1953	1954	1955	1956	1957	1958
Private Hypothekenbanken ...	2 193,0	3 116,8	4 643,3	2 948,3	5 031,9	6 487,7	7 311,4	8 715,1	10 890,9
Öffentlich-rechtliche Grundkreditanstalten ...	—	—	—	4 637,9	6 188,1	7 660,9	8 921,5	10 252,0	11 692,5
Kreditinstitute mit Sonderaufgaben ...	1 514,3	2 413,3	3 938,0	9 352,1	12 690,3	15 887,0	18 812,9	21 534,3	22 748,9
Teilzahlungskreditinstitute ...	180,8	289,2	495,8	678,4	948,9	1 331,0	1 552,8	1 720,1	2 042,1
private Bausparkassen ...	180,6	287,9	372,4	550,0	832,9	1 161,2	2 486,6	3 153,5	3 915,4
Öffentlich-rechtliche Bausparkassen ...	227,2	306,0	337,1	446,2	628,6	868,7	1 851,7	2 293,3	2 782,2
Individualversicherungen ...	4 123,8	6 040,9	7 105,9	8 717,6	10 581,4	12 079,1	13 693,7	15 815,7	18 103,0
darunter Lebensversicherungen	—	—	—	4 927,9	6 064,2	7 023,5	8 080,6	9 394,2	10 817,0
gesetzliche Versicherungen ...	2 600,0	3 820,0	4 940,0	7 040,9	9 610,0	12 500,0	15 420,0	17 180,0	18 200,0
darunter Lebensversicherungen	1 540,0	2 390,0	3 370,9	4 920,0	6 950,0	9 280,0	11 670,0	13 250,0	14 250,0
Kapitalanlagegesellschaften ...	—	—	—	—	—	—	108,0	317,1	1 049,3
paramonetäre Institutionen insgesamt ...	11 019,6	16 274,1	21 832,5	34 370,5	46 512,1	57 975,6	70 158,6	80 981,1	91 424,3

Tabelle 3 (Fortsetzung)

	1959	1960	1961	1962	1963	1964	1965	1966	1967	1968
Private Hypothekenbanken	12 957,7	14 640,9	17 065,9	19 460,2	22 577,3	26 829,9	30 589,6	33 432,3	37 825,9	43 544,9
öffentlich-rechtliche Sonderaufgaben	13 900,4	15 646,5	17 863,3	20 440,1	22 513,7	25 392,2	28 571,3	27 378,9	29 790,0	31 985,0
Kreditinstitute mit Sonderaufgaben	25 458,7	27 903,4	34 495,2	37 465,0	43 016,3	46 100,6	49 669,7	56 262,0	65 940,9	74 913,3
Teilzahlungskreditinstitute	2 382,5	3 011,2	3 549,9	3 960,1	4 493,0	4 754,9	5 167,9	5 528,5	5 323,1	5 816,4
private Bausparkassen	4 856,2	6 141,9	7 500,2	8 658,1	9 990,9	11 500,3	13 714,6	16 809,3	18 661,6	20 568,9
öffentlich-rechtliche Bausparkassen	3 413,2	4 262,7	5 186,6	6 073,8	7 107,3	8 293,2	10 142,7	12 289,5	13 575,1	14 736,5
Individualversicherungen	21 101,2	24 596,4	28 510,0	32 596,5	36 862,4	41 897,1	47 337,1	54 561,7	61 260,0	69 176,0
darunter Lebensversicherungen	12 617,0	14 775,8	17 119,5	19 842,2	22 740,6	22 108,5	29 704,8	33 783,7	38 420,0	43 405,0
gesetzliche Versicherungen	20 620,0	23 360,0	27 780,0	30 480,0	33 930,0	36 780,0	39 890,0	42 770,0	a) 37 140,0	b) 45 770,0
darunter Sozialversicherungen	16 350,0	17 930,0	21 870,0	24 560,0	28 020,0	30 550,0	33 230,0	35 420,0	a) 30 350,0	b) 37 610,0
Kapitalanlagegesellschaften	2 266,4	3 146,1	3 109,2	2 621,2	2 921,8	3 300,7	3 135,6	2 904,1	c) 4 321,0	c) 5 614,8
paramonetäre Institutionen insgesamt	106 956,3	122 709,1	145 060,3	161 755,0	183 412,7	204 848,9	228 218,5	251 936,3	273 837,6	312 125,8

a) Ohne Vermögensbestand der gesetzlichen Unfallversicherung. — b) Geschätzt. — c) Stand Juli 1968.

Quellen: 1. Deutsche Bundesbank, Monatsberichte, Frankfurt/M., versch. Jge. — 2. Bundesaufsichtsamt für das Versicherungs- und Bausparwesen, Geschäftsberichte, Berlin, versch. Jge. — 3. Bundesministerium für Arbeit und Sozialordnung, Arbeits- und Sozialstatistische Mitteilungen, Bonn, versch. Jge.

nen um das 28,3fache. Aus diesen Ergebnissen wird ersichtlich, daß die paramonetären Institutionen in der BRD ein weitaus stärkeres Wachstum in der Nachkriegszeit verzeichneten als die monetären Intermediäre. Eine Betrachtung des Durchschnitts der jährlichen prozentualen Zuwächse zu den Aktiva zeigt, daß die Gesamtheit der Aktiva finanzieller Intermediäre im Betrachtungszeitraum durchschnittlich jährlich um 18,3 % zugenommen haben[7]. Die Aktiva der paramonetären Institutionen wuchsen mit durchschnittlich 20,4 % pro Jahr schneller als die der monetären Intermediäre mit 16,7 % pro Jahr. Unter den monetären Intermediären verzeichneten die Girozentralen (18,5 %), die Zentralkassen (18,2 %) und die Sparkassen (18,0 %) das stärkste durchschnittliche Jahreswachstum ihrer Aktiva. Die Wachstumsraten der Postsparkassen (15,1 %) sowie der Kreditbanken (15,3 %) liegen erheblich darunter[8].

Die durchschnittlichen Wachstumsraten der paramonetären Institutionen weisen weit größere Schwankungen auf als die der monetären Intermediäre. Die Skala reicht von einem durchschnittlichen Wachstum von 14,8 % der öffentlich-rechtlichen Grundkreditanstalten bis zu 54,9 % der Kapitalanlagegesellschaften. Diese Wachstumsraten der Aktiva stehen oft in keinem Verhältnis zu der Bedeutung dieser Institute im deutschen Kreditwesen, wie aus der absoluten Höhe der Aktiva dieser Institute im Vergleich zu denen anderer zu ersehen ist[9]. Überdies verzerren ungewöhnlich hohe Zuwachsraten in den frühen 50er Jahren das Bild. Betrachtet man die relativen Anteile beider Gruppen an der Gesamtsumme ihrer Aktiva, so ergibt sich eine Abnahme des Anteils der monetären Intermediäre von 71,64 % im Jahre 1950 auf 57,6 % im Jahre 1966. Für 1967 beträgt der Anteil 58,7 % und 1968 59,3 %. In beiden Jahren ergeben sich Abweichungen von der relativ stabilen Entwicklung seit 1955. Diese können als Reflexe auf die konjunkturelle Situation angesehen werden. Entsprechend zeigt sich bei den paramonetären Institutionen eine Zunahme von 28,36 % im Jahre 1959 auf 42,3 % im Jahre 1966[10]. In den Jahren 1967 und 1968 ergeben sich konjunkturbedingte Abweichungen, so daß die Anteile auf 41,2 % bzw. 40,7 % absanken. Dieses Ergebnis zeigt Parallelen zu den von Goldsmith für die USA ermittelten Verhältnisse. Dennoch ergeben sich einige Unterschiede. Das relative Wachstum paramonetärer Institutionen in der BRD erreichte im Jahre 1964 einen vorläufigen Höhepunkt. In den Folgejahren nahm der relative Anteil der para-

[7] Siehe Tabelle 4 auf Seite 60 ff.

[8] Vgl. hierzu auch *Heinrich Rittershausen,* Strukturwandlungen im Bankwesen, in: Wandlungen der Wirtschaftsstruktur in der Bundesrepublik Deutschland, Schriften des Vereins für Socialpolitik, Hrsg. Heinz König, N. F., Bd. 26, Berlin 1962, S. 525—554.

[9] Siehe dazu Tabelle 3 und 4.

[10] Siehe hierzu Tabelle 5 sowie Abbildung 2.

Tabelle 4: **Zuwachsraten der Aktiva finanzieller Intermediäre gegenüber dem Vorjahr in v. H.**

	Im Durchschnitt	1951	1952	1953	1954	1955	1956	1957	1958	1959
Aktiva insgesamt (Mrd. DM)	18,3	30,7	27,6	37,5	31,7	19,5	17,4	17,3	14,4	17,3
davon:										
Kreditbanken	15,3	25,2	23,2	26,3	25,9	12,9	17,3	12,9	10,9	16,6
Girozentralen	18,5	38,8	17,9	29,1	35,7	18,2	10,8	31,5	17,0	13,6
Sparkassen	18,0	22,2	29,2	30,3	32,2	19,3	13,0	19,5	18,7	20,6
Zentralkassen	18,2	12,2	32,5	19,4	23,0	17,5	12,8	30,6	24,3	19,2
Kreditgenossenschaften	17,3	12,2	25,0	25,6	27,2	15,5	13,8	17,8	18,0	19,2
Postscheck — Postsparkassen	15,1	15,6	25,5	20,8	30,8	18,8	25,7	15,9	16,8	13,9
monetäre Intermediäre insgesamt	16,7	24,0	24,5	27,4	29,4	16,2	12,4	18,8	15,4	17,5

Tabelle 4 (Fortsetzung)

	1960	1961	1962	1963	1964	1965	1966	1967	1968
Aktiva insgesamt (Mrd. DM) ..	13,4	16,5	11,3	13,1	11,5	11,8	10,1	11,7	15,5
davon:									
Kreditbanken	11,1	14,1	8,1	10,5	9,2	8,2	8,7	15,5	20,1
Girozentralen	10,1	19,7	11,2	15,1	10,9	12,8	10,2	13,9	17,4
Sparkassen	15,3	13,3	14,0	13,3	12,9	14,0	10,8	12,2	13,5
Zentralkassen	8,0	18,8	13,2	16,5	14,4	15,9	8,9	20,7	19,9
Kreditgenossenschaften	15,0	15,7	14,7	17,4	16,0	16,9	12,9	13,8	15,1
Postscheck — Postsparkassen .	11,6	21,2	9,6	7,0	7,5	9,4	5,0	9,7	8,1
monetäre Intermediäre insgesamt	12,5	15,3	11,3	12,8	11,4	12,0	10,0	13,9	16,5

Tabelle 4 (Fortsetzung)

	Im Durchschnitt	1951	1952	1953	1954	1955	1956	1957	1958	1959
Private Hypothekenbanken ...	17,5	46,6	48,8	-36,5	70,5	28,9	12,6	19,2	25,0	18,9
Öffentlich-rechtliche Grundkreditanstalten	14,8	–	–	10,0	33,3	23,7	16,4	14,9	14,0	18,9
Kreditinstitute mit Sonderaufgaben	26,5	51,4	63,4	137,4	35,7	25,1	18,3	14,4	5,6	11,9
Teilzahlungskreditinstitute ...	21,7	51,8	65,2	35,7	39,5	40,1	16,7	10,9	18,7	16,7
private Bausparkassen	31,2	51,7	24,1	48,6	51,4	39,9	114,3	26,6	24,2	23,8
Öffentlich-rechtliche Bausparkassen	27,1	31,1	8,7	31,2	39,6	37,8	112,8	23,9	21,4	22,7
Individualversicherungen	16,9	42,7	17,6	22,6	21,3	14,1	13,3	15,5	14,4	16,5
darunter Lebensversicherungen	15,2	–	–	100,0	23,0	15,8	15,1	16,2	15,1	16,6
gesetzliche Versicherungen ...	17,8	41,8	29,3	42,5	36,5	30,0	23,3	11,4	5,9	13,2
Sozialversicherungen	20,9	58,0	41,0	45,9	46,2	33,5	25,7	13,5	7,5	14,7
Kapitalanlagegesellschaften ..	54,9	–	–	–	–	–	–	188,2	227,9	115,8
paramonetäre Institutionen insgesamt	20,4	47,7	34,1	57,4	35,3	24,6	21,0	15,4	12,8	16,9

Tabelle 4 (Fortsetzung)

	1960	1961	1962	1963	1964	1965	1966	1967	1968
Private Hypothekenbanken	12,9	16,5	14,0	16,0	18,8	14,0	9,2	13,1	15,1
Öffentlich-rechtliche Grundkreditanstalten	12,5	14,1	14,4	10,1	12,8	12,5	− 4,2	8,8	7,3
Kreditinstitute mit Sonderaufgaben	9,5	23,6	8,5	14,8	7,1	7,7	19,2	17,2	13,6
Teilzahlungskreditinstitute	26,5	17,9	11,5	13,4	5,8	8,7	6,9	− 3,8	9,3
private Bausparkassen	26,3	22,1	15,4	15,3	15,1	19,2	22,6	11,0	10,2
Öffentlich-rechtliche Bausparkassen	25,0	21,7	17,0	17,0	16,6	22,3	21,1	10,4	8,5
Individualversicherungen	16,5	15,9	14,3	13,0	13,6	12,9	15,2	12,2	12,9
darunter Sozialversicherungen	17,0	15,9	15,9	14,6	14,8	13,7	13,7	13,7	12,9
gesetzliche Versicherungen	13,2	18,9	9,7	11,3	8,3	8,4	7,2	−13,2	23,2
Sozialversicherungen	9,6	21,9	12,2	14,0	9,0	8,7	6,5	−14,4	23,9
Kapitalanlagegesellschaften	38,4	− 1,3	−15,5	11,5	13,0	− 5,0	7,6	49,0	29,9
paramonetäre Institutionen insgesamt	14,7	18,2	11,5	13,3	11,6	11,4	10,3	8,6	13,9

Errechnet aus den Daten der Tabelle 3.

monetären Institutionen an den gesamten Aktiva leicht ab. Ferner gelang es den paramonetären Institutionen in der BRD zu keinem Zeitpunkt, das Bankensystem aus seiner Führungsrolle zu verdrängen. Das liegt nicht zuletzt daran, daß in der BRD, anders als in den USA, die Sparkassen infolge ihrer Universalbankfunktion dem Bankensystem zuzurechnen sind. Gerade der Anteil der Sparkassen beträgt aber annähernd ein Fünftel der Aktiva aller finanziellen Intermediäre.

Ein Blick auf die Vorkriegsentwicklung der finanziellen Intermediäre zeigt, daß von 1928 bis 1939 der Anteil der monetären Intermediäre ebenfalls schon gegenüber den paramonetären Institutionen abnahm, wenngleich sich das Verhältnis in der Zwischenzeit 1933 zunächst wieder etwas zugunsten des Bankensystems verschoben hatte. Betrachtet man die monetären Intermediäre, so fällt auf, daß sich der prozentuale Anteil der Kreditbanken an den Aktiva aller finanziellen Intermediäre bereits vor dem Zweiten Weltkrieg erheblich vermindert hatte.

Diese Entwicklung hat sich im Zeitraum von 1950 bis 1966 ununterbrochen fortgesetzt. Der Anteil der Kreditbanken verminderte sich in dieser Periode von 30,27 % auf 18,23 % der Aktiva aller finanziellen Intermediäre[11]. Dieser Anteil fällt jedoch insofern etwas zu gering aus, als in den Anteilen anderer monetärer Intermediäre in gewissem Umfang zweckgebundene, durchlaufende Kredite der öffentlichen Hand an bestimmte Wirtschaftszweige enthalten sind. Die Kreditbanken sind an diesen Weiterleitungstransaktionen in geringem Umfang beteiligt. Dieses Ergebnis deckt sich mit den Aussagen Goldsmiths für die USA. In den Jahren 1967 und 1968 ergab sich eine leichte relative Zunahme der Aktiva der Kreditbanken. Doch scheint sich in dieser Entwicklung keine Tendenzänderung gegenüber dem Nachkriegsverlauf auszudrücken. Sie ist vermutlich vielmehr auf die konjunkturell bedingte Verminderung des Anteils der gesetzlichen Versicherungen an den Gesamtaktiva zurückzuführen.

Gemessen an ihrem Anteil an den Gesamtaktiva vermindert sich ebenso die Bedeutung der Postsparkassen. Auch hier ergeben sich Parallelen zu den von Goldsmith erarbeiteten Ergebnissen. Dagegen bleibt der Anteil der Girozentralen sowie der der Sparkassen über den Betrachtungszeitraum, abgesehen von relativ geringen Schwankungen, konstant. Das bedeutet, daß sich ihr Wachstum parallel zu dem der Gesamtsumme der Aktiva aller finanziellen Intermediäre vollzogen hat. Nach unterschiedlicher Entwicklung im ersten Nachkriegsjahrzehnt läßt sich für die Zentralkassen wie für die Kreditgenossenschaften seit 1960 eine ständige Zunahme ihres Aktivaanteils feststellen.

---

11 Vgl. hierzu auch *Heinrich Rittershausen*, Strukturwandlungen im Bankwesen, a.a.O., S. 535 f.

Abbildung 2: **Anteile monetärer Intermediäre und paramonetärer Institutionen an der Gesamtsumme der Aktiva aller finanziellen Intermediäre in der BRD von 1950 bis 1968 in v. H.**

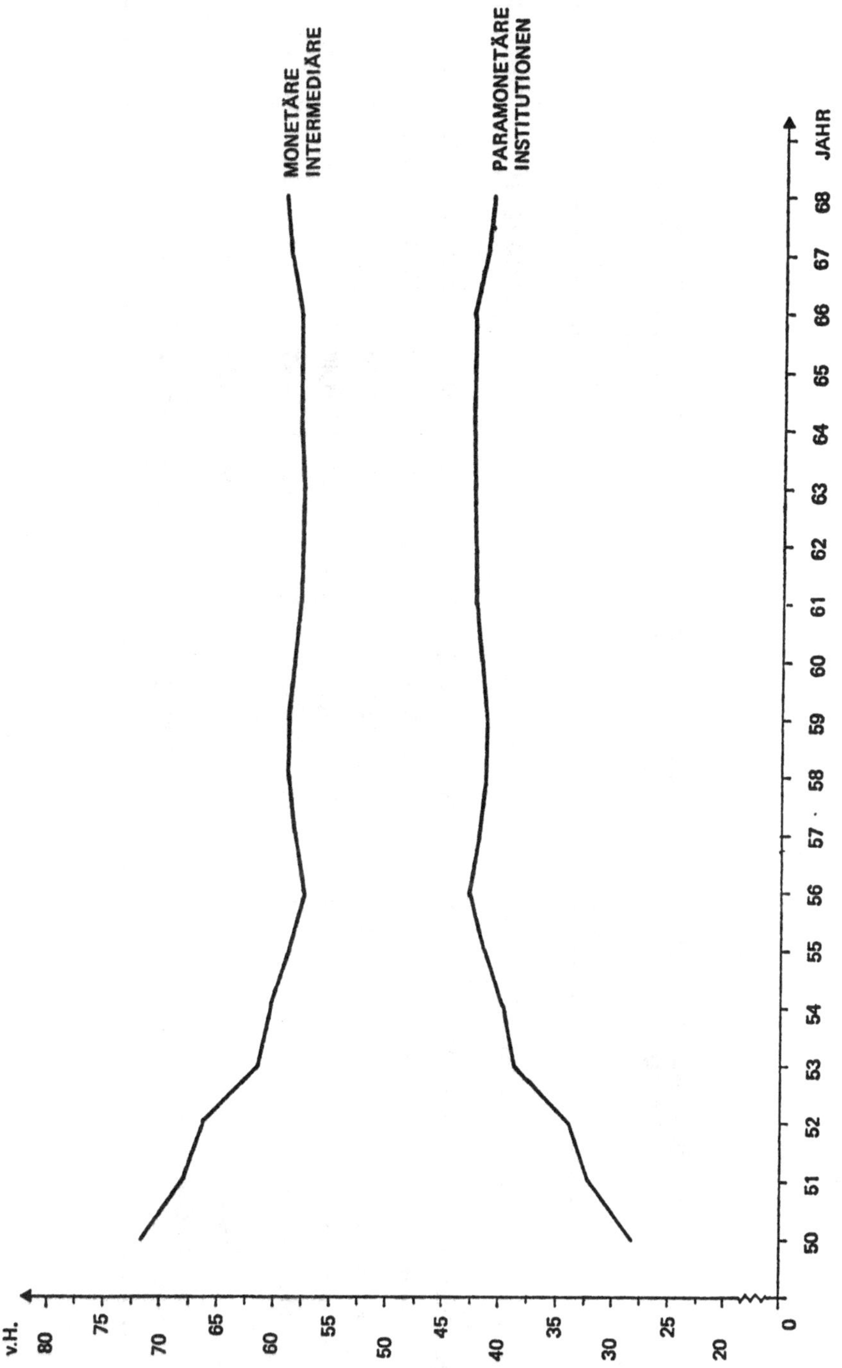

Tabelle 5: **Die Aktivbestände der einzelnen finanziellen Intermediäre in der Bundesrepublik ermittelt jeweils zum Jahresende in v. H. der Aktiva aller finanziellen Intermediäre in Mrd. DM**

	1950	1951	1952	1953	1954	1955	1956	1957	1958	1959
Aktiva insgesamt	38 852,0	50 798,4	64 817,0	89 133,8	117 413,2	140 409,8	164 849,7	193 474,3	221 339,0	259 682,4
davon:										
Kreditbanken	30,27	28,81	27,83	25,55	24,43	23,08	23,07	22,20	21,52	21,41
Girozentralen	10,82	10,94	10,10	9,47	9,77	9,66	9,12	10,23	10,47	10,14
Sparkassen	19,15	18,56	18,81	17,82	17,89	17,86	17,20	17,51	18,18	18,70
Zentralkassen	2,14	1,84	1,90	1,67	1,54	1,52	1,46	1,62	1,76	1,78
Kreditgenossenschaften	6,01	5,49	5,38	4,91	4,75	4,59	4,45	4,47	4,61	4,69
Postscheck — Postsparkassen	2,65	2,34	2,30	2,02	2,00	1,99	2,14	2,11	2,15	2,09
monetäre Intermediäre insgesamt	71,64	67,98	66,32	61,44	60,38	58,70	57,44	58,14	58,69	58,81

Tabelle 5 (Fortsetzung)

	1960	1961	1962	1963	1964	1965	1966	1967	1968
Aktiva insgesamt (Mrd. DM)	294 578,9	343 285,1	382 381,1	432 494,5	482 525,3	539 482,5	594 352,4	663 996,3	766 920,1
davon:									
Kreditbanken	20,96	20,53	19,92	19,47	19,09	18,46	18,23	18,85	19,61
Girozentralen	9,85	10,12	10,11	10,29	10,23	10,33	10,33	10,54	10,72
Sparkassen	19,02	18,50	18,94	18,98	19,23	19,61	19,73	19,81	19,47
Zentralkassen	1,70	1,73	1,76	1,82	1,86	1,93	1,91	2,06	2,14
Kreditgenossenschaften	4,75	4,72	4,85	5,04	5,24	5,48	5,62	5,73	5,71
Postscheck — Postsparkassen	2,06	2,14	2,11	1,99	1,92	1,88	1,79	1,76	1,65
monetäre Intermediäre insgesamt	58,34	57,74	57,69	57,59	57,55	57,69	57,61	58,75	59,30

Tabelle 5 (Fortsetzung)

	1950	1951	1952	1953	1954	1955	1956	1957	1958	1959
Private Hypothekenbanken	5,64	6,14	7,16	3,31	4,28	4,62	4,44	4,50	4,92	4,99
Öffentlich-rechtliche Grundkreditanstalten	—	—	—	5,20	5,27	5,46	5,41	5,30	5,28	5,35
Kreditinstitute mit Sonderaufgaben	3,90	4,75	6,08	10,49	10,81	11,31	11,41	11,13	10,28	9,80
Teilzahlungskreditinstitute	0,47	0,57	0,77	0,76	0,81	0,95	0,94	0,89	0,92	0,92
Private Bausparkassen	0,46	0,57	0,57	0,62	0,71	0,83	1,51	1,63	1,77	1,87
Öffentlich-rechtliche Bausparkassen	0,58	0,60	0,52	0,50	0,54	0,62	1,12	1,19	1,26	1,31
Individualversicherungen	10,61	11,89	10,96	9,78	9,01	8,60	8,31	8,17	8,18	8,13
darunter Lebensversicherungen	—	—	—	5,53	5,16	5,00	4,90	4,85	4,89	4,86
gesetzl. Versicherungen	6,69	7,52	7,62	7,90	8,18	8,90	9,35	8,88	8,22	7,94
darunter Sozialversicherungen	3,96	4,71	5,20	5,52	5,92	6,61	7,08	6,85	6,44	6,29
Kapitalanlagegesellschaften	—	—	—	—	—	—	0,07	0,16	0,47	0,87
paramonetäre Institutionen insgesamt	28,35	32,02	33,68	38,56	39,61	41,29	42,56	41,85	41,30	41,18

Tabelle 5 (Fortsetzung)

	1960	1961	1962	1963	1964	1965	1966	1967	1968
Private Hypotheken-banken	4,97	5,00	5,09	5,22	5,56	5,67	5,62	5,70	5,68
Öffentlich-rechtliche Grundkreditanstalten	5,31	5,20	5,35	5,20	5,26	5,30	4,61	4,49	4,17
Kreditinstitute mit Sonderaufgaben	9,47	10,05	9,80	9,95	9,55	9,21	9,47	9,93	9,77
Teilzahlungskredit-institute	1,02	1,03	1,04	1,04	0,99	0,96	0,93	0,80	0,76
Private Bausparkassen	2,08	2,18	2,26	2,31	2,38	2,54	2,83	2,81	2,68
Öffentlich-rechtliche Bausparkassen	1,45	1,51	1,59	1,64	1,72	1,88	2,07	2,04	1,92
Individual-versicherungen	8,35	8,30	8,52	8,52	8,68	8,77	9,18	9,23	9,02
darunter Lebensversiche-rungen	5,02	4,99	5,19	5,26	5,41	5,51	5,68	5,79	5,66
gesetzl. Versicherungen	7,93	8,09	7,97	7,85	7,62	7,39	7,19	5,59	5,97
darunter Sozialversiche-rungen	6,09	6,37	6,42	6,48	6,33	6,16	5,96	4,57	4,90
Kapitalanlage-gesellschaften	1,07	0,90	0,68	0,67	0,68	0,58	0,49	0,65	0,73
paramonetäre Institutio-nen insgesamt	41,65	42,26	42,30	42,40	42,44	42,30	42,39	41,24	40,70

Errechnet aus den Daten der Tabelle 2.

Unter den paramonetären Institutionen in der BRD fällt den Individualversicherungen und den gesetzlichen Versicherungen mit rund 10 % bzw. 8 % der größte Anteil an den gesamten Aktiva zu, wenn man die Kreditinstitute mit Sonderaufgaben als Block mit heterogener Aufgaben-Struktur außer Betracht läßt. Den Individual-Versicherungen kommt die größte Bedeutung zu. Beide verzeichneten im Zeitablauf Schwankungen in ihren relativen Anteilen an den Gesamtaktiva. Von 1961 an stabilisiert sich jedoch die Entwicklung der Vermögensanlagen der Individualversicherungen. Ihr relativer Anteil gemessen an den Aktiva aller finanziellen Intermediäre nahm bis 1967 kontinuierlich zu. Demgegenüber unterlag die Entwicklung der Vermögensanlagen der gesetzlichen Versicherungen, gemessen an der Entwicklung der Aktiva aller finanziellen Intermediäre, Schwankungen über den gesamten Betrachtungszeitraum hinweg.

Bei den Hypothekarkreditinstituten gewannen die privaten Hypothekenbanken gegenüber den öffentlich-rechtlichen Grundkreditanstalten ständig an Bedeutung. Ihr prozentualer Aktivaanteil an den Gesamtaktiva übertrifft seit 1963 den der öffentlich-rechtlichen Grundkreditanstalten. Ebenso kommt unter den Bausparkassen den privat-rechtlichen Instituten die größere Bedeutung zu, wenngleich die öffentlich-rechtlichen zu Beginn der 60iger Jahre größere Zuwächse erreichen konnten.

Unter den paramonetären Institutionen in der BRD sind die Teilzahlungskreditinstitute bezüglich ihres relativen Anteils an den gesamten Aktiva von geringer Bedeutung. Ihr starkes Wachstum in den Jahren 1950 bis 1963 verlangsamte sich erheblich ab 1964. Die Aufnahme und Intensivierung des Teilzahlungsgeschäfts durch die monetären Intermediäre ist nicht ohne Einfluß auf die Entwicklung der Teilzahlungskreditinstitute geblieben. Dennoch haben die Teilzahlungskreditinstitute am Gesamtvolumen des Konsumentenkredits den größten Anteil. Gemessen an den USA kommt dem Konsumentenkredit in der BRD jedoch nur eine verhältnismäßig geringe Bedeutung zu[12].

Geradezu verschwindend gering erscheint die Bedeutung der Kapitalanlagegesellschaften. Sie haben sich offensichtlich in der BRD noch nicht durchsetzen können. Dieses Ergebnis steht ebenfalls im Gegensatz zu der Entwicklung in den USA[13].

---

[12] Vgl. hierzu auch Deutsche Bundesbank: Aus den Ergebnissen der Teilzahlungskreditstatistik, in: Monatsberichte Jg. 5 (1953), Nr. 11, S. 26—33. Ferner: Zur Entwicklung der Teilzahlungskredite der Kreditinstitute, in: Monatsberichte Jg. 10 (1958), Nr. 2, S. 38—43. Ferner: Die ersten Ergebnisse der Konsumentenkreditstatistik, in: Monatsberichte Jg. 15 (1963), Nr. 6, S. 3—11. Ferner: Aus den Ergebnissen der Konsumenten- und Ratenkreditstatistik, in: Monatsberichte Jg. 16 (1964), Nr. 5, S. 15—25. Ferner: Zur Entwicklung der Konsumentenkredite der Banken, in: Monatsberichte Jg. 18 (1966), Nr. 6, S. 15—23.

Eine Einteilung der monetären Intermediäre sowie der paramonetären Institutionen in private und öffentlich-rechtliche Körperschaften ergibt, daß bei beiden Gruppen den öffentlich-rechtlichen Körperschaften der größere Anteil an den gesamten Aktiva zufällt[14]. Die Ursache liegt im Falle der monetären Intermediäre an der relativ starken Abnahme des Aktivaanteils der Kreditbanken und einer dazu parallel verlaufenden kräftigen Zunahme der Aktiva des Sparkassensektors (Sparkassen plus Girozentralen). Diese Entwicklung im Bereich der monetären Intermediäre ist sicherlich nicht ohne Berücksichtigung der veränderten Geschäftspolitik im Sparkassensektor sowie der Wettbewerbssituation im Kreditwesen nach dem Kriege zu sehen[15].

Rechnet man die Kreditinstitute mit Sonderaufgaben den öffentlichen paramonetären Instituten zu, so ergibt sich von 1952 bis 1967 ein Übergewicht der öffentlich-rechtlichen paramonetären Institutionen gegenüber den privaten. Dennoch zeigt ein solcher Vergleich, daß die privaten paramonetären Institutionen in jedem Jahr ihre Position gegenüber den öffentlichen verbessern konnten. So übersteigt der prozentuale Anteil der privaten Hypothekenbanken an den gesamten Aktiva den der öffentlich-rechtlichen Grundkreditanstalten vom Jahre 1963 an. Die privaten Bausparkassen sowie die privaten Versicherungsträger verzeichnen während des gesamten Berichtszeitraumes einen größeren prozentualen Anteil als ihre öffentlich-rechtlichen Konkurrenten.

Eine Betrachtung der jährlichen Aktivazuwächse läßt, obwohl nur Jahresdaten zugrunde gelegt wurden, eine deutliche Anpassung an die konjunkturelle Situation erkennen. Es fällt auf, daß die finanziellen Intermediäre jeweils vor dem Jahr des Hochpunktes des Konjunkturzyklus eine besonders starke Zunahme ihrer Aktivabestände aufweisen. Im Jahr des Konjunkturhochpunktes selbst ist die Zunahme der Aktivabestände weitaus geringer[16]. Der Grund dafür kann einerseits darin liegen, daß im Jahr des Konjunkturhochpunktes die Gewinne der Kreditnehmer — d. h. vornehmlich der Unternehmer — so stark ansteigen, daß sie sehr liquide sind und weniger Kredite in Anspruch zu nehmen brauchen. Andererseits zahlen sie in verstärktem Umfang

---

[13] Vgl. hierzu auch Deutsche Bundesbank: Die Entwicklung des Investmentsparens seit 1959, in: Monatsberichte Jg. 15 (1963), Nr. 3, S. 6—12. Ferner: Ausländische Investmentfonds in der Bundesrepublik, in: Monatsberichte Jg. 20 (1968), Nr. 9, S. 16—20.

[14] Siehe hierzu Tabelle 6 S. 73.

[15] Ursachen für diese unterschiedlichen Entwicklungsverläufe privater und öffentlich-rechtlicher Kreditinstitute sind in der Wettbewerbsenquête der Bundesregierung dargelegt worden. Vgl. Bericht der Bundesregierung über die Untersuchung der Wettbewerbsverschiebungen im Kreditgewerbe und über eine Einlagensicherung, Deutscher Bundestag, 5. Wahlperiode, Drucksache V 1350, Bonn 1968, S. 31 ff.

[16] Siehe hierzu Tabelle 7 auf Seite 75 und Abb. 3.

Abbildung 3: **Die Entwicklung der jährlichen Aktivazusätze der finanziellen Intermediäre in der BRD von 1951 bis 1968 in Mrd. DM**

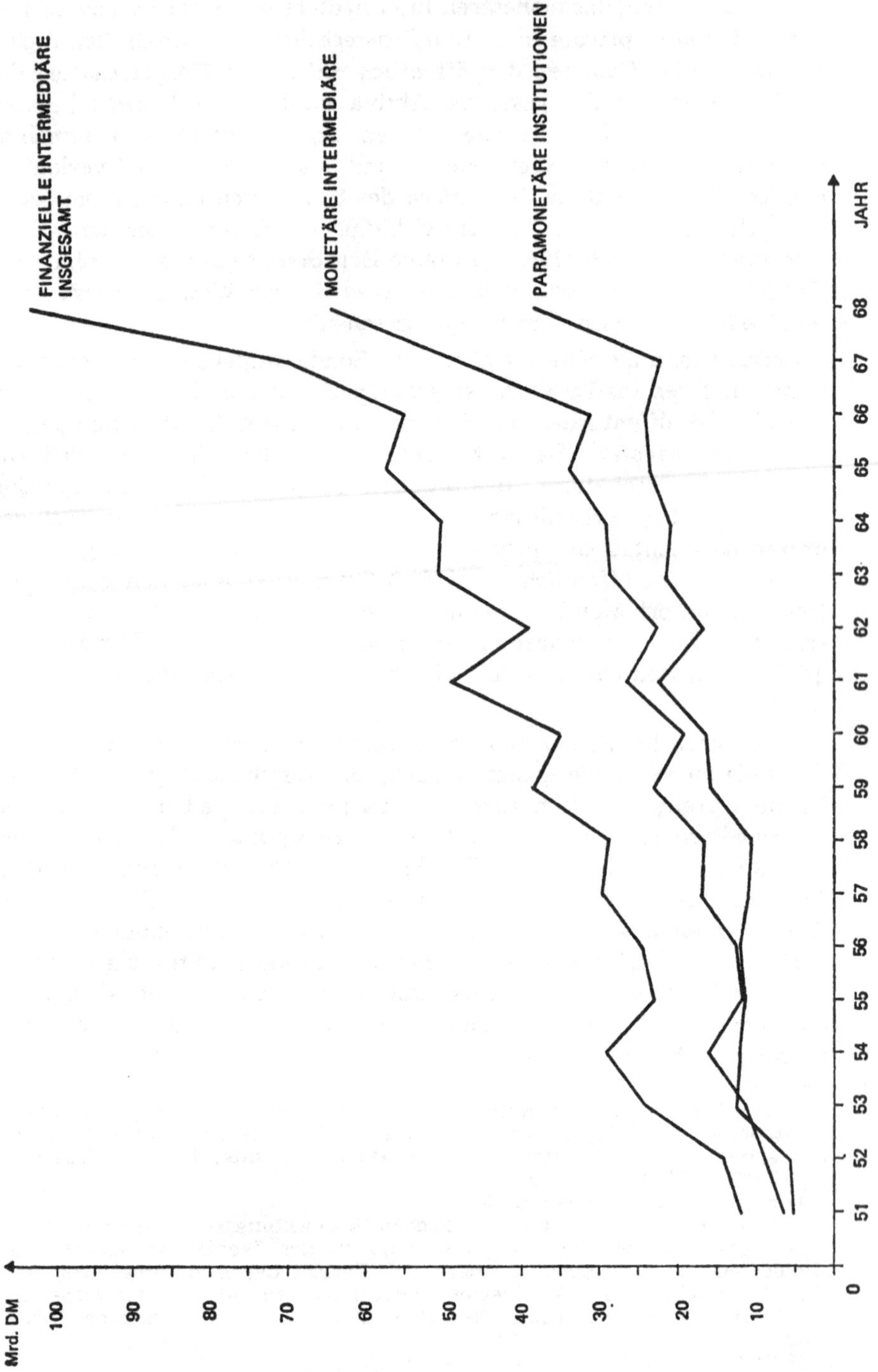

Tabelle 6

Die relativen Anteile privater und öffentlich-rechtlicher finanzieller Intermediäre an deren Gesamtaktiva[a]

Jahr	monetäre Intermediäre		paramonetäre Institutionen		
	1. privat	2. öffentl.	3. privat	4. öffentl.[b]	100
1950	38,42	33,22	17,18	11,17	100
1951	36,14	31,84	19,17	12,87	100
1952	35,11	31,21	19,46	14,22	100
1953	32,13	29,31	14,47	23,59	100
1954	30,72	29,66	14,81	24,80	100
1955	29,19	29,51	15,00	26,29	100
1956	28,98	28,46	15,27	27,29	100
1957	28,29	29,85	15,35	26,50	100
1958	27,89	30,80	16,26	25,04	100
1959	27,88	30,93	16,78	24,40	100
1960	27,41	30,93	17,49	24,16	100
1961	26,98	30,76	17,41	24,85	100
1962	26,53	31,16	17,59	24,71	100
1963	26,33	31,26	17,76	24,64	100
1964	26,17	31,38	18,29	24,15	100
1965	25,87	31,82	18,52	23,78	100
1966	25,76	31,85	19,05	23,34	100
1967	26,64	32,11	19,19	22,05	100
1968	27,46	31,84	18,87	21,83	100

a) Errechnet aus den Daten der Tabelle 4.
b) Kreditinstitute mit Sonderaufgaben wurden den öffentlichen paramonetären Institutionen zugerechnet.

Kredite zurück. Diese Entwicklung zeigt sich in stärkerem Maße bei den monetären Intermediären als bei den paramonetären Institutionen. Ein deutliches Bild liefert die Betrachtung der Kredit- und Wertpapierzuwächse[17]. Ferner wird ersichtlich, daß sich die konjunkturellen Einflüsse auf die Aktivazuwächse der paramonetären Institutionen in geringerem Maße auswirken als auf die der monetären Intermediäre. Diese Entwicklung wird auf die unterschiedliche Geschäftsstruktur beider Institutsgruppen zurückzuführen sein.

Welche Folgerungen lassen sich nun aus der Nachkriegsentwicklung der Aktivaanteile der beiden Intermediärgruppen ableiten? Ist unter Einbeziehung der aus der Vorkriegszeit vorliegenden Verhältniszahlen die Folgerung einer parallelen Entwicklung in der BRD zu der in den USA vertretbar? Zunächst muß festgestellt werden, daß die Untersuchungen Goldsmiths nur bis einschließlich 1952 durchgeführt wurden. Für die folgenden 16 Jahre liegen allerdings neue Ergebnisse vor, die beweisen, daß sich der Trend des Wachstumsvorteils der paramonetären Institutionen weiterentwickelt hat. Zwar werden an den Definitionskriterien Goldsmiths Zweifel geäußert, sie wiegen jedoch nicht schwer. Das vorgelegte Datenmaterial zeigt, daß die Aktiva der Commercial Banks bis 1965 relativ langsamer gewachsen sind als die der „nonmonetary financial intermediaries“[18].

Gegenüber Versuchen, aus der Nachkriegsentwicklung im Kreditgewerbe in der BRD längerfristige Strukturwandlungen ableiten zu wollen, mahnt Stützel zur Vorsicht[19]. Die Untersuchung von Bestandsstrukturen — und darum handelt es sich ja bei der Betrachtung der Entwicklung der Aktiva der finanziellen Intermediäre — verlange die Berücksichtigung der Regenerationsphase, die auf tiefgreifende Störungen folge, wie sie durch Kriegseinwirkungen gegeben seien. Die Regenerationsphase sei nur dort verhältnismäßig kurz, wo sich Bestände rasch umschlagen. Demgegenüber verlange die Überwindung von Kriegsfolgen auf Bestände mit langer Umschlagsperiode — so beispielsweise langfristige Darlehensverträge — eine entsprechende Reaktionsphase. Darüber hinaus wirke ein allmählicher Abbau dirigistischer Eingriffe in das Kreditwesen auf die strukturelle Entwicklung. Stützel empfiehlt daher, bei der Untersuchung von Strukturwandlungen im Kreditgewerbe drei Einflüsse zu berücksichtigen: regenerationsbedingte, liberalisierungsbedingte und säkulare Strukturwandlungen[20].

---

[17] Vgl. Teil 2. III. 2 b.

[18] Vgl. *Joseph M. Burns*, The Relative Decline of Commercial Banks: A Note, in: The Journal of Political Economy, Vol. 77 (1969), S. 122—129.

[19] Vgl. *Wolfgang Stützel*, Banken, Kapital und Kredit in der zweiten Hälfte des zwanzigsten Jahrhunderts, a.a.O., S. 527 ff.

[20] Vgl. dazu *Wolfgang Stützel*, Banken, Kapital und Kredit in der zweiten Hälfte des zwanzigsten Jahrhunderts, a.a.O., S. 529.

Tabelle 7

Die Entwicklung der jährlichen Aktivazuwächse der finanziellen Intermediäre (in Mill. DM bzw. in v. H. gegenüber dem Vorjahr)

Jahr	Zunahme der Aktiva insgesamt gegenüber dem Vorjahr in Mill. DM	in v.H.	Zunahme der Aktiva der monetären Institutionen gegenüber dem Vorjahr in Mill. DM	in v.H.	Zunahme der Aktiva der paramonetären Institutionen gegenüber d. Vorjahr in Mill. DM	in v.H.
1951	11 946	30,7	6 691	24,0	5 254	47,7
1952	14 018	27,6	8 460	24,5	5 558	34,1
1953	24 316	37,5	11 778	27,4	12 538	57,4
1954	28 279	31,7	16 137	29,4	12 141	35,3
1955	22 986	19,5	11 523	16,2	11 463	24,6
1956	24 449	17,4	12 266	12,4	12 183	21,0
1957	28 624	17,3	17 802	18,8	10 822	15,4
1958	27 864	14,4	17 421	15,4	10 443	12,8
1959	38 343	17,3	22 811	17,5	15 532	16,9
1960	34 896	13,4	19 143	12,5	15 752	14,7
1961	48 706	16,5	26 355	15,3	22 351	18,2
1962	39 096	11,3	22 401	11,3	16 694	11,5
1963	50 113	13,1	28 455	12,8	21 657	13,3
1964	50 030	11,5	28 594	11,4	21 436	11,6
1965	56 957	11,8	33 587	12,0	23 369	11,4
1966	54 869	10,1	31 152	10,0	23 717	10,3
1967	69 694	11,7	47 743	13,9	21 901	8,6
1968	102 923	15,5	64 635	16,5	38 288	13,9

Errechnet aus den Daten der Tabelle 3.

Die regenerationsbedingten Strukturwandlungen sind auf den Wiederaufbau zurückzuführen. Die Kreditinstitutsgruppen begannen den Wiederaufbau mit unterschiedlichen Beständen, die den Zuwachsberechnungen nun zugrunde liegen. Daraus resultierten bereits Abweichungen in den Zuwachsraten, die irrtümlich langfristige Strukturänderungen vermuten ließen. Die Wiederaufbauphase in der BRD sei ferner durch den Abbau von Relikten wirtschaftlichen Dirigismus gekennzeichnet. Die dadurch auf die Aktiva- bzw. Kreditstruktur ausgeübten Einflüsse bezeichnet Stützel als liberalisierungsbedingte Strukturwandlungen, die sich im Rahmen des wirtschaftlichen Wachstums im Kreditwesen vollziehen.

Diese Einwände sind jedoch nicht geeignet, die Methode zu verwerfen, auf der Grundlage von Vergleichszahlen über die Entwicklung der Aktiva bzw. der Kredite der finanziellen Intermediäre Aussagen über Strukturwandlungen zu formulieren. Welche von der Regenerationsdeterminante der Strukturwandlungen unbeeinflußten Daten sollten zu einer solchen vergleichenden Betrachtung herangezogen werden? Regenerations- und liberalisierungsbedingte Strukturwandlungen vermögen wohl die Bedeutung der Behauptung, es habe sich um säkulare Strukturwandlungen gehandelt, einzuschränken, nicht jedoch, sie zu annullieren. Die Tatsache, daß sich das Verhältnis der Aktiva der beiden Intermediärgruppen seit dem Jahre 1961 bei ungefähr 58 % zu 42 % stabilisiert hat, scheint Stützel zunächst dahingehend Recht zu geben, daß die vorausgehende Entwicklung auf regenerationsbedingte Strukturwandlungen, also auf die Überwindung von Kriegseinflüssen, zurückzuführen sei. So mag denn ein Vergleich des Bestands der Aktiva bzw. deren jährlicher Wachstumsraten bei einzelnen Institutsgruppen, beispielsweise der Kreditbanken und der Sparkassen in der BRD, aus diesen Gründen als kritisch beurteilt werden. Dennoch haben sich neben regenerations- sowie liberalisierungsbedingten Strukturwandlungen in der Wiederaufbauphase unzweifelhaft beachtliche wirtschaftliche, soziale und technische Wandlungen vollzogen, die nicht ohne Wirkung auf die Entwicklung des Kreditwesens geblieben sind. Hierbei ist nach exogenen und endogenen Faktoren zu unterscheiden, wobei den ersten wohl im Hinblick auf die Gesamtheit der finanziellen Intermediäre größere Bedeutung beizumessen ist. Zunächst ist auf das Wachstum des Sozialprodukts hinzuweisen, das von 1950 mit 97,9 Mrd. DM auf 483,6 Mrd. DM im Jahre 1967 stieg und sich damit verfünffachte[21]. Das Gesamteinkommen der privaten Haushalte verfünffachte sich ebenso, während das Bruttoeinkommen aus unselbständiger Arbeit um das 5,5fache anstieg. Ein derartig rapides, anhaltendes Wachstum mußte zu Veränderungen in den einzelnen Sektoren der Wirtschaft führen.

---

[21] Siehe Tabelle 8 auf Seite 78.

Das Verhältnis der finanziellen Intermediäre zu den Sektoren Haushalte, Unternehmen und Staat konnte von dieser Entwicklung nicht unberührt bleiben[22].

Im Sektor Unternehmen verlangten der Wiederaufbau, die ständige Rationalisierung und Kapazitätserweiterung nach einem ungeheuren Volumen an Finanzierungsmitteln. Gleichzeitig verringerte sich aber der Umfang der Selbstfinanzierung der Unternehmen im Zeitraum von 1950 bis 1965 permanent, eine Folge wachsender Ersparnisbildung in den anderen Sektoren. Die Finanzierung auf dem Wege der Erhöhung des Eigenkapitals der Unternehmen durch Beteiligungen, insbesondere Aktien, erwies sich als außerordentlich teuer. Somit blieb als Ausweg nur die Inanspruchnahme der Kreditfinanzierung[23]. Es ist nur zu selbstverständlich, daß der Bedeutungsumfang der finanziellen Intermediäre dadurch ganz erheblich zunahm. Die Ausdehnung der Staatstätigkeit, die inzwischen zur Verfügung von rund 40 % des Sozialprodukts durch öffentliche Körperschaften führte, nicht zuletzt durch die staatlichen Aufgaben im Zusammenhang mit dem Wiederaufbau, unterstützten diese Entwicklung. Auch die Haushalte trugen wesentlich zu Strukturveränderungen im Bereich der finanziellen Intermediäre bei. Nachdem der kriegsbedingte Bedarf an längerlebigen Gebrauchsgütern gedeckt war, setzte eine beträchtliche Ersparnisbildung ein[24]. Dabei betrug das Zwecksparen in Form des Bausparens durchschnittlich jährlich rund 10 % der Ersparnisse der Haushalte, das Versicherungssparen 15,8 %[25]. Ein Teil der Ersparnisse wurde zum Zweck späteren Konsums angelegt. Die Haushalte bevorzugten die Form des Kontensparens mit durchschnittlich 47,7 % von 1950 bis 1967. Damit floß vornehmlich den monetären Intermediären ein beträchtlicher Strom billiger Mittel zu[26].

Die endogenen Faktoren der Strukturveränderungen der finanziellen Intermediäre lassen sich weitgehend als geschäftspolitische Differenzen zwischen den einzelnen Institutsgruppen kennzeichnen[27]. Der lang-

---

[22] Vgl. hierzu auch die Ausführungen der Bankenenquête: Bericht der Bundesregierung über die Untersuchung der Wettbewerbsverschiebungen im Kreditgewerbe und über eine Einlagensicherung, a.a.O., S. 31 ff. Allerdings beziehen sich die Aussagen lediglich auf den im § 2 des Kreditwesengesetzes genannten Teil finanzieller Intermediäre. Dennoch können die zur wirtschaftlichen und sozialen Entwicklung dargelegten Ergebnisse ohne Frage auf alle finanziellen Intermediäre übertragen werden.

[23] Vgl. auch Sachverständigenrat zur Begutachtung der gesamtwirtschaftlichen Entwicklung, Stabilität im Wachstum, Jahresgutachten 1967/68, Stuttgart und Mainz 1967, S. 226 ff.

[24] Siehe Tabelle 8.

[25] Siehe Tabelle 14 und 15 auf Seite 102 f. und 106 f.

[26] Das waren letztlich genau die Mittel, die den Unternehmen nicht zugeflossen waren, weil die Haushalte gespart und nicht konsumiert hatten.

Tabelle 8: **Bruttosozialprodukt, Sparen und Investieren in der Bundesrepublik von 1950 bis 1968 in Mrd. DM**

Jahr	Brutto-sozial-produkt in jeweiligen Preisen	verfügbare Einkommen der Haushalte	davon: Brutto-einkommen aus unselbständiger Arbeit	Sparen	Anteil der privaten Haushalte an der ges. Ersparnisbildung	Brutto-investition der Unternehmen	Netto-investition der Unternehmen	Netto-ersparnis der Unternehmen a)
1950	97,9	64,5	44,1	12,0	2,0	18,3	8,2	4,64
1951	119,5	74,8	53,4	17,2	2,3	22,5	10,5	7,48
1952	136,6	84,3	59,6	21,0	4,3	25,9	12,5	8,37
1953	147,1	93,1	65,8	22,0	5,4	29,3	15,9	5,72
1954	157,9	99,5	71,9	26,4	6,7	32,9	19,3	7,74
1955	180,4	110,3	82,0	34,4	6,9	41,0	26,2	13,54
1956	198,8	112,1	91,8	37,0	7,0	45,0	28,5	14,64
1957	216,3	136,7	100,5	39,2	11,1	46,7	28,3	13,81
1958	231,5	147,7	109,0	39,9	12,8	50,3	30,4	14,52
1959	250,9	158,3	116,8	44,8	14,2	57,1	35,9	15,61

Tabelle 8 (Fortsetzung)

Jahr	Bruttosozialprodukt in jeweiligen Preisen	verfügbare Einkommen der Haushalte	davon: Bruttoeinkommen aus unselbständiger Arbeit	Sparen	Anteil der privaten Haushalte an der ges. Ersparnisbildung	Bruttoinvestition der Unternehmen	Nettoinvestition der Unternehmen	Nettoersparnis der Unternehmen[a)]
1960	296,8[b)]	185,4	139,8[b)]	56,8	15,4	70,6	44,4	19,53[b)]
1961	326,2	204,1	157,2	58,0	17,4	75,3	47,0	16,55
1962	354,5	223,0	173,9	58,6	17,6	79,5	47,2	13,72
1963	377,6	238,8	186,5	59,8	20,9	81,0	44,9	11,85
1964	413,8	261,1	204,4	72,3	26,9	94,6	54,5	14,72
1965	452,7	289,8	225,8	77,9	32,9	107,7	62,8	11,56
1966	480,7	309,8	243,0	72,1	31,6	103,4	53,6	10,31
1967	483,6	316,0	243,5	61,9[c)]	30,7[c)]	87,7[c)]	35,2[c)]	9,18
1968	528,8[b)]	337,1	261,0	82,5[c)]	34,7[c)]	108,9[c)]	52,3[c)]	19,67

Quellen: 1. Deutsche Bundesbank, Monatsberichte, versch. Jge. – 2. Statistisches Jahrbuch.
a) Einschließlich Wohnungsbau, ohne Nettoübertragungen. – b) Mit Saarland. – c) Vorläufige Ergebnisse.

fristige Charakter der wirtschaftlichen, sozialen und technischen Wandlungen in der deutschen Wirtschaft seit Kriegsende ist unbestreitbar. Ebenso unbestreitbar erscheint, daß sich im Bereich finanzieller Intermediäre als Folgeerscheinung Strukturveränderungen langfristiger Natur vollziehen. Für einen solchen Strukturwandel spricht die Tatsache, daß sich das Verhältnis der Aktivaanteile der beiden Intermediärgruppen beginnend 1955 über 13 Jahre hinweg relativ stabil erhalten hat. Wären die regenerations- und liberalisierungsbedingten Komponenten in ihrer Wirkung stärker als die langfristigen, hätte sich zumindest in den letzten fünf Jahren eine Tendenz zur Wiederherstellung der Vorkriegsverhältnisse ergeben müssen[28]. Ein Vergleich der für die BRD ermittelten Ergebnisse mit denen, auf umfangreichen Untersuchungen beruhenden, in anderen westlichen Industrieländern zeigt schließlich, daß gleiche Entwicklungstendenzen festgestellt werden können[29]. Dies, obwohl teilweise erhebliche Divergenzen bezüglich der Organisations- sowie der Bedeutungsstruktur in den verschiedenen Kreditsystemen bestehen. Darüber hinaus verliert auch das Argument wiederaufbaubedingter Strukturwandlungen an Bedeutung, infolge der stark unterschiedlichen Nachkriegssituation der betreffenden Länder. Dies spricht vielmehr dafür, daß regenerations- und liberalisierungsbedingten Strukturwandlungen in der BRD nicht die Bedeutung zukommt, die einen Vergleich von Veränderungen der Anteilsziffern an den Gesamtaktiva als unzulässig erscheinen läßt. Die Entwicklung der Anteile monetärer Intermediäre und paramonetärer Institutionen im Vorkriegszeitraum unterstützt diese Auffassung.

Zusammenfassend läßt sich somit feststellen, daß sich in der BRD seit Kriegsende eine Strukturwandlung im Bereich der finanziellen Intermediäre vollzogen hat, die bereits in der Zwischenkriegszeit feststellbar war. Die paramonetären Institutionen konnten dabei ein schnelleres Wachstum realisieren als die monetären Intermediäre. Bis zum gegenwärtigen Zeitpunkt ergab sich unter den finanziellen Intermediären ein Verhältnis der Anteile an der Gesamtsumme ihrer Aktiva von 58 % für die monetären Intermediäre zu 42 % für die paramonetären Institutionen. Es ist fraglich, ob sich das Verhältnis der Aktiva in diesen Größenordnungen stabilisiert oder ob die Entwicklung weiterhin

---

27 Vgl. hierzu auch Bericht der Bundesregierung über die Untersuchung der Wettbewerbsverschiebungen im Kreditgewerbe und über eine Einlagensicherung, a.a.O., S. 35 ff.

28 Siehe Abbildung 2.

29 Vgl. Committee on the Working of the Monetary System. Report, a.a.O., S. 42 ff. sowie Tabelle 20. Ferner: Money and Credit, Their Influence on Jobs, Prices and Growth. The Report of the Commission on Money and Credit, a.a.O., 1961, S. 154 ff. Ferner: Report of the Royal Commission on Banking and Finance, a.a.O., S. 2 ff. Ferner: *F. Argy*, Non-Banking Financial Intermediaries and the Process of Credit-Creation, a.a.O., S. 530—541.

zugunsten der paramonetären Institutionen verläuft. Die Untersuchung dieser Frage wird an anderer Stelle nochmals aufgegriffen[30]. Die Tatsache, daß der Anteil der paramonetären Institutionen an den Aktiva der Gesamtheit der finanziellen Intermediäre mehr als 40 % erreicht hat, verlangt nach einer weiteren intensiven Analyse dieses Zweiges des Kreditgewerbes[31].

2. Die Marktstellung der paramonetären Institutionen in der BRD

Die Betrachtung der Entwicklung der Anteile der paramonetären Institutionen an der Gesamtsumme der Aktiva aller finanziellen Intermediäre vermag wohl einen Eindruck von ihrer Wachstumsentwicklung zu vermitteln. Aus ihr ergeben sich jedoch noch keine konkreten Angaben über die Marktstellung der paramonetären Institutionen gegenüber den monetären Intermediären. Hierzu wäre eine Analyse der Anteile der paramonetären Institutionen an der Finanzierung der Produktivvermögensbildung sowie an der Geldvermögensbildung der Haushalte und Unternehmen erforderlich. Ferner bedarf es zur Klärung der Wettbewerbssituation unter den beiden Gruppen finanzieller Intermediäre der Untersuchung etwaiger institutioneller Beschränkungen. Schließlich ist festzustellen, ob und gegebenenfalls in welchem Umfang Abhängigkeiten durch Kapitalverflechtungen gegenüber monetären Intermediären bestehen und umgekehrt. Bestehen solche Abhängigkeiten, so ist die Möglichkeit der Einflußnahme auf die Geschäftspolitik der paramonetären Institutionen durch monetäre Intermediäre gegeben. Hinsichtlich einer Prognose bezüglich der Entwicklung der beiden Intermediärgruppen ergäben sich daraus neue Konsequenzen.

a) Methodische Vorbemerkungen zur statistischen Ermittlung von Angaben über die Marktstellung paramonetärer Institutionen

Der exakten Ermittlung des Anteils der beiden Gruppen finanzieller Intermediäre an der Produktivvermögensbildung stehen gegenwärtig unüberwindbare Hindernisse entgegen. Es fehlt an einer Kreditstatistik, die streng nach Kreditnehmergruppen sowie nach der Verwendung der Kredite unterscheidet. Das verfügbare statistische Material — die Kreditstatistik der Deutschen Bundesbank[32], ihre Vermögensfinanzie-

---

30 Siehe Teil 2. III. 4.

31 Es wird hierbei allerdings auf eine Untersuchung der Geschäfte der paramonetären Institutionen verzichtet. Vgl. dazu *Gerd Jaeger*, Entwicklung der sekundären Finanzierungsinstitute in der Bundesrepublik Deutschland und ihre Bedeutung für die Zentralbankpolitik, a.a.O.

32 Vgl. hierzu Monatsberichte der Deutschen Bundesbank, lfd. Jahrgänge.

rungsrechnung sowie die Kreditstatistiken für die in der Bundesbankstatistik nicht enthaltenen paramonetären Institutionen[33] — läßt lediglich Aussagen über die Finanzierung der Sachvermögensbildung zu.

Die fehlende Aufgliederung nach der Verwendung der Kredite ist das entscheidende Hindernis, Anhaltspunkte für die Finanzierung der Produktivvermögensbildung zu gewinnen. Werden lediglich die mittel- und langfristigen Kredite berücksichtigt, so besteht zwar die berechtigte Vermutung, die Betriebskredite weitgehend eliminiert und im wesentlichen die Investitionskredite ermittelt zu haben[34]. Da die Kreditstatistik eine Bestandsrechnung darstellt, für die vorliegende Untersuchung jedoch die Beteiligung der paramonetären Institutionen an der Finanzierung der jährlichen Produktivvermögensbildung von Interesse ist, wären die jeweiligen Veränderungen der Kredite gegenüber dem Vorjahr zu ermitteln. Diese sind der Produktivvermögensbildung der entsprechenden Periode zurechenbar. Die auf diese Weise für die einzelnen Perioden errechneten Kreditsummen enthalten jedoch noch Finanzkredite zum Abbau kurzfristiger Schulden, die sich nicht eliminieren lassen. Schließlich enthält diese Kreditsumme noch alle jene Kredite zur Finanzierung von Ersatz- und Vorratsinvestitionen. Sie ließen sich jedoch nur ausschalten, indem die gesamte Kreditsumme um den prozentualen Anteil gekürzt wird, den die Ersatz- und Vorratsinvestitionen an den Bruttoinvestitionen haben. Die von den einzelnen finanziellen Intermediären in einer Periode gewährten Kredite lassen aber eine Unterscheidung nach der Verwendung für Ersatz- und Vorratsinvestitionen bzw. Nettoinvestitionen nicht zu. Die Tatsache ferner, daß in der Kreditstatistik der Deutschen Bundesbank sowie in den Kreditstatistiken der darin nicht enthaltenen paramonetären Institutionen die Kredite an Unternehmen und Private — also Haushalte — nicht getrennt ausgewiesen werden, bilden ein weiteres Hindernis zur Ermittlung der Finanzierungsanteile der beiden Intermediärgruppen an der Produktivvermögensbildung. Die an die Haushalte gewährten Kredite werden von diesen unter anderem zur Sachvermögensbildung verwendet. Das Material läßt somit lediglich Aussagen zu über den Umfang der Beteiligung der paramonetären Institutionen sowie der monetären Intermediäre an der Finanzierung der Sachvermögensbildung. Ebenso erlaubt auch die Vermögensrechnung der Deutschen Bundesbank[35]

---

33 Zu den in der Kreditstatistik fehlenden paramonetären Institutionen gehören die privaten und gesetzlichen Versicherungen, die Bausparkassen sowie die Kapitalanlagegesellschaften.

34 Zum Begriff des Betriebs- bzw. Investitionskredits vgl. *Erich Preiser*, Multiplikationsprozeß und dynamischer Unternehmergewinn, in: Bildung und Verteilung des Volkseinkommens, 3. Aufl., Göttingen 1963, S. 148.

35 Vgl. hierzu Monatsberichte der Deutschen Bundesbank, Die Vermögensbildung und ihre Finanzierung, versch. Jge.

nur Aussagen über die Finanzierung der Sachvermögensbildung. Auch sie unterscheidet nicht nach der Art der Verwendung der von den Unternehmen aufgenommenen Kredite. Ein weiterer Nachteil für die hier vorzunehmende Untersuchung besteht darin, daß das Kreditgewerbe als Bestandteil des Sektors Unternehmen in die Finanzierungsrechnung mit einbezogen würde[36]. Die Vermögensbildung der finanziellen Intermediäre läßt sich auch nicht eliminieren. Schließlich ergibt sich gegenüber der Kreditstatistik der Nachteil, daß die finanziellen Intermediäre in völlig unzureichender Weise aufgeschlüsselt werden. Es lassen sich lediglich die Finanzierungsbeiträge der privaten Versicherungen sowie der Bausparkassen aus der Finanzierungsrechnung ermitteln. Da jedoch alle finanziellen Intermediäre im Sektor Unternehmen zusammengefaßt sind, enthalten diese Angaben ebenso etwaige Kreditgewährungen der Versicherungen und der Bausparkassen an monetäre Intermediäre. Darüber hinaus lassen sich die in der Finanzierungsrechnung ausgewiesenen Beiträge der übrigen paramonetären Institutionen nicht von denen der monetären Intermediäre trennen. Der Informationsgehalt der Vermögensrechnung ist daher so gering, daß für die Untersuchung der Frage nach dem Anteil der paramonetären Institutionen an der Sachvermögensbildung der um die nicht in ihr enthaltenen paramonetären Institutionen erweiterten Kreditstatistik der Deutschen Bundesbank der Vorzug gegeben wird.

Für die Untersuchung der Frage nach der Marktstellung der paramonetären Institutionen ist ebenso festzustellen, in welchem Umfang sich die Geldvermögensbildung der Haushalte auf dem Wege der Inanspruchnahme von Leistungen der paramonetären Institutionen vollzieht. Hier steht als alleinige Quelle die Vermögensrechnung der Deutschen Bundesbank zur Verfügung. Sowohl die Einlagenstatistik als auch die Statistik der Zwischenbilanzen der Kreditinstitute, wie sie von der Deutschen Bundesbank ausgewiesen werden, enthalten neben der Geldvermögensbildung der Haushalte auch die der Unternehmen und der öffentlichen Haushalte. Diese Statistiken sind also für die hier vorgesehene Untersuchung unbrauchbar. Für die Geldvermögensbildung der Haushalte kommen die Leistungen der Teilzahlungskreditinstitute sowie der Beteiligungsfinanzierungsgesellschaften überhaupt nicht in Betracht. Von den verbleibenden paramonetären Institutionen lassen sich aus der Vermögensrechnung der Deutschen Bundesbank lediglich die von den Haushalten zur Geldvermögensbildung in Anspruch genommenen Leistungen der privaten Versicherungen sowie der Bausparkassen exakt entnehmen. Die Leistungen der Hypothekenbanken, der

---

[36] Vgl. Monatsberichte der Deutschen Bundesbank, Methodische Erläuterungen zu den Berichten über die Vermögensbildung und ihre Finanzierung, 13. Jg., Nr. 12, 1961, S. 3 ff.

Kreditinstitute mit Sonderaufgaben, soweit sie Schuldverschreibungen emittieren, sowie der Kapitalanlagegesellschaften sind in den Positionen „Erwerb festverzinslicher Wertpapiere“ und „Erwerb von Aktien“ enthalten. Die bei den Hypothekenbanken und Kreditinstituten von den Haushalten gebildeten Einlagen werden zusammen mit den bei monetären Intermediären getätigten ausgewiesen. Eine vollkommene Trennung der Leistungen der paramonetären Institutionen zur Geldvermögensbildung der Haushalte von denen der verbleibenden finanziellen Intermediäre ist also nicht möglich. Der Geldvermögensbildung der Haushalte ist, will man exakt verfahren, die jährliche Veränderung des Vermögenswertes der gesetzlichen Rentenversicherung hinzuzurechnen[37]. Mindestens in Höhe dieser Vermögenszuwächse bestehen Forderungen der Haushalte gegen die Rentenversicherung. Insbesondere dadurch, daß der Anspruch eines jeden Beitragspflichtigen zu jedem Zeitpunkt ermittelt werden kann, ist die Vermögensbildung der gesetzlichen Rentenversicherung der Geldvermögensbildung der Haushalte zuzurechnen[38].

b) Der Anteil der paramonetären Institutionen an der Finanzierung der Sachvermögensbildung von Unternehmen und Haushalten

Abgesehen von den Kapitalanlagegesellschaften haben alle finanziellen Intermediäre im Beobachtungszeitraum ihre Kreditgewährung kontinuierlich ausgedehnt[39]. Dem Finanzierungsbeitrag zur Sachvermögensbildung der Haushalte kommt in dieser Betrachtung die weitaus geringere Bedeutung zu. Angesichts des Finanzierungsbeitrages zur Sachvermögensbildung der Unternehmen können die Haushalte vernachlässigt werden. Wenngleich das Kreditvolumen der finanziellen Intermediäre allgemein ein kontinuierliches Wachstum aufweist, ergaben sich auch hier wiederum unterschiedliche Gewichte. So erhöhte sich von 1952 bis 1967 der gesamte Kreditbestand (kurz-, mittel- und langfristige Kredite) zuzüglich des Wertpapierbestandes aller finanziellen Intermediäre um das 10,4fache. Im gleichen Zeitraum nahm der Kredit- und Wertpapierbestand der monetären Intermediäre um das

---

[37] Dies erscheint notwendig, obgleich für die gesetzliche Rentenversicherung andere Voraussetzungen bestehen. Es handelt sich hier um eine Zwangsversicherung, bei der das Fürsorgeprinzip vor dem Versicherungsprinzip rangiert. Vgl. hierzu auch *Karl Hax*, Grundlagen des Versicherungswesens. Schriftenreihe „Die Versicherung“, Hrsg. W. Grosse, H. L. Müller-Lutz, R. Schmidt, Wiesbaden 1964, S. 51 ff.

[38] Vgl. hierzu auch die Ausführungen in Teil 2, I, 1.

[39] Da die Kapitalanlagegesellschaften keine Kreditgewährung im Sinne der anderen finanziellen Intermediäre vornehmen, wurden ihre Vermögensanlagen der Betrachtung zugrunde gelegt. Siehe dazu Tabelle 9.

Tabelle 9: **Kredit und Wertpapierbestand der finanziellen Intermediäre in der Bundesrepublik von 1950 bis 1968 ermittelt jeweils zum Jahresende, in Mio DM (ohne Kredite an Banken)**

	1952	1953	1954	1955	1956	1957	1958	1959
Kreditinstitute insgesamt	46 520	59 118	78 678	97 134	110 349	125 047	144 549	179 468
Kreditbanken	14 311	17 708	22 254	25 746	27 832	30 054	32 621	39 032
Girozentralen	4 568	5 624	7 618	9 169	9 399	12 023	14 627	18 742
Sparkassen	6 911	9 540	13 175	16 646	19 016	21 499	26 290	33 459
Zentralkassen	529	595	734	898	943	1 028	1 235	1 518
Kreditgenossenschaften	2 159	2 893	3 701	4 390	4 981	5 592	6 540	8 196
Postscheck u. Postsparkassen	924	1 075	1 288	1 437	1 459	1 841	2 529	4 125
monetäre Intermediäre insgesamt	29 402	37 435	48 770	58 286	63 630	71 974	23 842	105 072
private Hypothekenbanken und öffentlich-rechtliche Grundkreditanstalten	3 651	5 859	8 463	11 350	13 603	15 999	19 794	23 456
Kreditinstitute mit Sonderaufgaben	4 165	4 279	5 350	6 586	8 016	8 224	7 981	10 975
Teilzahlungskreditinstitute	602	791	1 050	1 511	1 677	1 825	2 198	2 695
private Bausparkassen	418	550	831	1 203	1 726	2 150	2 623	3 316
öffentlich-rechtliche Bausparkassen	354	446	628	875	1 293	1 548	1 747	2 120
Individualversicherungen	6 592	7 394	9 357	10 671	12 016	13 893	15 941	18 652
gesetzliche Versicherungen	1 336[a),b)]	2 364[a),b)]	4 229[a),b)]	6 652[a),b)]	8 280	9 117	9 374	10 916
Kapitalgesellschaften	—	—	—	—	108	317	1 049	2 266
paramonetäre Institutionen insgesamt	17 118	21 683	29 908	38 848	46 719	53 073	60 707	74 396

Tabelle 9 (Fortsetzung)

	1960	1961	1962	1963	1964	1965	1966	1967	1968
Kreditinstitute insgesamt	206 744	241 882	273 088	308 129	348 413	395 977	435 735	484 094	
Kreditbanken	44 210	51 011	55 655	60 931	67 105	74 101	79 734	88 471	103 322
Girozentralen	20 764	24 118	28 040	32 025	36 068	40 853	44 188	47 690	53 072
Sparkassen	38 800	45 297	52 976	60 927	70 156	81 070	89 528	100 715	115 699
Zentralkassen	1 645	1 973	2 145	2 374	2 773	3 113	3 382	4 046	4 632
Kreditgenossenschaften	9 558	11 093	13 120	13 542	15 993	21 607	24 238	27 147	31 547
Postscheck u. Postsparkassen	4 814	5 646	6 448	6 782	7 465	7 979	8 698	10 113	
monetäre Intermediäre insgesamt	119 791	139 138	158 384	176 581	199 560	228 723	249 768	278 182	
private Hypothekenbanken und öffentlich-rechtliche Grundkreditanstalten	26 430	30 610	35 487	41 138	47 842	53 882	55 637	61 536	
Kreditinstitute mit Sonderaufgaben	12 291	14 923	16 014	19 493	20 919	22 850	28 201	35 557	
Teilzahlungskreditinstitute	3 402	3 951	4 379	4 845	5 068	5 367	6 766	5 193	
private Bausparkassen	4 375	5 518	6 622	7 654	8 791	10 432	13 160	14 738	
öffentlich-rechtliche Bausparkassen	2 516	3 005	3 596	4 247	5 041	6 225	7 891	8 740	
Individualversicherungen	21 784	25 127	38 567	32 198	36 518	41 063	45 785	51 423	
gesetzliche Versicherungen	13 009	16 501	17 418[c]	19 052[c]	21 372	24 300	25 623	24 404	
Kapitalanlagegesellschaften	3 146	3 109	2 621	2 921	3 300	3 135	2 904	4 321	
paramonetäre Institutionen insgesamt	86 953	102 744	114 704	131 548	148 853	167 254	185 967	205 912	

a) Ohne Arbeitslosenversicherung. – b) Rentenversicherungsträger einschl. Kreditgewährung an Banken. – c) Rentenversicherungen ohne Knappschaft.

Quellen: 1. Deutsche Bundesbank, Monatsberichte, Frankfurt/M., versch. Jge. – 2. Bundesaufsichtsamt für das Versicherungs- und Bausparwesen, Geschäftsberichte, Berlin, versch. Jge. – 3. Bundesministerium für Arbeit und Sozialordnung, Arbeits- und Sozialstatistische Mitteilungen, Bonn, versch. Jge.

9,45fache, der der paramonetären Institutionen um das 12fache zu[40]. Die paramonetären Institutionen verzeichnen somit eine stärkere Kreditexpansion als die monetären Intermediäre. Der mögliche Einwand, daß es sich hierbei um regenerationsbedingte Strukturwandlungen handele, da für die Kreditgewährung je nach der Fristigkeit unterschiedliche Wiederauffüllungsphasen gelten, vermag nicht zu überzeugen. Gerade ein Vergleich monetärer Intermediäre mit paramonetären Institutionen zeigt das recht deutlich. Während im Bereich der monetären Intermediäre der kurzfristige Kredit besonderes Gewicht erlangt (insbesondere durch die Geschäfte der Kreditbanken), überwiegt bei den paramonetären Institutionen der langfristige Kredit. Die Wiederauffüllungsphase müßte sich zu Lasten der paramonetären Institutionen auswirken. Das ist aber gerade nicht der Fall.

Unter den paramonetären Institutionen verzeichnen die Hypothekenbanken (private Hypothekenbanken plus öffentlich-rechtliche Grundkreditanstalten) den stärksten Finanzierungbeitrag zur Sachvermögensbildung. Ihnen folgen die Individualversicherungen und mit Abstand die Kreditinstitute mit Sonderaufgaben sowie die gesetzlichen Versicherungen. Die Finanzierungsbeiträge der Teilzahlungskreditinstitute wie auch der Kapitalanlagegesellschaften sind im Gegensatz zu den Verhältnissen in den USA und England gering verglichen mit den anderen paramonetären Institutionen. Mit Ausnahme der Kapitalanlagegesellschaften verzeichnen die Kredit- und Wertpapierbestände aller paramonetären Institutionen ein ununterbrochenes Wachstum.

Der Kredit- und Wertpapierbestand der Sparkassen übertrifft seit 1963 den der anderen monetären Intermediäre. Die Kreditbanken verloren ihre bis dahin führende Position im Kreditgewerbe auf diesem Gebiet. Der Bestand der Girozentralen beträgt über den Beobachtungszeitraum hinweg rund die Hälfte des Bestandes der Sparkassen.

Die Ermittlung der prozentualen Anteile von paramonetären Institutionen und monetären Intermediären am gesamten Kredit- und Wertpapierbestand ergibt ein ähnliches Ergebnis wie der Vergleich der Aktivabestände. Ausgehend von einem Verhältnis von 63,2 % des gesamten Kredit- und Wertpapierbestandes der monetären Intermediäre zu 36,7 % der paramonetären Institutionen im Jahre 1952, vollzog sich eine kontinuierliche Zunahme des Anteils der paramonetären Institutionen bis zum Jahre 1957. In den folgenden Jahren ergaben sich geringe Schwankungen. Für das Jahr 1967 ergibt sich ein Verhältnis von 57,4 % für die monetären Intermediäre zu 42,5 % für die paramonetären Institutionen[41]. Für die Zeit vor dem Zweiten Weltkrieg liegen keine

---

[40] Siehe Tabelle 9.
[41] Siehe Tabelle 10 sowie Abbildung 4.

Tabelle 10: **Anteile der monetären Intermediäre und paramonetären Institutionen an dem Kredit- und Wertpapierbestand aller finanziellen Intermediäre in v. H.**

Jahr	1952	1953	1954	1955	1956	1957	1958	1959	1960	1961	1962	1963	1964	1965	1966	1967
monetäre Inter-mediäre	63,2	63,3	61,9	60,0	57,6	57,5	58,0	58,5	57,9	57,5	57,9	57,3	57,2	57,7	57,3	57,4
paramonet. Institu-tionen	36,7	36,6	38,0	39,9	42,3	42,4	42,0	41,4	42,0	42,4	42,0	42,6	42,7	42,2	42,6	42,5

Errechnet aus den Daten der Tabelle 8.

Abbildung 4: **Anteile monetärer Intermediäre und paramonetärer Institutionen an den Kredit- und Wertpapierbeständen aller finanziellen Intermediäre in der BRD von 1952 bis 1967 in v. H.**

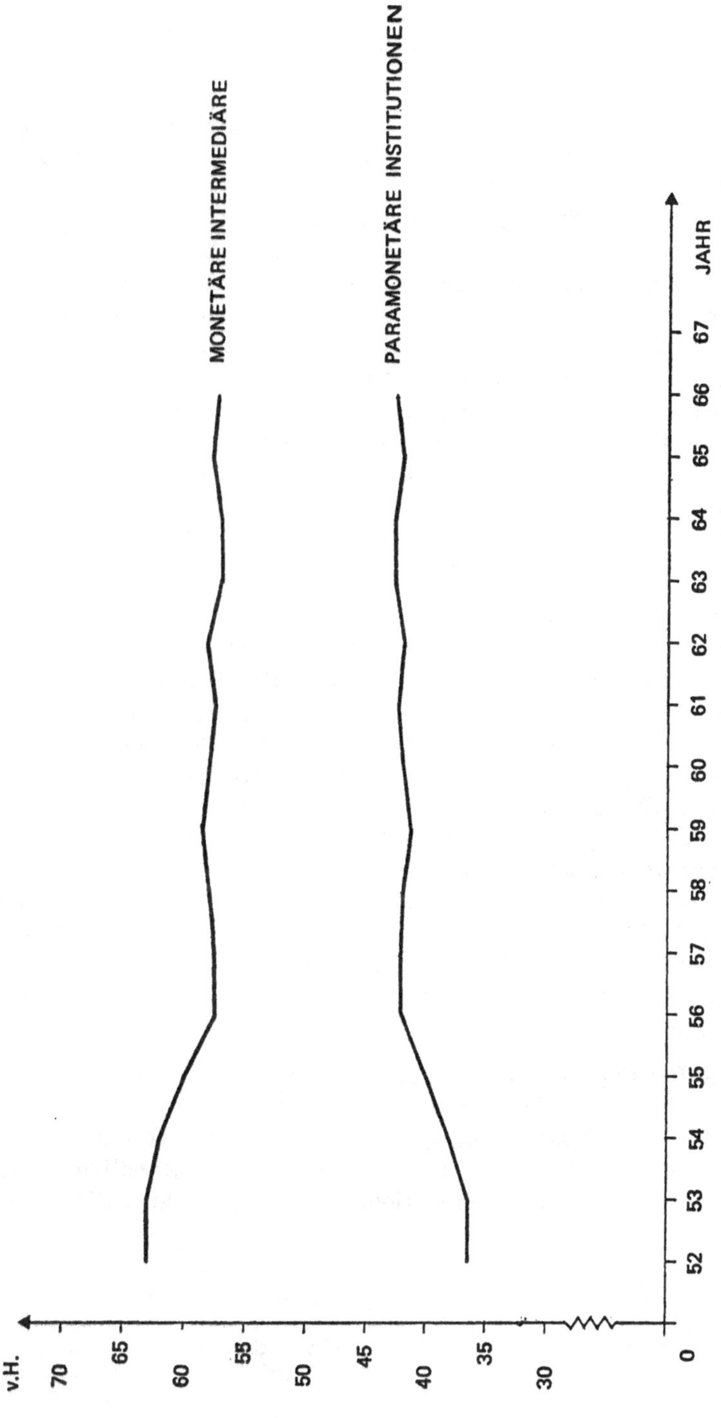

Ergebnisse vor. Es kann jedoch vermutet werden, daß sich in diesem Zeitraum eine ähnliche Entwicklung im Kredit- und Wertpapierbestand vollzog wie in dem der Aktiva.

Die Finanzierung des Wohnungsbaus ist eine Domäne der paramonetären Institutionen. Die Hypothekenneuzusagen erhöhten sich von 1962 bis 1967 um das 10,4fache, von 1,4 auf 14,6 Mrd. DM. Die gesamten Auszahlungen für den Wohnungsbau erhöhten sich im gleichen Zeitraum um das 10,6fache, von rund 1,2 auf 12,7 Mrd. DM[42]. Während die Auszahlungen der paramonetären Institutionen insgesamt, mit Ausnahme des Jahres 1967, laufend zunahmen, unterlagen die Hypothekenzusagen einigen Schwankungen. Abgesehen von den privaten und öffentlichen Bausparkassen, deren Hypothekenneuzusagen und Auszahlungen an den Wohnungsbau ununterbrochen zunahmen, weisen die Leistungen aller anderen an der Finanzierung des Wohnungsbaus beteiligten paramonetären Institutionen Unregelmäßigkeiten auf. Ebenso unregelmäßig waren die Leistungen der Sparkassen, deren Hypothekenneuzusagen sich verneunfachten und deren Auszahlungen an den Wohnungsbau sich im gleichen Zeitraum verzwölffachten.

Ein Vergleich der paramonetären Institutionen mit den Sparkassen ergibt einen durchschnittlichen Anteil aller paramonetären Institutionen an der Wohnungsbaufinanzierung für die Hypothekenneuzusagen im Zeitraum von 1952 bis 1967 von 74,8 % und für die Auszahlungen an den Wohnungsbau von 75,2 %[43]. Die privaten Bausparkassen tragen unter den paramonetären Institutionen den größten Anteil zur Wohnungsbaufinanzierung bei, gefolgt von den privaten Hypothekenbanken und den öffentlich-rechtlichen Bausparkassen. Private und öffentliche Bausparkassen zusammen leisten in der Bundesrepublik den größten Beitrag zur Wohnungsbaufinanzierung, mehr noch als die staatlichen Stellen[44]. Der Anteil der Leistungen der Sparkassen beläuft sich auf durchschnittlich 25,2 % der Hypothekenneuzusagen, bzw. 24,8 % der Auszahlungen an den Wohnungsbau durch die finanziellen Intermediäre.

Die Beiträge der paramonetären Institutionen sowie der monetären Intermediäre zur Finanzierung der Sachvermögensbildung der Unternehmen und Haushalte in einer bestimmten Periode erhält man, indem man den Kredit- und Wertpapierbestand der jeweiligen Vorperiode von dem der betrachteten Periode in Abzug bringt[45]. Die Beiträge der

---

42 Siehe Tabelle 11.

43 Siehe Tabelle 12.

44 Vgl. auch OECD, Capital Markets Study III, Functions of Capital Markets, a.a.O., S. 228.

45 Diese Aussage bedeutet jedoch nicht, daß in Höhe der Kredite der finanziellen Intermediäre Sachvermögen gebildet worden sein muß. Die

Tabelle 11: **Leistungen paramonetärer Institutionen für die Finanzierung des Wohnungsbaus im Bundesgebiet von 1952 bis 1967 in Mill. DM**[1)]

	1952		1953		1954		1955		1956		1957	
	NZ	A	NZ	A	NZ	A	NZ	A	NZ	A	NZ	A
1. Bausparkassen[b)] ..	478,2	404,7	739,5	591,6	1 182,4	982,0	1 578,5	1 327,6	1 832,4	1 661,9	2 137,2	1 892,0
2. darunter: private[b)]	268,4	220,4	410,0	323,9	634,6	532,4	860,4	743,3	984,5	917,3	1 171,8	1 062,5
3. öffentlich-rechtliche[b)]	209,8	184,3	329,5	267,7	547,8	449,6	718,1	584,3	847,9	744,6	965,4	829,5
4. private Hypothekenbanken	360,6	239,2	541,9	433,7	1 225,6	877,8	1 152,3	1 063,2	610,1	816,3	843,1	689,1
5. öffentlich-rechtliche Grundkreditanstalten	284,7	214,3	515,5	368,7	853,8	551,9	960,0	787,2	554,9	796,4	614,0	526,0
6. Lebensversicherungen[c)]	289,7	268,7	452,9	340,7	437,5	402,3	430,0	396,0	617,6	496,9	610,2	537,8
7. Sozialversicherung[c), d)]	49,9	44,6	43,8	51,9	42,2		105,3	61,1	348,5	150,7	236,5	299,0
8. paramonetäre Institutionen .... insgesamt	1 463,1	1 189,5	2 293,6	1 779,5	3 751,2	2 856,2	4 226,1	3 635,1	3 963,5	3 922,2	3 830,8	3 943,9
9. Sparkassen	563,5	355,0	981,3	707,3	1 272,5	1 009,3	1 497,3	1 245,7	944,5	1 139,8	1 089,5	884,6

Tabelle 11 (Fortsetzung)

	1958		1959		1960		1961		1962		1963	
	NZ	A	NZ	A	NZ	A	NZ	A	NZ	A	NZ	A
1. Bausparkassen[b)] ..	2 388,6	2 064,9	3 107,2	2 557,9	3 988,0	3 261,8	4 298,6	3 788,6	4 752,4	4 294,9	5 287,8	4 852,5
2. darunter: private[b)]	1 325,6	1 209,5	1 718,4	1 524,2	2 355,5	2 059,2	2 537,3	2 306,5	2 852,2	2 599,9	2 963,7	2 925,8
3. öffentlich-rechtliche[b)]	1 063,0	855,4	1 388,8	1 033,7	1 632,5	1 202,6	1 761,3	1 482,1	2 000,2	1 695,0	2 324,1	1 926,7
4. private Hypothekenbanken	1 228,2	849,2	1 421,5	1 205,8	1 610,7	122,9	2 390,8	1 493,3	2 292,7	1 906,6	2 264,2	2 087,2
5. öffentlich-rechtliche Grundkreditanstalten	984,4	665,1	1 261,0	986,4	1 198,8	1 014,6	1 929,6	1 313,6	2 013,3	1 722,3	1 719,8	1 731,1
6. Lebensversicherungen[c)]	484,2	473,6	876,6	534,0	1 321,2	854,7	1 076,5	1 098,4	1 359,0	1 108,0	1 727,5	1 286,3
7. Sozialversicherung[c), d)]	129,8	242,6	57,5	151,2	123,1	90,0	206,8	240,0	114,5	215,0	287,6	196,5
8. paramonetäre Institutionen insgesamt	5 215,2	4 295,4	6 723,8	5 435,3	8 241,8	6 450,0	9 902,3	7 933,9	10 531,9	9 246,8	11 286,9	10 153,6
9. Sparkassen	1 695,6	1 148,1	2 975,4	2 049,6	2 744,9	2 460,6	3 127,2	2 620,5	3 956,7	2 920,0	3 647,3	3 341,9

Tabelle 11 (Fortsetzung)

	1964		1965		1966		1967	
	NZ	A	NZ	A	NZ	A	NZ	A
1. Bausparkassen[b)]	6 190,0	5 631,3	7 814,9	6 774,8	8.4..,.	7.4..,.	8.0..,.	75..,.
2. darunter: private[b)]	3 440,3	3 353,0	4 334,1	4 073,0	4.9	4.5	4.5	4.6
3. öffentlich-rechtliche[b)]	2 749,7	2 278,6	3 480,8	2 701,8	3.5	2.9	3.5	2.9
4. private Hypothekenbanken	2 694,2	2 323,0	2 596,7	2 282,8	2.0	1.9	3.0	2.3
5. öffentlich-rechtliche Grundkredit-anstalten	2 044,6	1 964,5	1 753,7	1 779,2	1,2	1.5	1.9	1.5
6. Lebensversicherungen[c)]	2 200,0[e)]	1 603,0	1 735,6	1 309,1	1.7	1.6	1.5	1.1
7. Sozialversicherung[c), d)]	330,0[e)]	243,0	360,3	277,8	0.3..,.	0.3..,.	0.2..,.	0.3..,.
8. paramonetäre Institutionen insgesamt	13 458,8	11 765,1	14 261,2	12 423,7	13.6	12.7	14.6	12.7
9. Sparkassen	4 419,6	3 821,8	4 944,7	4 148,1	4.3	4.3	4.9	4.2

a) Bis 1960 beziehen sich die Angaben auf das Bundesgebiet mit Berlin ohne Saarland. — b) Einschl. Ansparleistungen, jedoch ohne Leistungen für Entschuldungen, Hauskäufe u. ä., die durch einen Abschlag eliminiert wurden. — c) Nur unmittelbare Leistungen, ohne Forderung durch Pfandbrieferwerb, der statistisch bei den Pfandbriefinstituten erfaßt ist. — d) Ohne Arbeitslosenversicherung. — e) Geschätzt.

Quelle: Geschäftsstelle öffentliche Bausparkassen, Bonn, Jahresberichte, lfde. Jge.

Tabelle 12: **Leistungen paramonetärer Institutionen für die Finanzierung des Wohnungsbaus im Bundesgebiet von 1952 bis 1967 in v. H. ihrer gesamten Finanzierungsleistungen**

	1952				1953		1954		1955		1956	
	NZ		A		NZ	A	NZ	A	NZ	A	NZ	A
1. Bausparkassen insgesamt	33,8	23,6	34,8	26,5	22,4	23,8	23,5	25,4	27,6	27,2	37,3	33,0
2. darunter: private	18,9	13,2	20,5	14,4	12,3	13,0	12,6	13,8	15,0	15,2	20,0	18,2
3. öffentlich-rechtliche	14,8	10,4	16,3	12,1	10,1	10,8	10,9	11,6	12,6	12,0	17,3	14,8
4. private Hypothekenbanken	16,1	17,7	15,7	15,7	16,6	17,4	24,4	22,7	20,1	21,8	12,4	16,2
5. öffentlich-rechtliche Grundkreditanstalten	12,6	14,1	12,7	14,0	15,8	14,8	17,0	14,3	16,8	16,1	11,3	15,8
6. Lebensversicherungen	9,9	14,3	9,6	17,6	13,9	13,7	8,7	10,4	7,5	8,1	12,6	9,3
7. Sozialversicherung	2,1	2,5	2,1	2,9	1,3	1,8	1,1	1,1	1,8	1,3	7,1	3,0
8. paramonetäre Institutionen insgesamt		72,2		76,7	70,0	71,5	74,7	73,9	73,8	74,8	80,7	77,3
9. Sparkassen		27,8		23,3	30,0	28,5	25,3	26,1	26,2	25,5	19,3	22,7

Tabelle 12 (Fortsetzung)

	1957			1958		1959		1960		1961		1962	
		NZ	A	NZ	A	NZ	A	NZ	A	NZ	A	NZ	A
1. Bausparkassen insgesamt	33,8	38,6	39,2	34,2	37,8	32,0	34,2	35,8	36,0	33,0	36,3	32,6	35,5
2. darunter: private	18,9	21,2	22,0	18,9	22,2	17,7	20,4	21,0	22,6	19,5	22,1	18,8	21,5
3. öffentlich-rechtliche	14,8	17,4	17,2	15,3	15,6	14,3	13,8	14,8	13,4	13,5	14,2	13,7	14,0
4. private Hypothekenbanken	16,1	15,3	14,3	17,7	15,5	14,3	16,1	14,4	13,4	18,3	14,3	15,7	15,7
5. öffentlich-rechtliche Grundkredit-anstalten	12,6	11,1	10,9	14,1	12,1	13,0	13,2	11,1	11,5	14,8	12,6	13,8	14,2
6. Lebensversicherungen	9,9	11,0	11,1	7,0	8,6	9,0	7,1	11,8	9,4	8,3	10,6	9,3	9,1
7. Sozialversicherung	2,1	4,3	6,2	1,9	4,4	0,6	2,0	1,3	1,2	1,6	1,1	1,4	1,4
8. paramonetäre Institutionen insgesamt		81,7	80,3	74,9	78,4	69,4	72,6	74,4	71,5	76,0	74,9	72,9	75,9
9. Sparkassen		18,3	19,7	25,1	21,6	30,6	27,4	25,6	28,5	24,0	25,1	27,1	24,1

Tabelle 12 (Fortsetzung)

	1963			1964		1965		1966		1967	
		NZ	A	NZ	A	NZ	A	NZ	A	NZ	A
1. Bausparkassen insgesamt	33,8	35,4	36,0	36,2	37,7	40,7	40,9	47,0	43,5	41,0	44,3
2. darunter: private	18,9	19,8	21,7	20,1	22,6	22,6	24,6	27,4	26,5	23,0	27,2
3. öffentlich-rechtliche	14,8	15,6	14,3	16,1	15,1	18,1	16,3	19,6	17,0	18,0	17,1
4. private Hypothekenbanken	16,1	15,2	15,5	15,8	15,4	13,6	13,8	11,2	11,2	15,4	13,6
5. öffentlich-rechtliche Grundkredit-anstalten	12,6	11,5	12,8	12,0	13,1	9,1	10,7	6,7	8,8	9,7	8,9
6. Lebensversicherungen	9,9	11,6	9,5	7,8	6,8	9,0	7,9	9,5	9,4	7,7	6,5
7. Sozialversicherung	2,1	1,9	1,5	2,3	1,6	1,9	1,7	1,6	1,8	1,1	1,8
8. paramonetäre Institutionen insgesamt		75,6	75,2	74,1	74,6	74,3	75,0	76,0	74,7	74,9	75,1
9. Sparkassen		24,4	24,8	25,9	25,4	25,7	25,0	24,0	25,3	25,1	24,9

Quelle: Geschäftsstelle Öffentliche Bausparkassen, Bonn, Jahresberichte, lfd. Jge.

paramonetären Institutionen in den einzelnen Perioden müssen entsprechend den Ergebnissen, die für die Entwicklung der Kredit- und Wertpapierbestände ermittelt wurden, kleiner sein als die der monetären Intermediäre. Die Bestandszuwächse aller finanziellen Intermediäre zeigen eine deutliche Anlehnung an die Konjunkturphasen der vergangenen 15 Jahre[46]. Die Beiträge der monetären Intermediäre zur Finanzierung der Sachvermögensbildung (m. a. W. die Zuwächse ihres Kredit- und Wertpapierbestandes) unterliegen erheblich stärkeren Schwankungen als die der paramonetären Institutionen. Die Ursache dafür liegt in der Kreditnehmerstruktur der monetären Intermediäre, die stärker auf die konjunkturelle Situation reagiert als die der paramonetären Institutionen. Das schon bei den Aktiva beobachtete Verhalten im Konjunkturablauf wird bei der Betrachtung der Kreditgewährung noch deutlicher. Vor Erreichen des Konjunkturhochpunktes hat die Kreditgewährung bereits ihren Höhepunkt erreicht. Der Boom ist vorfinanziert worden[47]. Die bei der Betrachtung der Entwicklung der Aktivabestände ermittelten Ergebnisse werden durch die Untersuchung der Kredit- und Wertpapierbestände bzw. die Betrachtung der Beiträge der finanziellen Intermediäre zur Finanzierung der Sachvermögensbildung der Unternehmen und Haushalte bestätigt. Bleiben die Haushalte unberücksichtigt, so läßt sich feststellen, daß die paramonetären Institutionen einen wachsenden Beitrag zur Finanzierung der Sachvermögensbildung der Unternehmen leisten. Sie haben sich zu einer beachtlichen Quelle indirekter Finanzierung neben den monetären Intermediären entwickelt. Es wird daraufhin zu untersuchen sein, ob sich durch diese Entwicklung Wandlungen in der Fremdfinanzierung der Unternehmen ergeben haben.

c) Der Anteil der Geldvermögensbildung der Haushalte bei den paramonetären Institutionen

Die Geldvermögensbildung der Haushalte hat seit 1950 mit Ausnahme der Jahre 1955 und 1956 sowie 1966 und 1967 von Jahr zu Jahr zugenommen[48]. Wird nach der Geldvermögensbildung der Haushalte bei monetären Intermediären und paramonetären Institutionen unterschieden, so zeigt sich, daß die Zeitreihe der Geldvermögensbildung bei monetären Intermediären der der gesamten Geldvermögensbildung

---

Kredite können auch zur Bildung von Geldvermögen verwendet worden sein. Es ist jedoch richtig, von der Vermutung auszugehen, daß die Kredite zur Sachvermögensbildung bestimmt sind und nur während kurzer Zeit Geldvermögen darstellen.

[46] Siehe Tabelle 13 und Abbildung 5.

[47] Vgl. die Ausführungen in Teil 2. III. 1.

[48] Siehe Tabelle 14 und 15.

Abbildung 5

Zunahme der Kreditgewährung und der Wertpapierbestände der finanziellen Intermediäre gegenüber dem Vorjahr in der BRD von 1953 bis 1967 in Mrd. DM

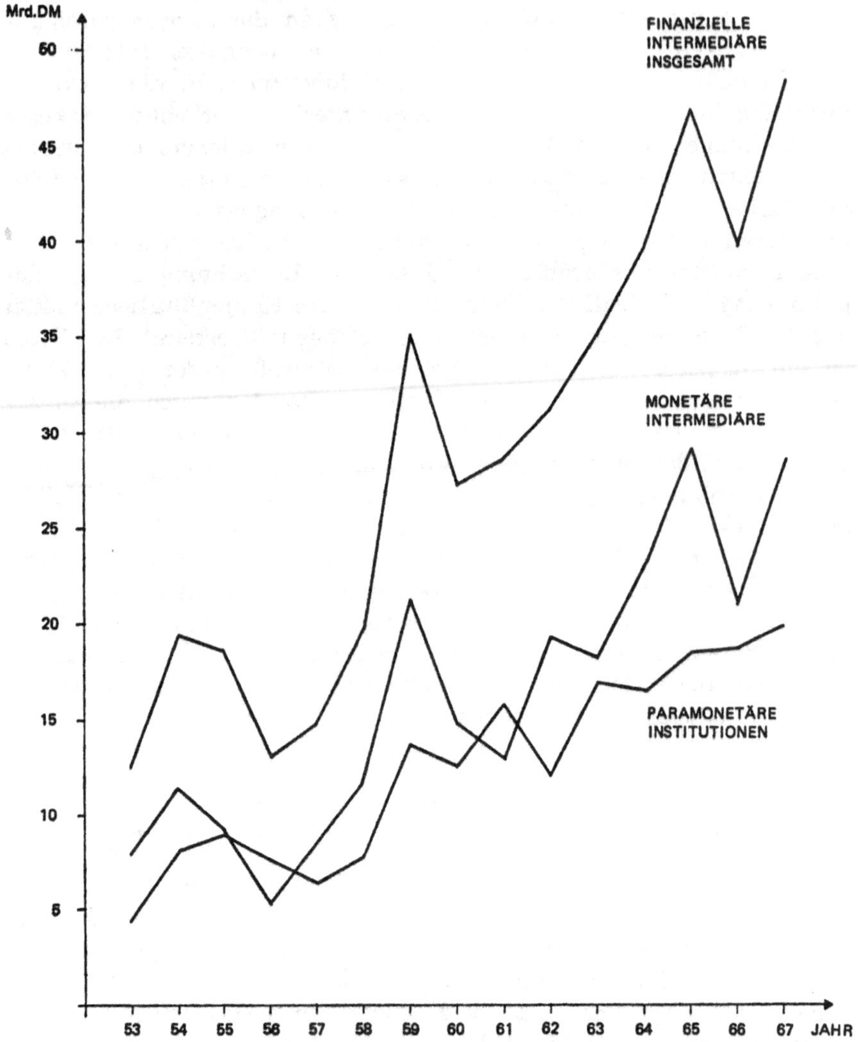

in den Unregelmäßigkeiten folgt. Dagegen weist die Geldvermögensbildung bei paramonetären Institutionen nur 1955 und 1967 Wachstumsrückschläge auf. Hier sind es die Bausparkassen, die von dem Rückschlag betroffen wurden. Die Geldvermögensbildung der Haushalte bei Versicherungen erhöhte sich dagegen kontinuierlich. Rückschläge in der Geldvermögensbildung der Haushalte wirken sich bei den Versicherungen insofern nicht so stark aus, als sie durch Verträge gebunden sind, die eine regelmäßige Prämienzahlung seitens der Haushalte verlangen. Dagegen besteht bei Bausparverträgen keine Pflicht zu regelmäßigen Einzahlungen.

Die Untersuchung der Entwicklung der prozentualen Anteile der Geldvermögensbildung der Haushalte bei den beiden Intermediärgruppen ergibt eine abnehmende Tendenz des Anteils der monetären Intermediäre im Zeitraum von 1950 bis 1961[49]. Dieses Ergebnis gilt auch dann, wenn man die Bargeldbestände und Sichteinlagen von den Spareinlagen gesondert betrachtet — ein Verfahren, das durchaus gerechtfertigt ist, da die Bargeld- und Sichteinlagenbildung aus spekulativen und aus Transaktionsgründen, also kurzfristigen Motiven, erfolgt, gegenüber den Spareinlagen, deren Akkumulationsintentionen denen des Bau- und Versicherungssparens näher liegen. Darüber hinaus zeigt sich, daß der prozentuale Anteil der Bargeld- und Sichteinlagenbildung an der gesamten Geldvermögensbildung kontinuierlich abgenommen hat. Der Anteil des Bargeldes kann hierbei vernachlässigt werden, da er ohnehin ständig an Bedeutung verloren hat[50]. Diese Entwicklung zeigt, daß die Liquiditätspräferenz der Wirtschaftssubjekte offensichtlich abgenommen haben muß. Dies kann auch als Zeichen dafür angesehen werden, daß das Vertrauen in die Stabilität der wirtschaftlichen, politischen und gesellschaftlichen Verhältnisse ständig zugenommen hat.

Der Anteil der paramonetären Institutionen an der Geldvermögensbildung der Haushalte läßt eine abnehmende Tendenz erkennen. Die Ursache dafür liegt in den Unregelmäßigkeiten der Geldvermögensbildung der Haushalte bei den Bausparkassen. Es scheint, als habe das Bausparen bei den Haushalten den Höhepunkt seiner Anziehungskraft überwunden. Die liquidere Anlage in Spareinlagen erscheint den Präferenzen mehr zu entsprechen. In der bisherigen Betrachtung blieb der Erwerb von Aktien und festverzinslichen Wertpapieren unberücksichtigt. Der Erwerb von Aktien seitens der Haushalte kann den finanziellen Intermediären nur zu einem geringen Teil zugerechnet

---

49 Siehe Tabelle 15 und 16 und Abbildung 6.

50 Vgl. hierzu auch die Untersuchungen von *Günter Schmölders, G. Scherhorn, G. Schmidtchen,* Der Umgang mit Geld im privaten Haushalt. Beiträge zur Verhaltensforschung. Hrsg. G. Schmölders, Heft 10, Berlin 1969, S. 79 ff.

Tabelle 13: **Kreditzuwachs gegenüber dem Vorjahr plus Veränderung des Wertpapierbestandes der finanziellen Intermediäre in Mill. DM (Finanzierungsbeitrag der finanziellen Intermediäre zur Sachvermögensbildung)**

	1953	1954	1955	1956	1957	1958	1959	1960
Kreditzuwachs insgesamt	12 598	19 460	18 456	12 917	14 761	19 682	34 919	27 276
Kreditbanken	3 397	4 546	3 492	2 086	2 222	2 567	6 411	5 178
Girozentralen	1 056	1 994	1 551	230	2 624	2 604	4 115	2 022
Sparkassen	2 629	3 635	3 471	2 370	2 483	4 791	7 169	5 341
Zentralkassen	66	139	164	45	85	207	283	127
Kreditgenossenschaften	734	808	689	591	611	948	1 656	1 362
Postscheck und Postsparkassen	151	213	149	22	382	688	1 596	689
monetäre Intermediäre insgesamt	8 033	11 335	9 516	5 344	8 407	11 805	21 230	14 719
private Hypothekenbanken und öffentlich-rechtliche Grd.kreditanstalten	2 208	2 604	2 887	2 253	2 396	3 795	3 662	2 974
Kreditinstitute mit Sonderaufgaben	114	1 071	1 236	1 430	208	– 243	2 994	1 316
Teilzahlungskreditinstitute	189	259	461	166	148	373	497	707
private Bausparkassen	132	281	372	523	424	473	693	1 059
öffentlich-rechtliche Bausparkassen	92	182	247	418	255	199	373	396
Individualversicherungen	802	1 963	1 314	1 345	1 877	2 048	2 711	3 132
darunter: Lebensversicherungen	845	790	872	873	1 165	1 269	1 122	1 929
gesetzliche Versicherungen	1 028	1 865	2 423	1 628	837	257	1 542	2 093
darunter: Sozialversicherung	1 028	1 865	2 423	– 190	816	439	788	1 027
Kapitalanlagegesellschaften					209	732	1 217	880
paramonetäre Institutionen insgesamt	4 565	8 125	8 940	7 573	6 354	7 877	13 689	12 557

Tabelle 13 (Fortsetzung)

	1961	1962	1963	1964	1965	1966	1967
Kreditzuwachs insgesamt	28 641	31 206	35 041	39 488	46 866	39 758	48 259
Kreditbanken	6 801	4 644	5 276	6 174	6 996	5 633	8 737
Girozentralen	3 354	3 922	3 985	4 043	4 785	3 335	3 502
Sparkassen	6 497	7 679	7 951	9 229	10 914	8 458	11 187
Zentralkassen	328	172	229	399	340	269	664
Kreditgenossenschaften	1 535	2 027	422	2 451	5 614	2 631	2 909
Postscheck und Postsparkassen	832	802	334	683	514	719	1 415
monetäre Intermediäre insgesamt	12 850	19 246	18 197	22 979	29 163	21 045	28 414
private Hypothekenbanken und öffentlich-rechtliche Grd.kreditanstalten	4 180	4 877	5 651	6 704	6 040	1 755	5 899
Kreditinstitute mit Sonderaufgaben	2 632	1 091	3 479	1 426	1 931	5 351	7 356
Teilzahlungskreditinstitute	549	428	466	223	299	1 399	-1 573
private Bausparkassen	1 143	1 104	1 032	1 137	1 641	2 728	1 578
öffentlich-rechtliche Bausparkassen	489	591	651	794	1 184	1 660	849
Individualversicherungen	3 343	3 440	3 631	4 320	4 545	4 722	5 638
darunter: Lebensversicherungen	2 012	2 312	2 496	2 855	3 022	3 370	3 951
gesetzliche Versicherungen	3 492	917	1 634	2 320	2 928	1 323	−1 219
darunter: Sozialversicherung	3 536	1 220	1 720	1 521	2 222	1 050	− 193
Kapitalanlagegesellschaften	− 37	− 488	300	379	− 165	− 231	1 417
paramonetäre Institutionen insgesamt	15 791	11 960	16 844	16 509	18 403	18 713	19 845

Errechnet aus den Daten der Tabelle 8.

Tabelle 14: **Die Geldvermögensbildung der Haushalte von 1950 bis 1968 in Mrd. DM**

	1950	1951	1952	1953	1954	1955	1956	1957	1958	1959
1 - 7	2,4	3,0	5,0	6,7	8,4	7,2	6,5	10,0	12,0	14,1
1 - 8										
1. Bargeld in Sichteinlagen	0,5	1,1	1,3	1,1	0,9	1,2	0,9	1,5	1,5	1,2
2. Spareinlagen	1,0	0,9	2,3[a)]	3,6[a)]	4,6	3,5	2,9	4,8[a)]	6,0	6,9
1 - 2	1,5	2,0	3,6	4,7	5,5	4,7	3,8	6,3	7,5	8,1
3. Erwerb festverzinsl. Wertpapiere	—	0,1	0,2	0,6	0,6	0,5	0,6	1,2	1,7	1,4
4. Erwerb von Aktien										0,9
5. sonstige Forderungen										
6. Geldanlagen bei Bausparkassen	0,4	0,3	0,5	0,9	1,3	0,8	1,0	1,2	1,5	
7. Geldanlagen bei Versicherungen	0,5	0,6	0,7	0,8	1,0	1,2	1,3	1,5	1,6	2,2
6 - 7	0,9	0,9	1,2	1,7	2,3	2,0	2,1	2,5	2,8	3,7
8. Zuwachs des Vermögenswertes der ges. Rentenversicherung										
6 - 8										

Tabelle 14 (Fortsetzung)

	1960	1961	1962	1963	1964	1965	1966	1967[c)]	1968[c)]
1 - 7	15,9	17,5	18,3	21,7	28,0	33,9	32,3	31,2	36,8
1 - 8	18,2	21,2	20,3	23,9	30,6	35,8	33,5	28,8	—
1. Bargeld in Sichteinlagen	1,7	2,4	1,3	1,4	2,6	2,6	2,0	1,2	1,5
2. Spareinlagen	7,2	6,6[a)]	8,4	11,0	13,2	17,0	17,3	18,0	22,2[b)]
1 - 2	8,9	9,0	9,7	12,4	15,8	19,6	19,3	19,2	23,7
3. Erwerb festverzinsl. Wertpapiere	1,1	1,3	2,7	3,4	5,4	4,5	2,9	2,5	3,2
4. Erwerb von Aktien	1,4	2,4	0,8	−0,04	0,6	2,3	0,8	1,4	1,6
5. sonstige Forderungen	0,1	—	—	—	—	—	0,1	0,3	0,1
6. Geldanlagen bei Bausparkassen	1,9	1,9	1,8	2,1	2,1	3,2	4,2	2,3	2,3
7. Geldanlagen bei Versicherungen	2,5	2,9	3,3	3,8	4,1	4,3	5,0	5,5	5,9
6 - 7	4,4	4,8	5,1	5,9	6,2	7,5	9,2	7,8	8,2
8. Zuwachs des Vermögenswertes der ges. Rentenversicherung	2,3	3,7	2,0	2,2	2,0	1,9	1,2	−2,4	—
6 - 8	6,7	8,5	7,1	8,1	8,2	9,4	10,4	5,4	—

a) Spareinlagen plus jeweils 0,1 Mrd. DM Termineinlagen. — b) Dieser Posten enthält die von Haushalten übernommenen Sparbriefe von Kreditinstitutionen in Höhe von 1,4 Mrd. DM. — c) Die Zahlen für 1967 und 1968 sind vorläufige.
Quelle: Monatsberichte der Deutschen Bundesbank, versch. Jahrgänge.

Abbildung 6: Die Entwicklung der Anteile der Geldvermögensbildung der Haushalte bei monetären Intermediären und paramonetären Institutionen in der BRD von 1950 bis 1968 in v. H.

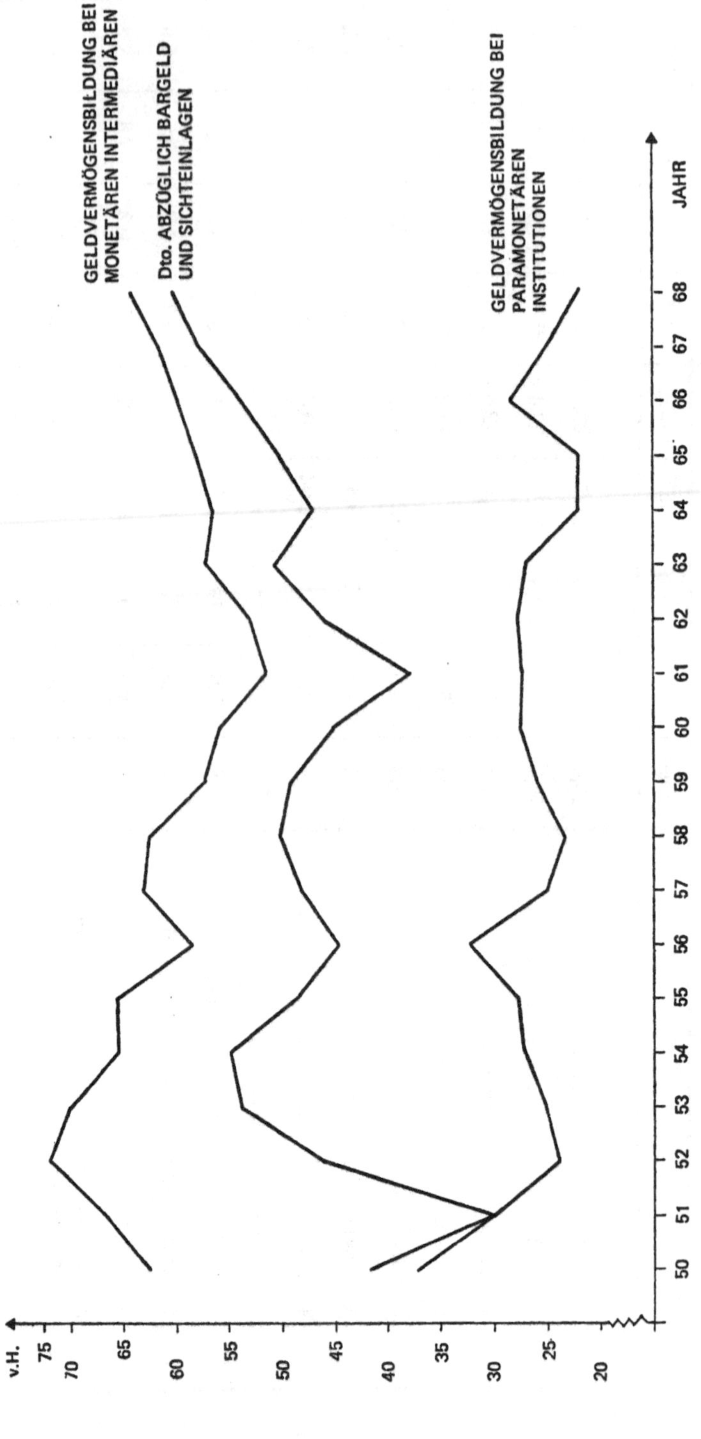

werden, nämlich nur insoweit, als es sich um von ihnen selbst emittierte Papiere handelt. Obwohl die monetären Intermediäre den Absatz dieser Papiere und damit Intermediärfunktionen übernehmen, ist der Erwerb von Aktien durch Haushalte der Natur nach eine Form direkter Finanzierung. Demgegenüber würde von den Haushalten mit dem Erwerb festverzinslicher Wertpapiere zum überwiegenden Teil Geldvermögen bei finanziellen Intermediären, insbesondere paramonetären Institutionen, gebildet[51]. Die Zurechnung der Anteile auf die beiden Intermediärgruppen bereitet Schwierigkeiten. Die Anteile beider Gruppen erhöhen sich somit um ihren jeweiligen Anteil an dem Absatz an festverzinslichen Wertpapieren. Es ergibt sich somit ein über den Beobachtungszeitraum durchschnittliches Verhältnis der Anteile von 70 % für die monetären Intermediäre zu 30 % für die paramonetären Institutionen[52]. Durch die Hinzuzählung eines Teils der festverzinslichen Wertpapiere zur Geldvermögensbildung der Haushalte bei paramonetären Institutionen ändert sich jedoch die oben angegebene Tendenz nicht. Der Anteil der paramonetären Institutionen ist dennoch beachtlich, insbesondere im Hinblick auf die sich daraus ergebenden Möglichkeiten der Kreditgewährung und den daraus resultierenden geldpolitischen Konsequenzen. Es gibt Anzeichen dafür, daß die Haushalte in der BRD, insbesondere solche mit höherem Einkommen, zunehmend ertragsbewußt in ihrer Geldvermögensbildung reagieren. Die Einführung des Sparkassenbriefes in das Leistungsangebot der Sparkassen ist ein Beweis dafür, daß diese Entwicklung von den finanziellen Intermediären erkannt wurde. Wie empirische Untersuchungen ergaben, konzentriert sich jedoch das Interesse der Haushalte vornehmlich auf Aktien und Investmentzertifikate, nicht so sehr auf festverzinsliche Papiere[53]. Darüber hinaus kann angenommen werden, daß sich die Haushalte auch bei der Anlage langfristiger Gelder weiterhin in verstärktem Maße der ertragsgünstigen Leistung der Versicherungen bedienen werden[54]. Gerade in der BRD fehlt es in besonderem Maße an

---

[51] So gelangen beispielsweise die Realkreditinstitute über die Emission von Pfandbriefen zu rund 90 % der zur Kreditgewährung erforderlichen Mittel. Vgl. auch Bericht der Bundesregierung über die Untersuchung der Wettbewerbsverschiebungen im Kreditgewerbe und über eine Einlagensicherung. Deutscher Bundestag, 5. Wahlperiode, Drucksache V 1350, S. 22.

[52] Siehe Tabelle 15.

[53] Vgl. hierzu *Günter Schmölders, G. Scherhorn, G. Schmidtchen,* Der Umgang mit Geld im privaten Haushalt, a.a.O., S. 147 ff.

[54] Vgl. hierzu auch Committee on the Working of the Monetary System Report, a.a.O., S. 83, Ziff. 239. Darin wird die Ansicht vertreten, daß das Versicherungssparen aus folgenden Erwägungen weiter zunehmen wird: (1) Bereits Versicherte werden die Vertragssumme erhöhen, um der Verminderung des Realwertes ihres Anspruches infolge inflationärer Entwicklung entgegenzuwirken. (2) Das Versicherungsbewußtsein der Wirtschaftssubjekte nimmt im Laufe der Zeit zu. (3) Private Unternehmen werden dazu übergehen, Versicherungsverträge für ihre Arbeitnehmer abzuschließen. In

Tabelle 15: **Die Geldvermögensbildung der Haushalte in verschiedenen Anlageformen in v. H. der gesamten Geldvermögensbildung von 1950 bis 1968**

	1950	1951	1952	1953	1954	1955	1956	1957	1958	1959
1. Bargeld u. Sichteinlagen	20,8	36,6	26,0	16,4	10,7	16,6	13,8	15,0	12,5	8,5
2. Spareinlagen	41,6	30,0	46,0	53,7	54,7	48,6	44,6	48,0	50,0	48,9
1 - 2	62,4	66,6	72,0	70,1	65,4	65,2	58,4	63,0	62,5	57,3
3. Erwerb festverzinsl. Wertpapiere	–	3,3	4,0	4,4	7,1	6,9	9,2	12,0	14,1	9,9
4. Erwerb von Aktien	–	–	–	–	–	–	–	–	–	6,3
5. sonstige Forderungen	–	–	–	–	–	–	–	–	–	–
6. Geldanlagen bei Bausparkassen .	16,6	10,0	10,0	13,4	15,4	11,1	12,3	10,0	10,0	10,3
7. Geldanlagen bei Versicherungen .	20,8	20,0	14,0	11,9	11,9	16,6	20,0	15,0	13,3	15,6
6 - 7	37,4	30,0	24,0	25,3	27,3	27,7	32,3	25,0	23,3	25,9
1 - 7	99,8	99,9	100,0	99,8	99,8	99,8	99,9	100,0	99,9	99,4

Tabelle 15 (Fortsetzung)

	1960	1961	1962	1963	1964	1965	1966	1967[c]	1968[c]
1. Bargeld u. Sichteinlagen	10,6	13,7	7,1	6,4	9,2	7,6	6,1	3,8	4,1
2. Spareinlagen	45,2	37,7	45,9	50,6	47,1	50,1	53,5	57,6	60,0
1 - 2	(48,9)[a] 55,8	(42,4) 51,4	(47,7) 53,0	(51,8) 57,0	(51,6) 56,3	(54,7) 57,7	(57,6) 59,6	(66,6) 61,4	64,1
3. Erwerb festverzinsl. Wertpapiere	6,9	7,4	14,7	15,6	19,2	13,2	8,9	8,0	8,7
4. Erwerb von Aktien	8,8	13,7	4,3	–	2,1	6,7	2,4	4,4	4,3
5. sonstige Forderungen	0,6	–	–	–	–	–	0,3	0,9	0,2
6. Geldanlagen bei Bausparkassen	11,9	10,8	9,8	9,6	7,5	9,4	13,0	7,3	6,2
7. Geldanlagen bei Versicherungen	15,7	16,5	18,0	17,5	14,6	12,6	15,4	17,6	16,0
6 - 7	(36,8)[a] 27,6	(40,0) 27,3	(34,9) 27,8	(33,8) 27,1	(26,7) 22,1	(26,2) 22,0	(31,0) 28,4	(18,7) 24,9	22,2
1 - 7	99,7	99,8	99,8	99,7	99,7	99,6	99,6	99,6	99,7

a) Die in Klammern gesetzten Zahlen beziehen sich auf die prozentualen Anteile der monetären Intermediäre und paramonetären Institionen unter Einbeziehung der Vermögenswertänderungen in die Geldvermögensbildung der Haushalte.

Tabelle 16: **Die Veränderung der Geldvermögensbildung der Haushalte bei finanziellen Intermediären in Mrd. DM**

Jahr	1951	1952	1953	1954	1955	1956	1957	1958	1959	1960	1961	1962	1963	1964	1965	1966	1967	1968
Änderung der Geldvermögensbildung bei finanziellen Intermediären insgesamt	0,6	2,0	1,7	1,7	−1,2	−0,7	3,5	2,0	2,1	1,8	1,6	0,8	3,4	6,3	5,9	−1,6	−1,1	5,6
davon bei monetären Intermediären	0,6	1,7	1,2	1,1	−0,9	−0,8	3,1	1,7	1,2	1,1	1,2	0,5	2,6	6,0	4,6	−3,3	+0,3	5,2
bei paramonetären Institutionen	0	0,3	0,5	0,6	−0,3	0,1	0,4	0,3	0,9	0,7	0,4	0,3	0,8	0,3	1,3	+1,7	−1,4	0,4

Informationen über günstige Anlagemöglichkeiten für den Sparer. Nicht zuletzt aus diesem Grunde hat das Kontensparen so bemerkenswerte Ausmaße erreicht. Bei einer Erhöhung des Informationsgrades über die Vielfalt verfügbarer Anlagemöglichkeiten kann durchaus der Anteil der von Haushalten bei ihrer Geldvermögensbildung bei paramonetären Institutionen in Anspruch genommenen Leistungen steigen. In jedem Falle ist jedoch der Anteil der paramonetären Institutionen an der Geldvermögensbildung der Haushalte mit rund 30 % so hoch, daß eine Analyse der Möglichkeiten der Einflußnahme der paramonetären Institutionen auf das Sparverhalten der Haushalte sowie allgemein der Wirkungen des Vermögensbestandes der Haushalte auf ihre Konsum- bzw. Sparentscheidungen als notwendig erscheint. Wird nun noch die jährliche Zunahme der gesetzlichen Rentenversicherung der Geldvermögensbildung zugerechnet, so erhöht sich das Gewicht der paramonetären Institutionen weiter[55]. Infolge der mangelnden direkten Möglichkeiten der Bundesbank, kontrollierend auf die sich bei den gesetzlichen Versicherungen sammelnde Liquidität einzuwirken, sind deren Transaktionen von nicht geringer geldpolitischer Bedeutung. Die Erweiterung des Umfangs der Zwangsmitgliedschaft, von der nicht angenommen werden kann, daß es der Staat damit bewenden lassen wird, erscheint durchaus nicht ungeeignet zu sein, Änderungen im Sparverhalten der betroffenen Wirtschaftssubjekte auszulösen.

3. Institutionelle Beschränkungen des Geschäftsumfangs paramonetärer Institutionen im Lichte des Wettbewerbsprinzips

Abgesehen von wenigen Ausnahmen liegen die paramonetären Institutionen im Wettbewerb mit den monetären Intermediären um die Geldvermögensbildung der Haushalte sowie um die Finanzierung der Sachvermögensbildung bei diesen und den Unternehmen. Es ist somit zu untersuchen, ob und in welchem Umfang den paramonetären Institutionen geschäftliche Beschränkungen auferlegt werden und ob diese gerechtfertigt sind oder in ungerechtfertigter Weise zur Behinderung dieser Institute und damit des Wettbewerbs beitragen.

Generell unterliegen die paramonetären Institutionen weitaus umfangreicheren Beschränkungen in ihren Geschäften als die monetären Intermediäre. Insbesondere das Prinzip der Einlagensicherung muß bei

---

der Bundesrepublik ist letzteres bereits üblich im Rahmen der Zahlung von Treueprämien an Arbeitnehmer.

Ein Vergleich der Erträge aus prämienbegünstigtem Sparvertrag, aus einem Bausparvertrag sowie dem kurzfristigen Lebensversicherungsabschluß auf Kapitalbasis zeigt, daß letzterer, bei der gegenwärtigen Steuerregelung in der BRD, den höchsten Ertrag abwirft.

[55] Siehe Tabelle 14 und 15.

den privatrechtlich organisierten paramonetären Institutionen als entscheidende Ursache für die oft erheblichen Geschäftsbeschränkungen angesehen werden. Daraus ergeben sich zwangsläufig Behinderungen dieser Institute im Wettbewerb mit den monetären Intermediären. Fraglos ist der überwiegende Teil der durch die entsprechenden Aufsichtsorgane verhängten Geschäftsbeschränkungen gerechtfertigt. Dennoch lassen sich auch ordnungspolitisch unerwünschte Restriktionen feststellen, die zu Wettbewerbsverzerrungen führen.

Allein aus der rechtlichen Stellung finanzieller Intermediäre, insbesondere im Bereich des Bankensystems, ergeben sich Wettbewerbsvor- bzw. -nachteile. So kam die Bankenenquête zu dem Ergebnis, daß Kreditinstitute mit der Rechtsform öffentlich-rechtlicher Anstalten nicht unbedeutende Vorteile gegenüber privatrechtlichen Konkurrenten in Geschäftsbeziehungen mit öffentlichen Stellen genießen, eben infolge ihrer Rechtsstellung[56]. Von steuerlichen Privilegien sei einmal ganz abgesehen. Möglichkeiten von Wettbewerbsverzerrungen solcher Art läßt beispielsweise auch das Verhältnis zwischen den privaten Hypothekenbanken und den öffentlich-rechtlichen Grundkreditanstalten vermuten. Während die den privaten Hypothekenbanken gestatteten Geschäfte im Hypothekenbankgesetz verankert sind[57], fehlt eine solche allgemeine Regelung für die öffentlich-rechtlichen Grundkreditanstalten[58]. Obwohl vom ordnungspolitischen Standpunkt betrachtet eine Wettbewerbsverzerrung vorliegt, wird diese jedoch von den betroffenen privaten Hypothekenbanken nicht beanstandet[59]. Eine Wettbewerbsverzerrung ergibt sich durch die unterschiedlichen Eigenkapitalanforderungen für private bzw. öffentlich-rechtliche Realkreditinstitute. Danach besteht eine allgemeine Grenze für Emissionen von privaten Hypothekenbanken. Diese fehlt für die öffentlich-rechtliche Konkurrenz. Wenngleich die Bankenenquête zu dem Ergebnis gelangt, daß durch die gegenwärtige Regelung den öffentlich-rechtlichen Grundkreditanstalten weitergehende Geschäftsmöglichkeiten gegeben sind als ihren privaten Konkurrenten, wird dies jedoch nicht als eine Wettbewerbsverzerrung angesehen[60].

---

[56] Vgl. Bericht der Bundesregierung über die Untersuchung der Wettbewerbsverschiebungen im Kreditgewerbe und über eine Einlagensicherung, a.a.O., S. 97 f. und 100.

[57] Vgl. Hypothekenbankgesetz in der Fassung vom 5. Februar 1963, BGBl I S. 81, und Berichtigung vom 17. Mai 1963, BGBl I S. 368.

[58] Organisation und Geschäftsumfang sind lediglich in speziellen Rechtsvorschriften für die einzelnen Institute enthalten. Eine allgemeine Rechtsvorschrift besteht nur für die Emission und Deckung von Schuldverschreibungen öffentlich-rechtlicher Kreditanstalten. Vgl. Gesetz über die Pfandbriefe und verwandten Schuldverschreibungen öffentlich-rechtlicher Kreditanstalten in der Fassung vom 8. Mai 1963, BGBl I S. 312.

[59] Vgl. Bericht der Bundesregierung über die Untersuchung der Wettbewerbsverschiebungen im Kreditgewerbe und über eine Einlagensicherung, a.a.O., S. 73 ff.

Der Hinweis auf die Notwendigkeit der Einlagensicherung, so außerordentlich bedeutsam er auch für den Prozeß indirekter Finanzierung in weitestem Sinne sein mag, beinhaltet gegenwärtig letztlich doch die Möglichkeit, Wettbewerbshindernisse zu errichten. Hierzu gehört die bevorzugte Stellung öffentlich-rechtlicher Institute hinsichtlich der Anlage von Mündelgeldern. So ist ferner die relative Abnahme der Bedeutung der Teilzahlungskreditinstitute letztlich ein Problem der Einlagensicherung. Die Bankaufsichtsbehörde pflegt bei Erteilung der Geschäftserlaubnis in der Regel die Hereinnahme von Spareinlagen seitens der Teilzahlungskreditinstitute nicht zu gestatten[61]. Gerade die Spareinlagen sind aber die billigste Liquiditätsquelle. Die Teilzahlungskreditinstitute sind gezwungen, auf in erheblichem Maße teure Bankkredite zu ihrer Refinanzierung zurückzugreifen. Es ist daher nicht verwunderlich, daß das Teilzahlungsgeschäft der monetären Intermediäre an Umfang beträchtlich zugenommen hat.

Demgegenüber haben Beschränkungen des Geschäftsumfangs bei Kreditinstituten mit Sonderaufgaben hinsichtlich des Wettbewerbs mit paramonetären Institutionen bzw. monetären Intermediären keine Bedeutung. Da sie zur Übernahme von Sonderfunktionen gegründet worden sind, also Aufgaben durchführen, die außerhalb der typischen Bankgeschäfte liegen, treten sie in diesem Bereich nicht mit anderen finanziellen Intermediären in unmittelbare Konkurrenzbeziehungen. Grenzsituationen mögen im einen oder anderen Fall nicht ausgeschlossen sein.

Die privaten und öffentlich-rechtlichen Bausparkassen unterliegen der Kontrolle durch das Bundesaufsichtsamt für das Versicherungs- und Bausparwesen. Eine gesetzliche Fixierung nicht zulässiger Geschäfte ist nicht gegeben. Allein der Erwerb von Grundstücken ist genehmigungspflichtig. Darüber hinaus kann die Aufsichtsbehörde die Aufgabe von Beteiligungen verlangen[62]. Die Notwendigkeit der Erweiterung des Aktivageschäfts wäre nur dann gegeben, wenn mehr Bauspareinlagen gebildet würden als Baudarlehen gewährt werden. In der Vergangenheit bereitete jedoch vielmehr die Refinanzierungsfrage den Bausparkassen Probleme[63].

---

[60] Vgl. Bericht der Bundesregierung über die Untersuchung der Wettbewerbsverschiebungen im Kreditgewerbe und über eine Einlagensicherung, a.a.O., S. 74.

[61] Vgl. hierzu auch *G. Obst, O. Hintner*, Geld-, Bank- und Börsenwesen, 36. Aufl., Stuttgart 1967, S. 311.

[62] Vgl. Gesetz über die Beaufsichtigung der privaten Versicherungsunternehmen und Bausparkassen vom 6. Juni 1931, in der Fassung vom 28. Februar 1955, a.a.O., S. 85.

[63] Vgl. hierzu auch *Werner Lehmann*, Die Bausparkassen, Taschenbücher für Geld, Bank und Börse, Hrsg. Ph. Möhring, Hch. Rittershausen, Bd. 5,

Den Kapitalanlagegesellschaften sind dagegen vom Gesetzgeber sehr enge Grenzen hinsichtlich ihrer Geschäfte gesetzt worden. Es ist ihnen lediglich erlaubt, neben den zur Anlage ihres eigenen Vermögens notwendigen Geschäften die ihnen zufließenden Einlagen in Wertpapieren anzulegen und auf der Grundlage des Wertpapierbestandes Anteilscheine an die Einleger auszugeben[64]. Hier hat das Prinzip der Sicherung des Gläubigers den Gesetzgeber geleitet. Angesichts der bei einer Vielzahl von Investmentfonds vorgenommenen stark spekulativen Anlagen wäre es für die Einleger unzumutbar, wenn die Konzentration des Managements auf die Verwaltung des Fondsvermögens durch das Ausüben anderer Bankgeschäfte abgelenkt würde. Die den Kapitalanlagegesellschaften auferlegten Geschäftsbeschränkungen können daher nicht als Hindernis für den Wettbewerb mit anderen finanziellen Intermediären um die Geldvermögensbildung der Wirtschaftssubjekte angesehen werden.

Auch die Individualversicherungen unterliegen Geschäftsbeschränkungen durch Gesetz[65]. Danach können Bestände des Deckungsstocks wie Mündelgeld angelegt werden in Wertpapieren, die landesgesetzlich zur Anlegung von Mündelgeld zugelassen sind, sowie in auf den Inhaber laufenden Pfandbriefen deutscher Hypothekenbanken. Daraus können Wettbewerbshindernisse für die privaten Versicherungsunternehmen entstehen. Während bei den Sachversicherungen die Liquidität als vorrangiges Prinzip vor der Sicherheit und der Rentabilität rangiert, werden bei den Lebensversicherungen Sicherheit und Rentabilität als vordringlich angesehen. Aus diesem Grunde hat der Gesetzgeber versicherungsfremde Geschäfte untersagt[66]. Dazu gehörte zunächst auch die Aufnahme von Aktien in den Vermögensbestand der Individualversicherungen. Das Bundesaufsichtsamt für das Versicherungs- und Bausparwesen genehmigte jedoch im Wege einer Verordnung, daß ein gewisser Teil der verfügbaren Mittel von den Individualversicherungen in Aktien angelegt werden kann[67]. So können nach den Bestimmungen des Bundesaufsichtsamts für das Versicherungs- und Bausparwesen (BAV) folgende Anlagen als deckungsstockfähig anerkannt werden:

---

3. Aufl., Frankfurt/M. 1965, S. 32 ff. *Derselbe:* Bausparkassen, in: Enzyklopädisches Lexikon für das Geld-, Bank- und Börsenwesen, 3. Aufl., Bd. 1, Frankfurt/M. 1967, S. 182 ff.

[64] Vgl. Gesetz über Kapitalanlagegesellschaften vom 16. April 1957 in der Fassung vom 20. Januar 1965, a.a.O., S. 12.

[65] Vgl. Gesetz über die Beaufsichtigung der privaten Versicherungsunternehmen und Bausparkassen vom 6. Juni 1931, in der Fassung vom 28. Februar 1955, a.a.O., insbesondere § 54 sowie §§ 68 ff.

[66] Vgl. hierzu auch *Karl Hax,* Grundlagen des Versicherungswesens, a.a.O., S. 82.

[67] Bundesaufsichtsamt für das Versicherungs- und Bausparwesen, Veröffentlichungen, Jg. 2, 1953, S. 47.

Aktien und Investmentzertifikate[68], Darlehen an private Geschäftsbanken und private Hypothekenbanken gegen Sicherheiten, Schuldscheindarlehen an Industrieunternehmen[69] sowie Kassenobligationen von Privatbanken. Das Restvermögen oder freie Vermögen der privaten Versicherungsunternehmen unterliegt keinen besonderen Anlagevorschriften[70]. So sehr im Sinne einer dynamischen Entwicklung hinsichtlich des Leistungsangebots der finanziellen Intermediäre eine Erweiterung des Geschäftsumfanges erwünscht sein mag, bleibt doch die Frage nach den Folgen solcher Liberalisierungstendenzen. Läßt man den Versicherungsgesellschaften freie Hand bei der Entscheidung, Aktien in ihren Vermögensbestand aufzunehmen, so bleibt die Kapitalmarktstruktur davon nicht unberührt. Die bei den Versicherungen sich ansammelnden Mittel würden nur noch in geringerem Umfang dem Wohnungsbau, öffentlichen Investitionen in die Infrastruktur sowie allgemein als laufende Haushaltsmittel zur Verfügung stehen. Schließlich ist zu befürchten, daß der Aktienmarkt nicht genügend Anlagemöglichkeiten bietet, um das außerordentlich umfangreiche Kapitalangebot der Versicherungen aufzunehmen. Die Frage, den Versicherungen die Anlage vorhandener Mittel in Aktien zu gestatten, ist daher auch im Ausland heftig diskutiert worden[71]. Die Aufsichtsbehörde in der Bundesrepublik knüpfte an den Erwerb von Aktien durch Versicherungen recht strenge Bedingungen, die durchaus geeignet sind, den oben dargelegten Bedenken Rechnung zu tragen[72]. Darüber hinaus ist hinzuzufügen, daß, obwohl die Wertpapierbestände bei den Individualversicherungen ständig gestiegen sind, die Aktienbestände in den Jahren 1965 bis 1967 nicht mehr als maximal 4,6 % des gesamten Vermögensbestandes betrugen[73].

In ihrer Enquête zum Wettbewerb im Kreditwesen wird von der Bundesregierung der Vorschlag unterbreitet, das Anlagerecht der privaten Versicherungsunternehmen von der Verknüpfung mit dem

---

[68] Vgl. Rundschreiben R 13/58 vom 1. Dezember 1958, Veröffentlichungen des BAV 1959, S. 270.

[69] Vgl. Veröffentlichungen des BAV 1955, S. 64.

[70] Vgl. Rundschreiben R 15/58 vom 20. Dezember 1958, Veröffentlichungen des BAV 1959, S. 1 ff.

[71] Vgl. *Karl Hax*, Grundlagen des Versicherungswesens, a.a.O., S. 89. Ferner: *Gerhard Lukarsch*, Die Kapitalanlage-Politik der privaten Lebensversicherungs-Unternehmungen im Hinblick auf die Erstellung kaufkraftadäquater Versicherungsleistungen. Frankfurter Wirtschafts- und Sozialwissenschaftliche Studien. Hrsg. von der Wirtschafts- und Sozialwissenschaftlichen Fakultät der Johann-Wolfgang-Goethe-Universität Frankfurt am Main, Heft 5, Berlin 1959, der sich unter dem Aspekt der Wertsicherung für die Anlage der den Versicherungen zufließenden Mittel in Aktien ausspricht.

[72] Vgl. Bundesaufsichtsamt für das Versicherungs- und Bausparwesen, Geschäftsberichte, versch. Jge.

[73] Zu den genannten Beschränkungen vgl. im einzelnen *Joachim Claren*, Die Kapitalanlagen der privaten deutschen Lebensversicherungsunternehmen, Betriebswirtschaftliche Forschungen, Hrsg. K. Mellerowicz, H. H. Hohlfeld, O. Schnutenhaus, Bd. 3, Berlin 1955, S. 39.

Mündelvermögen — Anlagerecht zu lösen. Dieser Vorschlag beinhaltet, Bankschuldverschreibungen von sowie Bankeinlagen bei jedem inländischen Kreditinstitut grundsätzlich zuzulassen[74]. Auf diese Weise können Wettbewerbsverzerrungen vermieden werden.

Im Bereich der Sozialversicherungsträger werden die Anlagemöglichkeiten der jährlichen Rechnungsüberschüsse durch die Reichsversicherungsordnung bestimmt[75]. Entsprechend ihrer Rechtsstellung stehen die Sozialversicherungen in engerer Beziehung zu öffentlichen Körperschaften. So sind sie in ihrer Anlagepolitik gehalten, staatliche Interessen zu berücksichtigen, insbesondere aber öffentliche Investitionen bevorzugt zu unterstützen[76]. Daraus ergeben sich selbstverständlich Beschränkungen der geschäftlichen Bewegungsfreiheit. Es ist den gesetzlichen Versicherungen nicht erlaubt, private Investitionsobjekte direkt zu finanzieren. Ebenso ist ihnen der Erwerb von Aktien nicht gestattet. Auch wenn die Sozialversicherungsträger Zwangscharakter tragen, sind sie doch hinsichtlich ihrer Leistungen, gemessen an den Pflichtbeiträgen der Zwangsmitglieder, als Wettbewerber der Lebensversicherungen anzusehen. So gesehen sollten ihnen die gleichen Anlagemöglichkeiten eingeräumt werden wie den Individualversicherungen. Andererseits verliert das Ausmaß der Geschäftsbeschränkungen im Bereich gesetzlicher Versicherungsträger unter dem Aspekt des Wettbewerbs finanzieller Intermediäre um die Geldvermögensbildung der Haushalte eben wegen des Zwangscharakters an Bedeutung. Das entscheidende Argument gegen eine Gleichstellung der Sozialversicherungen in der Anlagepolitik mit den Individualversicherungen findet jedoch seine Rechtfertigung durch die Zahlung staatlicher Zuschüsse zu den Sozialversicherungen. Ließe man den Sozialversicherungen in der Anlagepolitik den gleichen Bewegungsspielraum wie den Individualversicherungen, so würde unter Umständen ein Entgegenwirken gegenüber notenbankpolitischen Maßnahmen subventioniert. Das aber wäre in jedem Falle abzulehnen. Dennoch hat sich die Bundesregierung in ihrer Bankenenquête hinsichtlich des Anlagerechts der Sozialversicherungen für eine Lockerung der Bestimmungen ausgesprochen. Danach sollte künftig die Verknüpfung des Anlagerechts mit dem Mündel-

---

[74] Vgl. Bericht der Bundesregierung über die Untersuchung der Wettbewerbsverschiebungen im Kreditgewerbe und über eine Einlagensicherung, a.a.O., S. 61 ff.

[75] Vgl. Reichsversicherungsordnung. Textausgabe nach dem Stande des Gesetzes zur Verwirklichung der mehrjährigen Finanzplanung des Bundes, II. Teil Finanzänderungsgesetz 1967, vom 21. 12. 1967, Hrsg. Friedrich Aichberger, 34. Aufl., Stand 15. Februar 1969, München 1969, vgl. insbesondere §§ 25—29.

[76] Vgl. hierzu auch Berichte des Deutschen Industrie-Instituts zur Sozialpolitik, Vermögensentwicklung und Finanzausgleich in den Rentenversicherungen, 3. Jg., Nr. 2, Köln 1969.

vermögen-Anlagerecht gelockert werden. Bankschuldverschreibungen von und Bankeinlagen bei jedem inländischen Kreditinstitut sollen grundsätzlich als Vermögensanlagen zulässig sein[77]. Es besteht somit in gewisser Weise ein Zielkonflikt zwischen dem Erfordernis eines der Geldpolitik angepaßten Verhaltens einerseits und rentabler Anlage staatlicher Zuschüsse andererseits.

Die paramonetären Institutionen unterliegen, dadurch daß sie in der Regel eine oder wenige spezielle Leistungen anbieten, sowohl in ihrem Aktiv- als auch in ihrem Passivgeschäft strengeren Beschränkungen als monetäre Intermediäre. Dadurch ist nur ein beschränkter Wettbewerb um die Geldvermögensbildung der Haushalte, insbesondere aber um die Finanzierung der Sachvermögensbildung unter den finanziellen Intermediären, möglich. Dort wo das Gläubigerschutzinteresse im Vordergrund steht, sind die Geschäftsbeschränkungen gerechtfertigt. Privilegien allerdings, die im Laufe der Zeit zugunsten bestimmter Wettbewerber im Kreditwesen errichtet worden sind, sollten ohne Zögern abgebaut werden.

4. Kapitalverflechtungen zwischen paramonetären Institutionen und monetären Intermediären

Bei der bisherigen Untersuchung der paramonetären Institutionen galt die mangelnde Teilnahme an der Abwicklung des Zahlungsverkehrs als Unterscheidungsmerkmal gegenüber den monetären Intermediären. Dieser Weg wurde aus methodischen Gründen beschritten, um Vergleichsmöglichkeiten zu den Aussagen über die Entwicklung paramonetärer Institutionen auf internationaler Ebene offen zu lassen. Die Frage nach der wirtschaftlichen Selbständigkeit der paramonetären Institutionen wurde daher bewußt zurückgestellt. Sie ist aber von nicht unerheblichem Interesse, wenn eine vergleichende Betrachtung der wirtschaftlichen Bedeutung beider Intermediärgruppen vorgenommen werden soll. Bestehen zwischen den paramonetären Institutionen und den monetären Intermediären Kapitalverflechtungen dergestalt, daß erstere dadurch in wirtschaftliche Abhängigkeit geraten, so reicht die bisherige begriffliche Abgrenzung nicht mehr aus. Es müßte in einem solchen Fall davon ausgegangen werden, daß dadurch die Konkurrenz zwischen beherrschenden monetären Intermediären und beherrschten paramonetären Institutionen je nach Umfang der Beteiligung ausgeschlossen, zumindest aber stark eingeschränkt wird. Paramonetäre Institutionen können dadurch in eine Position geraten, die sie zu lediglich organi-

[77] Vgl. Bericht der Bundesregierung über die Untersuchung der Wettbewerbsverschiebungen im Kreditgewerbe und über eine Einlagensicherung, a.a.O., S. 58 ff.

satorisch ausgegliederten Abteilungen monetärer Intermediäre werden läßt. Eine klare Trennung zwischen beiden Intermediärgruppen wäre dann wohl noch institutionell-formell, nicht aber mehr materiell-wirtschaftlich möglich. Lassen sich wirtschaftliche Abhängigkeitsverhältnisse zwischen beiden Intermediärsgruppen feststellen, so wird eine Modifikation der bisherigen Aussagen hinsichtlich der wirtschaftlichen Bedeutung der paramonetären Institutionen im deutschen Kreditwesen erforderlich. Im Hinblick auf die zukünftige Entwicklung des Verhältnisses zwischen paramonetären Institutionen und monetären Intermediären in der Bundesrepublik wären solche Abhängigkeiten ebenfalls von erheblicher Bedeutung.

Der Begriff der paramonetären Institution oder der „non-monetary financial intermediary" wird daher um ein weiteres Merkmal erweitert. Die wirtschaftliche Unabhängigkeit der paramonetären Institutionen von den monetären Intermediären erscheint als eine notwendige Forderung, um sie von diesen als wirtschaftliche Alternative bei der Geldvermögensbildung sowie bei der Finanzierung der Sachvermögensbildung abgrenzen zu können. Eine Unterscheidung, die allein auf die Abwicklung des Zahlungsverkehrs und die ihr zugrunde liegende Entgegennahme von Sichteinlagen abstellt, erscheint als zu oberflächlich. Sie reiht finanzielle Intermediäre unter die paramonetären Institutionen ein, die infolge ihrer wirtschaftlichen Abhängigkeit jedoch nichts anderes darstellen als ausgegliederte Abteilungen monetärer Intermediäre. Ein solches Verfahren ist jedoch sinnlos, da es formalen Kriterien Priorität vor materiellen einräumt. Vornehmlich alle Vergleiche, die sich ausschließlich an Geschäftsergebnissen orientieren, weisen diesbezügliche Verzerrungen auf[78].

Eine Untersuchung der Realkreditinstitute in der BRD im Hinblick auf Kapitalverflechtungen ergibt, daß die privaten Hypothekenbanken bereits in starke wirtschaftliche Abhängigkeit geraten sind. Von den insgesamt 29 Instituten werden Kapitalanteile von 25 bis zu 50 und mehr Prozent von Banken, also monetären Intermediären, gehalten. An weiteren zwei Instituten haben Versicherungen die Mehrheit der Kapitalanteile. An den restlichen zwei Instituten sind Banken mit nicht mehr als 30 % des Kapitals beteiligt[79]. Es kann angesichts der außerordentlich umfangreichen Beteiligung der Banken an den privaten

---

[78] So wirkt es befremdlich, daß dieser Frage in der angelsächsischen Diskussion um die „non-monetary financial intermediaries" keine Bedeutung beigemessen wird. Vgl. *R. W. Goldsmith*, Financial Intermediaries in the American Economy since 1900, a.a.O., sowie die daran anschließende Diskussion.

[79] Vgl. auch *G. Obst, O. Hintner*, Geld-, Bank- und Börsenwesen, a.a.O., S. 308, 309. Ferner: Wer gehört zu wem, Hrsg. Commerzbank AG, 8. Aufl., ohne Ort 1969.

Hypothekenbanken nicht unterstellt werden, daß daraus keine geschäftspolitischen Einflüsse resultieren. Vielmehr muß davon ausgegangen werden, daß sich die Kreditbanken die privaten Hypothekenbanken mit dem Ziel angegliedert haben, sich am langfristigen Kreditgeschäft zu beteiligen, das sie selbst nicht ausüben. Die privaten Hypothekenbanken können somit nicht mehr als wirtschaftlich selbständige paramonetäre Institutionen betrachtet werden. Sie gehören vielmehr als Spezialabteilung für langfristige Kreditgewährung den Kreditkbanken an.

Demgegenüber entfällt die Abhängigkeit gegenüber monetären Intermediären bei den öffentlich-rechtlichen Grundkreditanstalten. Allerdings wird der öffentliche Gewährsträger, in der Mehrzahl der Fälle ein Bundesland, Einfluß auf die Geschäftspolitik ausüben. Er besteht konkret in der Anweisung, die Maßnahmen zur Förderung des Wohnungsbaus der öffentlichen Körperschaften zu unterstützen. Andererseits wird jedoch der Gewährsträger keinen bis ins einzelne gehenden Einfluß auf die Geschäfte nehmen können. Somit können die öffentlich-rechtlichen Grundkreditanstalten auch nur als mit bedingter wirtschaftlicher Entscheidungsfreiheit ausgestattet, dennoch als Konkurrenten monetärer Intermediäre bezeichnet werden.

Bei den privaten Bausparkassen liegen die Beteiligungsverhältnisse ein wenig komplizierter. Von den 16 privatwirtschaftlich geführten Instituten befinden sich drei zu 25 und mehr Prozent im Besitz von Banken, eines zu 100 %. An weiteren vier Instituten sind Versicherungen mit 60 % bzw. 100 % beteiligt, an weiteren drei Instituten zu 25 % und mehr. Drei Institute befinden sich in privatem Streubesitz. Für fünf Institute ließen sich keine Angaben über die Besitzverhältnisse ermitteln. Daraus wird ersichtlich, daß die Kapitalbeteiligung monetärer Intermediäre an den Bausparkassen noch relativ gering ist. Sie können somit als wirtschaftlich überwiegend gegenüber monetären Intermediären unabhängige paramonetäre Institutionen bezeichnet werden.

Dagegen befinden sich die öffentlich-rechtlichen Bausparkassen als Abteilungen der Girozentralen in gänzlicher wirtschaftlicher Abhängigkeit von diesen. Sie sind wohl von der Spezies her als paramonetäre Institutionen zu bezeichnen, gehören jedoch wirtschaftlich zu den monetären Intermediären.

Eine Parallele zu den Verhältnissen bei den öffentlichen Bausparkassen ergibt die Untersuchung der Besitzverhältnisse an den Kreditinstituten mit Sonderaufgaben. Von den insgesamt 16 Instituten befinden sich 11 in öffentlichem Besitz. Es muß angenommen werden, daß diese durch die Wahrnehmung von Spezialaufgaben vermehrten geschäftspolitischen Beschränkungen und Anweisungen durch die öffentliche Hand unterliegen. Fünf Kreditinstitute mit Sonderaufgaben befinden sich in Privatbesitz, davon vier zu mehr als 50 % im Besitz von Banken[80]. Die Kreditinstitute mit Sonderaufgaben können ebenso wie die öffentlich-rechtlichen Bausparkassen wohl institutionell als paramonetäre Institutionen bezeichnet werden. Wirtschaftlich stellen sie jedoch infolge der von ihnen wahrgenommenen Sonderfunktionen keine Alternative zu den monetären Intermediären dar.

Von insgesamt 208 Teilzahlungskreditinstituten konnten nur für 49 die Besitzverhältnisse ermittelt werden[81]. An 35 dieser Institute sind jedoch Kreditbanken beteiligt, davon an 21 Instituten mit 100 % und an 10 mit über 50 %. Es läßt sich ferner nicht feststellen, ob es sich bei den genannten Teilzahlungskreditinstituten gerade um die mit über dem Branchendurchschnitt liegender Bedeutung handelt. Geht man davon aus, daß es sich bei der überwiegenden Mehrheit der Teilzahlungskreditinstitute um kleinere Häuser mit geringerer Bedeutung handelt, zwingt dies zu der Folgerung, daß auch diese Gruppe paramonetärer Institutionen nur in bedingtem Umfange wirtschaftliche Eigenständigkeit gegenüber den monetären Intermediären besitzt.

Demgegenüber befinden sich die privaten Versicherungen nahezu vollständig in einer wirtschaftlichen Unabhängigkeitsposition gegenüber monetären Intermediären. Sie sind untereinander durch Kapitalverflechtungen wirtschaftlich sehr eng miteinander verbunden. Durch ihre Unabhängigkeit gegenüber monetären Intermediären erfüllen sie nicht nur die institutionell-formelle, sondern auch die wirtschaftliche Voraussetzung zur Einordnung unter den Begriff der paramonetären Institutionen. Die gesetzlichen Versicherungsträger unterliegen keiner wirtschaftlichen Abhängigkeit gegenüber monetären Intermediären. Sie erfüllen somit beide Bedingungen — (1) Nichtteilnahme an der Abwicklung des Zahlungsverkehrs, (2) wirtschaftliche Alternative zu den monetären Intermediären bei der Geldvermögensbildung, wie bei der Finanzierung der Sachvermögensbildung — die zur Einordnung unter den Begriff der paramonetären Institution erforderlich sind. Auch der Zwangscharakter, der der Geldvermögensbildung der Haushalte bei den gesetzlichen Versicherungen zugrunde liegt, ändert nichts daran, daß die Haushalte die Geldvermögensbildung bei der Sozialversicherung als Alternative zur Geldvermögensbildung bei anderen finanziellen Intermediären ansehen. Die freiwilligen Zusatzleistungen sind in gewisser Hinsicht ein Beweis dafür[82]. Im Bereich der Finanzierung der

---

80 Vgl. Wer gehört zu wem, Hrsg. Commerzbank AG, a.a.O.

81 *Derselbe:* Ebenda. Der Mangel an Information beruht einerseits darauf, daß nur solche Unternehmen mit mehr als 0,5 Mio. DM Kapital erfaßt wurden, andererseits auf mangelndem Informationswillen seitens der befragten Institute.

82 Die Kraft dieser Aussage wird dadurch gemindert, daß die Haushalte häufig infolge mangelnder Information günstigerer Anlageformen freiwillige Zusatzleistungen zur Sozialversicherung, insbesondere der Rentenversiche-

Sachvermögensbildung fällt der Mangel an einer umfangreichen Beteiligung der gesetzlichen Versicherungen an privaten Investitionsobjekten nicht schwer ins Gewicht.

Die elf in der Bundesrepublik gegenwärtig arbeitenden Kapitalanlagegesellschaften befinden sich sämtlichst im Besitz von Banken[83]. Die Geschäftspolitik dieser paramonetären Institutionen wird somit von den Interessen monetärer Intermediäre bestimmt. Von den vier im Bundesgebiet tätigen Beteiligungsfinanzierungsgesellschaften befindet sich das Kapital von drei dieser Institute im Besitz von Banken[84]. Kapitalanlage- wie auch Kapitalbeteiligungsgesellschaften können somit nur unter dem institutionellen Aspekt als paramonetäre Institutionen bezeichnet werden. Führt man die wirtschaftliche Selbständigkeit als weiteres Begriffsmerkmal für die paramonetären Institutionen ein, so können die privaten Hypothekenbanken, die öffentlichen Bausparkassen, die Kreditinstitute mit Sonderaufgaben, die Kapitalanlagegesellschaften sowie die Beteiligungsfinanzierungsgesellschaften nur noch formal als paramonetäre Intermediäre bezeichnet werden. Wirtschaftlich befinden sie sich in Abhängigkeit von monetären Intermediären. Die privaten Bausparkassen und die Teilzahlungsinstitute werden teilweise von monetären Intermediären beherrscht. Stellt man nun die Aktivaanteile der wirtschaftlich selbständigen paramonetären Institutionen den übrigen finanziellen Intermediären gegenüber, so ergibt sich folgendes Bild für die Jahre 1964 bis 1968:

Tabelle 17

Prozentualer Anteil der paramonetären Institutionen an den Aktiva aller finanziellen Intermediäre

	1964	1965	1966	1967	1968
paramonetäre Institutionen	24,9	24,9	24,7	22,9	22,6
übrige finanzielle Intermediäre	75,1	75,1	75,3	77,1	77,4

Der Aktivaanteil der unabhängigen paramonetären Institutionen liegt also — sieht man von den konjunkturbedingten Abweichungen der

rung erbringen. Andererseits besteht keine Gewißheit darüber, daß eine alternative Einzahlung bei privaten Versicherungen auf lange Sicht eine bessere Leistung erwarten läßt als die Rentenversicherung.

[83] Vgl. *Wolfgang Tormann*, Die Investmentgesellschaften, Taschenbücher für Geld, Bank und Börse, Hrsg. Ph. Möhring, Hch. Rittershausen, Bd. 18, Frankfurt/Main 1964, S. 45 ff. Ferner: Hoppenstedt (Verlag), Vademecum der Investmentfonds 1969, 9. Aufl., Darmstadt, Berlin, Haarlem, Wien 1969, S. 35 ff.

[84] Vgl. auch *H. Joachim Krahnen*, Kapitalbeteiligungsgesellschaft, in: Enzyklopädisches Lexikon für das Geld-, Bank- und Börsenwesen, Bd. II, 3. Aufl., Frankfurt/M. 1968, S. 958 f.

beiden letzten Jahre ab — bei knapp 25 % der Aktiva aller finanziellen Intermediäre. Derartige Berechnungen über den gesamten bisherigen Betrachtungszeitraum anzustellen, ist nicht angebracht, da sich die Kapitalbeteiligungen der monetären Intermediäre an den betreffenden paramonetären Institutionen teilweise erst in dieser Zeitspanne vollzogen haben. Entsprechend den Aktivaanteilen ändern sich die bisher erarbeiteten Ergebnisse bezüglich der Anteile paramonetärer Institutionen an der Geldvermögensbildung der Haushalte sowie an der Finanzierung der Sachvermögensbildung der Unternehmen.

Tabelle 18

Prozentualer Anteil der paramonetären Institutionen am Kredit- und Wertpapierbestand aller finanziellen Intermediäre

	1965	1966	1967
paramonetäre Institutionen	27,4	27,0	25,7
übrige finanzielle Intermediäre	72,6	73,0	74,3

Wie Tabelle 18 zeigt, ist der Anteil der paramonetären Institutionen an der Finanzierung der Sachvermögensbildung von Unternehmen, Staat und Haushalten mit rund 27 % höher als ihr Aktivaanteil.

Die Berücksichtigung des Kriteriums der wirtschaftlichen Selbständigkeit führt also zu dem Ergebnis, daß die reale Bedeutung der paramonetären Institutionen im Kreditwesen dadurch als stark vermindert gegenüber den vorher erarbeiteten Resultaten erscheint. Dennoch kann ihre Bedeutung im Kreditwesen bei rund 25 % Anteil an dessen gesamten Aktivitäten nicht als unbedeutend bezeichnet werden.

Im Hinblick auf die langfristige Entwicklung des Verhältnisses zwischen monetären Intermediären und paramonetären Institutionen ist zu erwarten, daß sich die bereits bestehenden Kapitalverflechtungen weiter intensivieren. Möglicherweise werden die betroffenen paramonetären Institutionen auch ihre formale Selbständigkeit verlieren und vollends in monetäre Intermediäre integriert werden. Eine parallele Entwicklung zu den USA im Verhältnis der monetären Intermediäre zu den paramonetären Institutionen wird in Deutschland nicht zu erwarten sein.

5. Zusammenfassung und weiterer Gang der Untersuchung

Die bisherige Untersuchung unternahm den Versuch, das Problem der Finanzierung des Wachstumsprozesses unter dem Aspekt der Akkumulation finanzieller und realer Vermögensbestände zu betrachten. Die Analyse stützte sich dabei auf die einfache, auf Gurley und Shaw zurückgehende Einteilung der finanziellen Aktiva in monetäre sowie direkte und indirekte nichtmonetäre finanzielle Titel. Diese auf den ersten Blick recht grobe, wenig differenzierende Darstellung der vielfältigen Finanzierungsströme und -formen einer Kreditwirtschaft zeigt jedoch die realiter bestehenden finanziellen Kommunikationsleistungen in klarer Weise auf. Sie läßt die finanziellen Intermediäre, insbesondere die paramonetären Institutionen als Relais finanziellen Ausgleichs zwischen Wirtschaftssubjekten mit Budgetüberschüssen (vornehmlich Haushalte) einerseits und mit Budgetdefiziten (vornehmlich Unternehmen sowie der Staat) andererseits erkennen. Die indirekte Finanzierung erweist sich angesichts des gegebenen Sparverhaltens der Haushalte sowie der zur Realisierung eines stetigen Wachstums erforderlichen Investitionen als unabdingbare Notwendigkeit. Die Relaisfunktion finanzieller Intermediäre beruht auf der Durchführung der Transformation von Fristen, Risiken und Losgrößen. Die Transformationsleistungen der paramonetären Institutionen können als äquivalent gegenüber denen der monetären Intermediäre bezeichnet werden. Infolge ihrer Spezialisierung auf bestimmte Geschäfte ergeben sich hinsichtlich der Transformationsleistungen Schwerpunktbildungen.

Die Untersuchung der Entwicklung paramonetärer Institutionen zeigt, daß sowohl vor dem Zweiten Weltkrieg, wie insbesondere danach, diese gegenüber den monetären Intermediären an Bedeutung gewinnen konnten. Somit hat sich in der BRD eine ähnliche — wenn auch in ihren Ausmaßen differenziertere — Entwicklung wie in anderen westlichen Industriestaaten mit äquivalenter finanzieller Infrastruktur vollzogen. Diese vergleichende Betrachtung des Bankensystems und der paramonetären Institutionen erweist sich jedoch als nicht exakt, läßt man die Kapitalverflechtungen außer acht. Inwieweit die Kapitalverflechtungen infolge der unterschiedlichen Regelung der Kontrolle finanzieller Intermediäre durch die Zentralbank für die Wirksamkeit geldpolitischer Maßnahmen von Bedeutung sein können, wird noch zu untersuchen sein.

Die Untersuchung hat gezeigt, daß die Ersparnisbildung in den Unternehmen seit 1950 erheblich abgenommen hat. Damit wurde in zunehmendem Maße die Aufnahme von Fremdmitteln zur Deckung des Finanzbedarfs erforderlich. Andererseits haben die privaten Haushalte im gleichen Zeitraum in ganz erheblichem Umfang Ersparnisse gebildet. Diese wurden, wie oben dargestellt, in verschiedensten Vermögensformen angelegt. Die Haushalte erweisen sich somit als permanente Quelle von Liquidität ersten Grades und als Depot nichtmonetärer finanzieller Aktiva. Sie übernehmen damit im Prozeß der Finanzierung der Realvermögensbildung die außerordentlich wichtige Funktion der ständigen Substitution von nicht verbrauchtem Einkommen in Form von Geld in nichtmonetäres finanzielles Vermögen. Die Untersuchung der Geldvermögensbildung der Haushalte hat gezeigt, daß sie sich bisher zum überwiegenden Teil in Form des Kontensparens vollzieht. Dennoch ergaben sich Anzeichen dafür, daß die Haushalte in Zukunft mehr als bisher ihre Nachfrage auf weniger liquide finanzielle Anlageformen richten könnten, insbesondere angesichts des Angebots attraktiver Anlagemöglichkeiten bei paramonetären Institutionen. Daraus ergeben sich für die weitere Untersuchung folgende Fragen:

1. Welche Motive liegen der Akkumulation von Vermögen seitens der Haushalte zugrunde?
2. Welche Wirkungen löst das Angebot von nichtmonetären indirekten finanziellen Aktiva seitens der paramonetären Institutionen auf die Entscheidungen der Haushalte bezüglich der Höhe ihres Vermögensbestandes sowie dessen Struktur aus?
3. In welcher Weise wird durch das Angebot nichtmonetärer finanzieller Aktiva seitens der paramonetären Institutionen die Geldnachfrage der Haushalte berührt?
4. Welcher Art werden die Reaktionen der Haushalte auf Zins- und Preisänderungen sein? Die Antwort auf diese Frage erweist sich insbesondere als bedeutungsvoll im Hinblick auf die Maßnahmen zur konjunkturgerechten Steuerung der allgemeinen bei den Sektoren vorhandenen Liquidität im Sinne der gesamtwirtschaftlichen Zielsetzungen.
5. Wie wirkt die Akkumulation von Vermögen generell und die finanziellen Vermögens speziell auf die Konsum- bzw. Sparentscheidungen der Haushalte[85]?

Methodisch wird die Problematik der Wirkungen des Angebots nichtmonetärer finanzieller Aktiva seitens der finanziellen Intermediäre, insbesondere der paramonetären Institutionen, auf die Dispositionen der Haushalte in den Gesamtzusammenhang der Vermögensbetrachtung gestellt. Das scheint notwendig zu sein, weil jedes Sparen der Haushalte aus laufenden Einkommen zugleich in eben diesem Umfang Geldvermögensbildung bedeutet. Durch eine nachträgliche Disposition könnte erst eine Umwandlung von Geldvermögen — gleich welcher Form — in Sachvermögen erfolgen. Von einer Finanzierung der Geldvermögensbildung der Haushalte kann nicht gesprochen werden. Lediglich eine Umstrukturierung von einer Form der Haltung von Geldvermögen in eine andere ist denkbar.

---

[85] Letzteres Problem kann im Rahmen der Themenstellung nur in groben Zügen behandelt werden. So wird lediglich der Versuch einer Zusammenfassung der jüngsten Ergebnisse aus diesem außerordentlich weiten Forschungsgebiet unternommen.

Demgegenüber steht bei der Realvermögensbildung im Unternehmenssektor der Finanzierungsaspekt im Zusammenhang mit den Leistungen der paramonetären Institutionen im Vordergrund. Die Realvermögensbildung in den Unternehmen unterliegt weit geringeren Bindungen an die paramonetären Institutionen als die Geldvermögensbildung der Haushalte. Diese bilden, wenn sie nicht horten, zwangsläufig Geldvermögen bei finanziellen Intermediären. Daher wird der Frage nach der Bedeutung der paramonetären Institutionen für den Investitionsprozeß unabhängig von der Vermögensbetrachtung nachgegangen. In gleicher Weise wird die Frage nach dem Beitrag der paramonetären Institutionen zum Kreditangebot außerhalb des Rahmens des Vermögenskonzepts betrachtet.

IV. Die Bedeutung der paramonetären Institutionen für die finanzielle Vermögensbildung der Haushalte

1. Die Motive der Haushalte für die Akkumulation von Vermögensbeständen

Nachdem die wirtschaftlichen Aktivitäten der paramonetären Institutionen im Rahmen der Beziehungen von Geldvermögensbildung und Produktivvermögensbildung, bzw. deren Finanzierung, dargelegt wurden, wird nunmehr nach den Motiven der Haushalte für die Vermögensakkumulation gefragt. Ein Überblick über die Motive der Haushalte und ihre Struktur ergibt eine wesentliche Grundlage auf dem Wege der Erklärung der Einflüsse von Aktivitäten seitens der paramonetären Institutionen auf die Dispositionen dieses Sektors. Dabei interessieren vornehmlich die Motive für die Akkumulation finanzieller Vermögensbestände.

Mit dem Einkommen, als Entgelt für ihre Arbeitsleistung, gewinnen die Haushalte einen Anspruch auf das Sozialprodukt. Damit stehen sie vor der Entscheidung, diesen Anspruch gegenwärtig, zukünftig oder im Falle der Vererbung gar nicht persönlich zu realisieren. Eine dogmengeschichtliche Untersuchung führt zu einer Vielzahl von Motiven, die der Vermögensakkumulation der Haushalte zugrunde liegen könnten. Dieses Motivspektrum reicht von unbewußten, quasi triebhaften Sparantrieben bis zu subtilen, ökonomisch-rationalen Begründungen der Vermögensbildung. Es kann als Abbildung der soziologischen und ökonomischen Verhältnisse im Zeitablauf angesehen werden. Im Zusammenhang mit den hier zu untersuchenden Problemen erweist sich diesbezüglich die dogmengeschichtliche Entwicklung nur als von peripherem Interesse.

Die klassische Theorie verharrte bei der Untersuchung der Sparmotive der Haushalte weitgehend im vorökonomischen Raum. Sie stellte vornehmlich ethisch-sittliche, ethnologische und soziale Motive in den Vordergrund der Betrachtung[1]. Wenngleich diese Einflüsse für den Spar- bzw. Vermögensbildungsprozeß auch fernerhin nicht ohne Bedeutung bleiben, stehen doch diesbezüglich rationale Motive der Haushalte im Vordergrund ökonomischer Fragestellung.

Demgegenüber wandten sich die Anhänger der Grenznutzenschule vornehmlich dem ökonomischen Aspekt der Fragestellung zu. Die subjektive Wertschätzung, der Nutzen von Gütern und Leistungen bilden den Mittelpunkt dieser theoretischen Richtung der Nationalökonomie. Die Maximierung des Gesamtnutzens wird als primäres Ziel ökonomisch sinnvollen Verhaltens jedes Wirtschaftssubjekts angesehen. Die Akkumulation von Vermögensbeständen dient in diesem System dem intertemporalen Nutzenausgleich. Die Zukunftsvorsorge und das Erreichen von Zinseinkommen aus akkumulierten Vermögen treten als tragende Motive hervor[2]. Diese Richtung der Nationalökonomie weist dem Vermögen einen eindeutig konsumorientierten Nutzen zu. Das gilt beispielsweise auch für den Beitrag von Clark[3], der als Motiv der Vermögensbildung das Erreichen von Einkommen — das anschließend wieder konsumtiv verwendet wird — postuliert. In gleicher Weise sieht Stackelberg[4] hinsichtlich der Vermögensakkumulation den Konsum als primäres Ziel wirtschaftlicher Aktivität. Dem Vermögen wird in diesen Ansätzen somit lediglich ein konsumtiver, vom Einkommen abgeleiteter, jedoch kein originärer Nutzen zuerkannt[5]. Die Ansätze zur Erweiterung der traditionellen Spartheorie betonen dagegen einen eigenständigen Vermögensnutzen.

---

1 Eine Analyse der Motivforschung und Motiventwicklung bezüglich der Vermögenshaltung findet sich bei *Werner Paschke*, Bestimmungsgründe des persönlichen Sparens. Ein Beitrag zur ökonomischen Verhaltensforschung. Untersuchungen über das Spar-, Giro- und Kreditwesen, Bd. 17, Hrsg. Fritz Voigt, Berlin 1961, vgl. insbesondere S. 26 ff.

2 Vgl. hierzu insbesondere die Arbeiten von *E. v. Böhm-Bawerk*, Kapital und Kapitalzins, II. Abt., Positive Theorie des Kapitals, 1. Bd., 4. Aufl., Jena 1921; *K. Wicksell*, Lectures on Political Economy, Vol. I, General Theory, 6. Aufl., London 1951; *J. Schumpeter*, Theorie der wirtschaftlichen Entwicklung. Eine Untersuchung über Unternehmensgewinne, Kapital, Kredit und den Konjunkturzyklus, 5. Aufl., Berlin 1952; *G. Cassel*, Theoretische Sozialökonomie, 5. Aufl., Leipzig 1932.

3 Vgl. *J. B. Clark:* Essentials of Economic Theory, as applied to modern Problems of Industry and Public Policy, New York 1924.

4 Vgl. *H. v. Stackelberg*, Beitrag zur Theorie des individuellen Sparens, in: Zeitschrift für Nationalökonomie, Bd. IX, Wien 1939, S. 167 ff. *Derselbe:* Grundlagen der theoretischen Volkswirtschaftslehre, 2. Aufl., Tübingen—Zürich 1951, S. 130 ff.

5 Vgl. hierzu auch *H. Rudloff*, Vermögensbestand, Sparverhalten und Wirtschaftswachstum, a.a.O., S. 16.

a) Kurzfristige Motive der Vermögensakkumulation

Die Liquiditätspräferenztheorie von Keynes[6] geht ab von der allein an konsumtiven Motiven orientierten Nachfrage der Wirtschaftssubjekte nach liquiden Vermögensbeständen. Sie postuliert das Verlangen der Wirtschaftssubjekte nach Haltung von Teilen des Vermögensbestandes in Geld, insbesondere aus spekulativen Gesichtspunkten. Keynes unterscheidet das Transaktions-, das Vorsichts- und das Spekulationsmotiv der Vermögenshaltung in Form von Geld. Das Transaktionsmotiv entspricht dem in der traditionellen Spartheorie bereits formulierten konsumorientierten Motiv zum Halten von Geldbeständen. Die Notwendigkeit zum Aufbau von Kassenbeständen zu Transaktionszwecken entfiele, wenn ceteris paribus mit Regelmäßigkeit Ein- und Auszahlungen zeitlich und im Betrage zusammenfielen. Die ökonomische Realität ist jedoch dadurch gekennzeichnet, daß die kontraktbestimmten Einkommen mit hoher Regelmäßigkeit in festen zeitlichen Abständen den Wirtschaftssubjekten zufließen, die nichtkontraktbestimmten Einkommen in unregelmäßigen Abständen. Andererseits ergeben sich regelmäßig notwendig werdende Konsumausgaben. Allein zur Bewältigung dieser laufenden Konsumausgaben bedarf es der Transaktionskasse in Form von Barmitteln[7]. Der Umfang der Transaktionskasse ist abhängig von der Höhe des Einkommens.

Ein elementares, aus der Erfahrung abgeleitetes Motiv menschlichen Handelns ist die Vorsicht. Es basiert auf der Einsicht in die den Menschen umgebende Unsicherheit bezüglich zukünftiger Ereignisse. Daher wird er versuchen, soweit wie möglich Vorsorge gegen die Folgen solcher Ereignisse zu treffen. Hinsichtlich der ökonomischen Belange gelingt dies durch die Akkumulation von Vermögensbeständen. Das Vorsichtsmotiv kann jedoch nicht allein als kurzfristiger Impuls ökonomischer Entscheidungen gesehen werden. Es besteht ebenso aus einer langfristigen Komponente, die das Wirtschaftssubjekt zur Vermögensbildung bewegt, zwecks Absicherung auf lange Sicht unsicherer Erwartungen, wie beispielsweise hinsichtlich der Altersversorgung. Kurzfristig dienen die aus dem Vorsichtsmotiv akkumulierten Vermögensbestände der Vorsorge gegen unvorhergesehene Ausgaben. Die Ursachen dieser Ausgaben können Preissteigerungen, Änderungen der Bedarfsstruktur, der Präferenzen sowie schließlich unvorhersehbare Ereignisse sein. Nicht ohne Problematik erscheint die generelle Zu-

---

[6] Vgl. *John Maynard Keynes*, The General Theory of Employment, Interest and Money, Deutsche Übersetzung: Allgemeine Theorie der Beschäftigung, des Zinses und des Geldes, a.a.O., S. 163 ff.

[7] Die Akkumulation von Kassenbeständen zur Beschaffung von längerlebigen Konsumgütern (Kleidung, Radio, Fernsehen, Kraftfahrzeug) ist schon als langfristig konsummotiviert zu bezeichnen.

rechnung des aus dem Vorsichtsmotiv akkumulierten Vermögens zu den aus spekulativen Gründen gehaltenen Kassenbeständen[8]. Bedeutete dies doch, daß zumindest bei Eintritt größerer unerwarteter Ausgaben, infolge der durch sofortige Veräußerung der in Form von Zertifikaten gehaltenen Vermögensbestände, möglicherweise ein erhebliches Disagio in Kauf genommen werden muß. Eine getrennte Betrachtung der aus unterschiedlichen Motiven akkumulierten Vermögen erscheint sinnvoller. Das Motiv der Vorsicht verlangt zumindest in gewissem Umfang nach permanenter aktueller Liquidität, wie sie beispielsweise in Form liquider Vermögensbestände auf Giro- bzw. Sparkonten gegeben ist.

Bereits mit der Formulierung des Vorsichtsmotivs überwindet Keynes somit die traditionelle Spartheorie. Die als Vorsichtsmaßnahme in Form von Geld gehaltenen Vermögensbestände werden nur bei Vorliegen konkreter Anlässe konsumtiv genutzt. Ihnen wird seitens der Wirtschaftssubjekte ein originärer Nutzen beigemessen, nämlich der Nutzen der Abdeckung von aus unvorhersehbaren Ereignissen resultierenden finanziellen Konsequenzen.

Die Formulierung des Spekulationsmotivs als Anstoß finanzieller, insbesondere aber monetärer Vermögensbildung weist in die gleiche Richtung. Danach wird die Form der Vermögenshaltung von den Erwartungen des Wirtschaftssubjekts bezüglich der Zins- und Preisentwicklungen abhängig gemacht. Bei niedrigem Wertpapierkurs, also hohem Zins, wird sich die Erwartung der Wirtschaftssubjekte in zunehmendem Maße auf eine Kurssteigerung, also Zinssenkung, einstellen. Der Wunsch, aus der erwarteten Kurssteigerung Profit zu ziehen, veranlaßt die Wirtschaftssubjekte, der Kursentwicklung zuvorzukommen und Spekulationskasse gegen Wertpapiere zu substituieren. Die Liquiditätspräferenz ist gering und damit die Nachfrage nach Geld zu spekulativen Zwecken. Umgekehrt ist bei niedrigem Zins, und der damit verbundenen Erwartung des Kursverfalls die Präferenz für Kasse hoch. Die Haltung von Geld in Erwartung eines daraus realisierbaren wirtschaftlichen — nicht notwendig konsumtiven — Vorteils

---

[8] Vgl. dazu *Erich Schneider*, Einführung in die Wirtschaftstheorie, 3. Teil, Geld, Kredit, Volkseinkommen und Beschäftigung, a.a.O., S. 80; vgl. auch *Don Patinkin*, An Indirect-Utility Approach to the Theory of Money, Assets and Saving, in: The Theory of Interest Rates, Proceedings of a Conference held by the International Economic Association, Hrsg. F. H. Hahn, F. P. R. Brechling, London 1965, S. 59 ff. Patinkin faßt allerdings die Transaktionskasse und die aus Gründen der Vorsicht akkumulierten Kassenbestände zusammen. Das erscheint jedoch nur dann als notwendig, wenn generell der regelmäßige Zustrom von Einkommen an die Haushalte als unsicher angesehen werden muß. Demgegenüber kommt nach Tsiang der Geldnachfrage aus Vorsichtsmotiv eine sehr starke Bedeutung zu, die eine getrennte Betrachtung erforderlich macht. Vgl. hierzu *S. C. Tsiang*, The Precautionary Demand for Money; An Inventory Theoretical Analysis, in: The Journal of Political Economy, Vol. 77, 1969, S. 99—117.

ist somit Ausdruck des Spekulationsmotivs. Dem auf dieser Grundlage gehaltenen Vermögensbestand ist daher ein eigenständiger Nutzen zuzumessen. Im Laufe der Entwicklung der Theorie des optimalen Aufbaues eines Portefeuilles finanzieller Aktiva wurde die Liquiditätspräferenztheorie abgewandelt. Sie gilt seitdem vornehmlich als Theorie des Verhaltens der Wirtschaftssubjekte in einer Situation der Unsicherheit bezüglich der Zinsentwicklung nicht nur spezifischer finanzieller Aktiva[9].

Transaktions-, Vorsichts- und Spekulationsmotiv gehören zu den kurzfristigen Motiven der Vermögensbildung der Haushalte. Sowohl die aus dem Transaktions- als auch dem Vorsichtsmotiv gebildeten Vermögensbestände werden in Geld, also nicht in Form der von paramonetären Institutionen emittierten nichtmonetären finanziellen Aktiva gehalten werden[10]. Dagegen können im Rahmen der aus spekulativen Motiven betriebenen Portefeuilleumstrukturierung durchaus von paramonetären Institutionen emittierte Titel in den Begehrsbereich der Haushalte fallen, sofern sie nahe Substitute für Geld darstellen.

b) Langfristige Motive der Vermögensakkumulation

Im Bereich kurzfristiger Motive der Vermögenshaltung steht die Liquidität im Vordergrund der Betrachtung. Folglich müssen es langfristige Motive sein, die die Haushalte zur Akkumulation weniger liquider Vermögensbestände veranlassen, wie sie in Forderungen gegen paramonetäre Institutionen bestehen.

Der am stärksten im menschlichen Bewußtsein verankerte Antrieb zur Vermögensbildung besteht in dem Wunsche, Vorsorge gegen die Folgen unerwartet eintretender Ereignisse zu treffen[11]. Dahinter steht der Versuch, mittels Stillegung eines Teils des laufenden Einkommens

---

[9] Vgl. *James Tobin*, Liquidity Preference as Behavior Towards Risk, in: The Review of Economic Studies, Vol. 25 (1957—58), S. 65—86. Ferner: *Harry G. Johnson*, The General Theory after twenty-five Years, in: The American Economic Review, Vol. 51 (1961), Papers and Proceedings, S. 1—17. Ferner: *Don Patinkin*, An Indirect-Utility Approach to the Theory of Money, Assets and Savings, a.a.O., S. 52—79. Ferner: *James Tobin*, The Theory of Portfolio Selection, Ebenda, S. 2—51.

[10] Die Situation zinsempfindlicher Transaktionskasse dürfte wohl auf die wenigen Haushalte mit außerordentlich hohem Einkommen beschränkt bleiben und kann somit vernachlässigt werden.

[11] Vgl. die hierzu in den USA vorgenommenen Untersuchungen: *George Katona*, Die Macht des Verbrauchers, Düsseldorf—Wien 1962, S. 136. *Derselbe:* The Mass Consumption Society, New York 1964, S. 176; *Derselbe:* Consumer Behavior and Monetary Policy, in: Geldtheorie und Geldpolitik, Günter Schmölders zum 65. Geburtstag, Hrsg. C. A. Andreae, K. H. Hansmeyer, G. Scherhorn, Berlin 1968, S. 121 f. Ferner: *George Katona, John B. Lansing*, The Wealth of the Wealthy, in: The Review of Economics and Statistics, Vol. 46 (1964), S. 1—13.

auch in Notsituationen den bis dahin erreichten Lebensstandard zumindest in etwa aufrechtzuerhalten. Diese Vorsorge richtet sich ebenso auf die Sicherung einer angemessenen Altersversorgung. Hinter diesem Bestreben steht die Vorsicht; sie ist Ausdruck ursprünglichen Strebens nach existentieller Sicherheit[12].

Im Bereich langfristiger Antriebe der Vermögensakkumulation sind die bei den Haushalten in beträchtlichem Bedeutungsumfang vorhandenen konsumorientierten Motive zu berücksichtigen. Die Vermögensbildung wird aufgenommen, um einen konkreten konsumtiven Zweck, den Kauf langlebiger Konsumgüter, die Ausbildung der Kinder oder Reisen in der Zukunft finanzieren zu können[13]. Die Vermögensbildung dient somit der langfristigen Steigerung des Lebensstandards. Sie beruht auf dem Streben der Wirtschaftssubjekte nach Leistungssteigerung und Erfolg, nach ständiger Erhöhung des Anspruchsniveaus[14]. Die Anspruchsniveausetzung ist zudem nicht allein von eigenen Antrieben gesteuert. Sie ist ebenso abhängig vom Meinungsklima der das Wirtschaftssubjekt umgebenden Umwelt sowie von Gruppennormen. Beide Faktoren sind geeignet, positive Impulse auf die Anspruchsniveausetzung des einzelnen Wirtschaftssubjekts auszuüben[15].

Von geringerer allgemeiner Bedeutung ist das Motiv der Vererbung. Allerdings gewinnt es mit zunehmendem Einkommen an Gewicht[16].

Schließlich erweist es sich als notwendig, auf Motive zu verweisen, die allgemein betrachtet hinsichtlich der Vermögensakkumulation wohl von sekundärer Bedeutung sind. Zu den wichtigsten unter ihnen gehören das Streben nach Macht, Anerkennung durch die Umwelt, der Geltungstrieb sowie das Unabhängigkeitsstreben. Die Befriedigung

---

12 Vgl. *Fritz Voigt*, Der volkswirtschaftliche Sparprozeß, a.a.O., S. 201.

13 Vgl. *Fritz Voigt*, Probleme der Kapitalbildung, in: Sparkasse, 7. Jg., Heft 2 (1953), S. 21—24, weist auf die wachsende Bedeutung des Zwecksparens hin.

14 Vgl. hierzu *F. Hoppe*, Das Anspruchsniveau, in: Die Motivationen menschlichen Handelns, Hrsg. Hans Thomae, Neue wissenschaftliche Bibliothek, Bd. 4, 5. Aufl., Köln, Berlin 1965, S. 217—230. Ferner: *H. Heckhausen*, Motivation der Anspruchsniveausetzung. Ebenda, S. 231—250. Ferner: *George Katona*, Das Verhalten der Verbraucher und Unternehmer, Veröffentlichungen der Akademie für Gemeinwirtschaft, Hamburg, Tübingen 1960, S. 108 ff. Ferner: *Fritz Voigt*, Der volkswirtschaftliche Sparprozeß, a.a.O., insbesondere S. 199, 201, 203, der auf die elementaren Kräfte hinweist, die hinter dem Streben nach Verbesserung des Lebensstandards stehen, Ferner: *George Katona*, Die Macht des Verbrauchers, a.a.O., S. 136.

15 Vgl. hierzu auch *George Katona*, Das Verhalten der Verbraucher und Unternehmer, Veröffentlichungen der Akademie für Gemeinwirtschaft Hamburg, a.a.O., S. 114 ff. Ferner: *James S. Duesenberry*, Income, Saving and the Theory of Consumer Behavior, Cambridge (Mass.) 1962, S. 33 f.

16 Vgl. hierzu *George Katona*, The Mass Consumption Society, New York 1964, S. 176, Ferner: *Kenneth E. Boulding*, Economic Analysis, Vol. I, 4. Aufl., New York 1966, S. 535.

dieser Triebe wird als aus akkumuliertem Vermögen erwachsender Vorteil angesehen. Die aus diesen Trieben gespeisten Impulse zur Vermögensbildung können daher unter dem Begriff eines Akkumulationsmotivs zusammengefaßt werden[17]. Der Bedeutungsumfang des Akkumulationsmotivs für die Vermögensbildung wird sich auch durch eine Erweiterung der empirischen Forschung über das Verhalten der Wirtschaftssubjekte nur schwer ermitteln lassen[18]. Dennoch können die aus diesen Motiven resultierenden Impulse als stark angesehen werden. Ihre Realisierung in Form der Vermögensakkumulation wird dagegen mehr eine Frage der Möglichkeiten bzw. Fähigkeiten als der Neigung sein.

Was die Grenzen der Vermögensakkumulation betrifft kann der Vermutung Ausdruck gegeben werden, daß es weder eine absolute Beschränkung noch ideale Normen gibt. Diese Annahme wird wesentlich durch die Erkenntnisse über die Entwicklung von Anspruchsniveaus seitens der Wirtschaftssubjekte gestützt[19].

Die hier betrachteten Motive können als langfristig stabil angesehen werden. Wie bereits gezeigt wurde, realisiert sich die von diesen Motiven getragene Vermögensbildung noch zu einem erheblichen Teil in Form des Kontensparens. Für die zukünftige Entwicklung des Verhältnisses zwischen monetären Intermediären und paramonetären Institutionen wird es daher von wesentlicher Bedeutung sein, ob die Haushalte die gegenwärtige Struktur ihres finanziellen Vermögens weiterhin als hinreichend zur Realisierung der mit der Vermögensakkumulation verbundenen Ziele ansehen werden. Veränderungen in der Vermögensstruktur können schließlich durch Veränderungen der Motivstruktur hervorgerufen werden, wenngleich die Vermutung besteht, daß diese nicht gravierend sein werden. Demgegenüber werden Anlageformen, die höhere Erträge abwerfen, künftig ihre Wirkung auf Vermögen bildende Haushalte nicht verfehlen.

---

17 Zu den motivationstheoretischen Ursprüngen des Akkumulationsprinzips vgl. *Fritz Voigt*, Der volkswirtschaftliche Sparprozeß, a.a.O., S. 200 ff. Zum Begriff des Akkumulationsmotivs vgl. *Hartmut Rudloff*, Vermögensbestand, Sparverhalten und Wirtschaftswachstum, a.a.O., S. 18.

18 Es ist vielmehr zu erwarten, daß diese Antriebe durch Vorschieben anderer, wie beispielsweise das Sicherheits- und das Konsummotiv verdeckt werden.

19 Vgl. *George Katona*, Das Verhalten der Verbraucher und Unternehmer, a.a.O., S. 126 ff.

2. Die Einwirkung der paramonetären Institutionen auf die Vermögensbildung der Haushalte

a) Die Beurteilung der Einwirkung auf den Vermögensbestand aus theoretischer Sicht

Die Untersuchung der Wirkung des Angebots nichtmonetärer indirekter Aktiva seitens der paramonetären Institutionen auf die Vermögensdispositionen der Wirtschaftssubjekte bildet in der Theorie der finanziellen Determinanten des Wachstumsprozesses von Gurley und Shaw einen Schwerpunkt. Auf die hier abgeleiteten Ergebnisse stützen sich einerseits die Folgerungen hinsichtlich der den Investitionsprozeß fördernden und beschleunigenden ökonomischen Aktivitäten der paramonetären Institutionen. Andererseits bilden sie eine Grundlage für die Beurteilung der Frage, ob durch die Tätigkeit der paramonetären Institutionen die Wirksamkeit der geldpolitischen Instrumente beeinträchtigt wird. Die Fragestellung von Gurley und Shaw berührt darüber hinaus Probleme der Zins- und Preisentwicklung, der Geldnachfrage sowie des Portefeuilleaufbaus der Wirtschaftssubjekte. An die Thesen von Gurley und Shaw schloß sich daher eine lebhafte Diskussion an.

aa) Die strukturelle Veränderung des Vermögensbestandes seitens der Haushalte infolge des Angebots nichtmonetärer indirekter finanzieller Aktiva

Die Kritik Gurleys und Shaws richtet sich zunächst gegen die Liquiditätspräferenztheorie von Keynes als Erklärung für die Vermögensakkumulation der Wirtschaftssubjekte sowie für die Höhe des Zinses[20]. Sie betonen, daß es angesichts der Vielfalt der von finanziellen Intermediären angebotenen finanziellen Aktiva — im Gegensatz zu Geld und Bonds im Keynesschen Modell — notwendig sei, die Liquidität als primäres Kriterium der Zinstheorie einerseits sowie der Entscheidungen der Wirtschaftssubjekte zur Vermögensakkumulation andererseits aufzugeben.

Die Emissionen der paramonetären Institutionen stehen bezüglich der Nachfrage der Wirtschaftssubjekte in Konkurrenz mit den Bonds sowie mit Geld. Sie können unter Umständen einen geringeren Liquiditätsgrad als diese haben, dafür aber eine mindestens ebenso hohe Verzinsung und ein geringeres Risiko als Bonds. Ferner bieten sie zusätzlich spezielle Dienstleistungen. So bietet ein Versicherungsvertrag

---

[20] Vgl. *John G. Gurley, Edward S. Shaw*, Financial Aspects of Economic Development, a.a.O., S. 527 ff. *Dieselben*: Financial Intermediaries and the Saving Investment Process, a.a.O., S. 263 ff.

sowohl die Vermögensakkumulation als auch eine Versicherungsleistung. Mit dem Abschluß eines Bausparvertrages ist die Bereitstellung von Hypotheken als zusätzliche Leistung durch die Bausparkasse verbunden. Ihre Ausgestaltung deckt sich daher mit den aus langfristigen Motiven der Vermögensakkumulation resultierenden Anforderungen der Wirtschaftssubjekte an Vermögenswerte. Der Preis für Bonds ist daher abhängig von der Vielfalt anderer Aktiva und deren Ausstattung sowie von den Präferenzen der Wirtschaftssubjekte. Die Analyse der Entscheidungen der Wirtschaftssubjekte im Hinblick auf dieses breite Angebot finanzieller Aktiva, insbesondere durch paramonetäre Institutionen, die Reaktion auf Zinsveränderungen sowie die Konsequenzen für die Finanzierung des Wachstums schließt sich im Rahmen einer statischen Betrachtung an[21].

Die Geldmenge, das Einkommen, die Güterpreise wie auch die Zinssätze der verschiedenen finanziellen Aktiva werden als gegeben angenommen. Ferner wird unterstellt, daß die Konsumausgaben der Wirtschaftssubjekte durch ihre finanziellen Transaktionen nicht beeinflußt werden[22]. Wird ferner angenommen, daß zunächst nur Geld und direkte Wertpapiere zirkulieren, die von den Wirtschaftssubjekten gehalten werden, so vermindert sich die Nachfrage nach Geld, wenn nichtmonetäre indirekte finanzielle Aktiva von paramonetären Institutionen angeboten werden und die Wirtschaftssubjekte sie als Substitute für Geld ansehen. Gurley und Shaw gehen von der Annahme aus, daß die Forderungen finanzieller Intermediäre als Substitute für Geld angesehen werden können. Die Wirtschaftssubjekte werden ihre Nachfrage — gemeint ist die Eigen- und die Neunachfrage[23] — nach Geld, nicht jedoch nach direkten Wertpapieren, reduzieren und Nachfrage nach indirekten Wertpapieren entfalten. Es kommt also sowohl zu einer strukturellen Änderung des vorhandenen finanziellen Vermögens-

---

[21] Der Begriff Wirtschaftssubjekte wird von Gurley und Shaw nicht eindeutig ausschließlich zur Kennzeichnung der Haushalte verwendet. Da die Problematik jedoch im Zusammenhang des Ausgleichs zwischen Überschuß- und Defiziteinheiten gesehen wird, die Haushalte aber die typischen Überschußeinheiten sind, wird der Begriff Haushalte synonym dem der Wirtschaftssubjekte gebraucht.

[22] Vgl. im folgenden die im einzelnen differierenden, in der globalen Fragestellung jedoch identischen Ansätze von *John G. Gurley, Edward S. Shaw*, Financial Aspects of Economic Development, a.a.O., S. 527 ff. *Dieselben:* Financial Intermediaries and the Saving Investment Process, a.a.O., S. 257—276. *Dieselben:* The Growth of Debt and Money in the United States 1800—1950: A Suggested Interpretation, in: The Review of Economics and Statistics, Vol. 39 (1957), S. 250—262. *Dieselben:* Money in a Theory of Finance, a.a.O., S. 212 ff.

[23] Zu den Begriffen von Eigen- und Neunachfrage vgl. *Erich Schneider,* Einführung in die Wirtschaftstheorie, II. Teil, Wirtschaftspläne und Wirtschaftliches Gleichgewicht in der Verkehrswirtschaft, 10. Aufl., Tübigen 1965, S. 322 ff.

bestandes (portfolioshift) als auch der Struktur der Vermögensbildung aus laufendem Einkommen. Die paramonetären Institutionen werden mit den durch den Verkauf ihrer indirekten Titel an Haushalte erworbenen Geldmitteln ihrerseits direkte Wertpapiere kaufen, so daß deren Kurs steigt, bzw. deren Zins sinkt. Es wird zu erwarten sein, daß der Zins sich auf einem niedrigeren Niveau einstellt, da nunmehr monetäre Intermediäre, Haushalte und paramonetäre Institutionen Nachfrage nach direkten Forderungen entfalten. Allgemein wird die Höhe des Zinses für direkte Wertpapiere davon abhängen, in welchem Grad die indirekten Forderungen Substitute für Geld und direkte Forderungen sind. Die Wirkung auf die Geldnachfrage wie auf den Zins für direkte Wertpapiere läßt sich an Hand einer graphischen Darstellung erläutern (Siehe Abbildung 7).

Abbildung 7

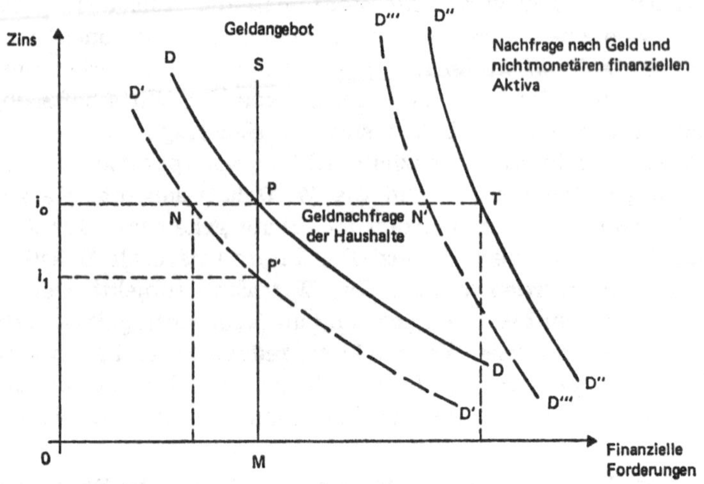

Es lassen sich drei grundsätzliche, realistische Fälle unterscheiden:

(1) Die neu zu dem Angebot finanzieller Forderungen hinzugetretenen Wertpapiere sind Substitute für Geld.

(2) Sie sind Substitute für direkte Wertpapiere.

(3) Sie sind in geringem Umfang Substitute für Geld und direkte Forderungen[24].

---

[24] Die Situation, daß (1) indirekte Wertpapiere Substitute für Geld, aber Komplemente für direkte Wertpapiere sind, und (2) daß indirekte Wertpapiere Komplemente für Geld, aber Substitute für direkte Wertpapiere sind, kann theoretisch zugelassen werden, ist aber unrealistisch.

Gilt Fall (1), so vermindert sich die Geldnachfrage der Haushalte. Die Geldnachfragekurve verschiebt sich nach links von *DD* nach *D'D'*. Die Strecke *NP* gibt das Geldangebot der Haushalte an sowie die zusätzliche Nachfrage der paramonetären Institutionen nach direkten Wertpapieren. Der Zins sinkt von i_0 auf i_1, da die Haushalte primäre Wertpapiere nur zu einem höheren Kurs abzugeben bereit sein werden.

Im Fall (2) bleibt die Geldnachfrage der Haushalte unverändert. Demgegenüber vermindert sich ihre Nachfrage nach direkten Wertpapieren. Die zusammengefaßte Nachfragekurve der Haushalte in bezug auf Geld und nichtmonetäre finanzielle Forderungen verschiebt sich nach links. Dem theoretischen Konzept des Finanzierungsablaufs von Gurley und Shaw folgend, werden die paramonetären Institutionen die ausgefallene Nachfrage der Haushalte ersetzen. Der Zins für direkte Wertpapiere wird somit unverändert bleiben.

Gegenüber Fall (1) wird sich im Fall (3) die Geldnachfragekurve weniger stark nach links verschieben. Ebenso wird sich der Zins, entsprechend dem Grad in dem direkte Wertpapiere als Substitute für Geld und direkte Wertpapiere angesehen werden, zwischen i_0 und i_1 entsprechen. Als Folgen der Bedingungen der Fälle (1) und (3) werden Güterpreise, Löhne und Zins kurzfristig steigen. Ebenso geht nach Ansicht von Gurley und Shaw[25] auf kurze Sicht durch diesen Prozeß der Umstrukturierung der Vermögensportefeuilles seitens der Haushalte von den paramonetären Institutionen ein Überschußangebot an Geld aus. Es führt zu einem Überschuß der ex ante Investitionen über das ex ante Sparen. Die Investitionstätigkeit wird dadurch angeregt, das Wachstum beschleunigt. Auf lange Sicht führt dieser durch das Angebot eigener Emissionen in Gang gesetzte Umstrukturierungsprozeß zu einer Senkung des Zinses.

Werden diese modelltheoretischen Gedankengänge auf die Verhältnisse in der BRD übertragen, so bedeutet dies, daß infolge von Zinsänderung generell (Sinken der Verzinsung primärer Wertpapiere, wie Aktien, Industrieobligationen und/oder Erhöhen der Verzinsung für indirekte Wertpapiere, wie Spareinlagen, Investmentzertifikate, Bauspareinlagen, Versicherungspolicen, Hypothekenpfandbriefe) und/oder durch die Emission neuer indirekter Titel, mit einer gegenüber den bereits auf dem Markt vorhandenen Forderungen attraktiveren Verzinsung, die Haushalte bereit sind, von einer Anlageform in eine ertragreichere zu wechseln. Dabei wird unterstellt, daß sich dieser Umstrukturierungsprozeß in ständiger Reaktion auf Zinsbewegungen in zwei Formen vollzieht. Einmal durch Umstrukturierung des bereits vor-

---

[25] Vgl. *John G. Gurley, Edward S. Shaw,* Money in a Theory of Finance, a.a.O., S. 215 ff.

handenen finanziellen Vermögensbestandes, durch Verkauf der nunmehr weniger verzinslichen Papiere und Ankauf der ertragreicheren. Zum anderen in der Weise, daß mit der Zinsänderung die Wirtschaftssubjekte die laufenden Ersparnisse vornehmlich in den nunmehr ertragreicheren Titeln anlegen. Es wird allerdings nicht zu einer totalen Umstrukturierung kommen, sondern allenfalls zu einer partiellen, da Liquidität und Zinsertrag keine vollkommenen Substitute in der Präferenzordnung der Wirtschaftssubjekte darstellen. Der Grad, in dem finanzielle Aktiva als Substitute für Geld angesehen werden, und die Höhe des Ertrages eines solchen Papiers bestimmen daher den Umfang dieser Umstrukturierung[26].

Die Befürworter dieser Theorie der Vermögensumstrukturierung haben die Aussagen Gurleys und Shaws verfeinert durch eine Erweiterung des Katalogs der Voraussetzungen und Determinanten der Vermögensumschichtungen. Sie sehen als auslösenden Faktor die auf Geldmengenänderungen beruhenden Zins- und Preisänderungen an. Die Transformation von Geldbeständen in nichtmonetäre finanzielle Forderungen seitens der Wirtschaftssubjekte wird demnach um so größer sein, je höher sich die Substitutionselastizität in bezug auf Geld $\left(\frac{d\,Wnmf}{Wnmf} : \frac{d\,M}{M}\right)$ sowie die Angebotselastizität nichtmonetärer finanzieller Aktiva in bezug auf Geld $\left(\frac{d\,S\,Wnmf}{S\,Wnmf} : \frac{d\,M}{M}\right)$ einstellt[27]. Die Höhe der Substitutions- bzw. Angebotselastizität wird ihrerseits als positiv korreliert mit der Vielzahl der Arten nichtmonetärer finanzieller Forderungen sowie deren jeweils im Umlauf befindlichen Mengen angesehen[28]. Im Rahmen ihrer Theorie der Vermögensanpassungsprozesse seitens der Wirtschaftssubjekte führen Brunner und Meltzer[29]

---

26 Die Theorie Gurleys und Shaws wird unterstützt, jedoch mit dem Hinweis, daß der Umfang dieser Vermögensumschichtungen vom Substitutionsgrad zwischen Geld und den angebotenen indirekten finanziellen Aktiva abhängt, von: *Warren L. Smith,* Financial Intermediaries and Monetary Controls, in: The Quarterly Journal of Economics, Vol. 73 (1959), S. 533—53, wenngleich Smith das Schwergewicht seiner Untersuchung auf die mit den Vermögensumschichtungen verbundenen Wirkungen für die Geldpolitik legt. Ferner: *Alvin L. Marty,* Gurley and Shaw on Money in a Theory of Finance, in: The Journal of Political Economy, Vol. 69 (1961), S. 60. Ferner: *Don Patinkin,* Financial Intermediaries and the logical Structure of Monetary Theory, in: The American Economic Review, Vol. 51 (1961), S. 95—116. Ferner: *F. Clayton,* British Financial Intermediaries in Theory and Practice, in: The Economic Journal, Vol. 27 (1962), S. 867—86. Ferner: *James Tobin, William C. Brainard,* Financial Intermediaries and the Effectiveness of Monetary Controls, in: The American Economic Review, Vol. 53 (1963), Papers and Proceedings, S. 383—400, insbes. S. 386.

27 Die Ausdrücke bezeichnen: Wnmf = nichtmonetäres finanzielles Vermögen S Wnmf = Angebot an nichtmonetärem Vermögen, M = Geldmenge.

28 Vgl. *Abba P. Lerner,* Financial Institutions and Monetary Policy: A Re-examination of their Interrelationship, Discussion, in: The American Economic Review, Vol. 53 (1963), Papers and Proceedings, S. 401.

weitere Determinanten der Vermögensumstrukturierung ein. Wie Lerner sehen sie den Anstoß zu Vermögensumstrukturierungen in geldpolitischen Maßnahmen. Eine Erhöhung der Zentralbankgeldmenge bedeutet eine Erhöhung des Vermögens der finanziellen Intermediäre sowie des Publikums. Dadurch ändert sich die Struktur des Vermögensaufbaus bei diesen Gruppen. Sie werden versuchen, durch einen Anpassungsprozeß die tatsächliche Vermögensstruktur an die gewünschte anzugleichen. Hierbei treten die Haushalte in den Mittelpunkt der Betrachtung. Eine Erhöhung der Zentralbankgeldmenge löst bei ihnen eine Umwandlung von Geld vornehmlich in finanzielle Forderungen gegen paramonetäre Institutionen aus. Die Stärke der Umstrukturierungen wird als abhängig angesehen (1) vom Verhältnis der finanziellen zu den gesamten Aktiva im Wirtschaftskreislauf sowie (2) vom Verhältnis der von paramonetären Institutionen emittierten zu den von monetären Intermediären emittierten Aktiva. Ferner werden (3) die Zinselastizität der im Besitz der Wirtschaftssubjekte befindlichen finanziellen Aktiva, (4) die Vermögenselastizität der Nachfrage nach Sichteinlagen sowie (5) die Vermögenselastizität der Nachfrage nach nichtmonetären finanziellen Aktiva als Determinanten des Ausmaßes der Vermögensumstrukturierungen bezeichnet. Damit ist eine weitere Erklärung des Phänomens der so häufig vermuteten Vermögensumschichtungen gegeben. Sie allein reicht jedoch nicht aus. Werden diese Umschichtungen als bedeutungsvoll für die Entwicklung des Verhältnisses zwischen monetären Intermediären und paramonetären Institutionen angesehen, so werden empirische Untersuchungen notwendig sein, um deren quantitativen Umfang zu ermitteln[30].

Da von den Vermögensumstrukturierungen durch Wirtschaftssubjekte vermutet wird, daß sie Rückwirkungen auf die Effektivität der sie auslösenden geldpolitischen Maßnahmen haben, wird der Versuch unternommen, zumindest logisch eine explizite Unterscheidung nach den Ursachen der die Umstrukturierung auslösenden Faktoren vorzunehmen. So wird nach geldpolitischen Maßnahmen einerseits und andererseits Veränderungen der Daten auf dem Sektor des Finanzierungswesens unabhängig von geldpolitischen Maßnahmen als Ursache für Veränderungen der Vermögensstruktur unterschieden. Dabei wird davon ausgegangen, daß letztere keine Rückwirkungen auf die Effektivität der Geldpolitik haben[31]. Diese Vermutung trägt jedoch wenig zur

---

29 Vgl. *Karl Brunner, Alan H. Meltzer,* The Place of Financial Intermediaries in the Transmission of Monetary Policy, a.a.O., S. 372—82.

30 Vgl. auch *Arthur Benavie,* Financial Institutions and Monetary Policy: A Re-examination of their Interrelationship, Discussion, in: The American Economic Review, Vol. 53 (1963), Papers and Proceedings, S. 407 ff.

31 Vgl. auch *Arthur Benavie,* Financial Institutions and Monetary Policy: A Re-examination of their Interrelationship, Discussion, a.a.O., S. 409.

Erklärung der tatsächlichen Verhältnisse bei, da in der Realität die geldpolitischen bzw. entwicklungsbedingten Wirkungen gleichzeitig auftreten können. Einer Trennung und Quantifizierung werden beide Effekte jedoch kaum zugänglich sein. Es ist weniger der Zweifel an der Existenz der oben dargestellten Vermögensumstrukturierungen, als vielmehr der Zweifel an der Bedeutung, der von den Gegnern Gurleys und Shaws geäußert wird. Eine umfangreiche Umschichtung des finanziellen Vermögens von Geld in finanzielle Aktiva des nichtmonetären Typs ist — wie auch die Befürworter der Vermögensumschichtungen betonen — primär abhängig von dem Substitutionsgrad gegenüber Geld. Der aber wird von deren Gegnern als nicht hoch genug angesehen, um nennenswerte, das Geschäftsvolumen der paramonetären Institutionen erweiternde Wirkungen auszulösen[32]. Ein anderes Argument geht dahin, daß neben den finanziellen Intermediären auch jeder Anbieter von Gütern die Wirtschaftssubjekte veranlassen könne, Geldbestände aufzulösen[33]. Dieses Argument paßt jedoch nicht in den Rahmen der von Gurley und Shaw aufgezeigten Problematik. Die Entscheidungen der Wirtschaftssubjekte, die Struktur ihrer Vermögensbestände sowie die Anlageform ihrer laufenden Ersparnisse zu ändern, liegt grundsätzlich auf einer anderen Ebene, als die Vermögensbestände aufzulösen und dem Konsum zuzuführen. Haben die Wirtschaftssubjekte konkrete Vorstellungen über die Höhe des von ihnen gewünschten Vermögensbestandes, so werden Anbieter von Gütern sie schwerlich am Aufbau ihres Vermögens hindern oder zum Abbau des vorhandenen Bestandes bewegen können.

Nur wenige Kritiker lassen sich nicht durch die mit den Vermögensumschichtungen verbundenen Probleme der Beeinträchtigung des Wirkungsgrades der Geldpolitik oder der Veränderung der Umlaufsgeschwindigkeit von den elementaren Fragen, die mit der Umschichtung der Vermögensbestände verbunden sind, ablenken. Jede Änderung der Anlageform von Vermögensbeständen ist in der Realität mit Kosten für das die Änderung vornehmende Wirtschaftssubjekt verbunden[34]. Die Frage, ob ein Wirtschaftssubjekt auf Zinserhöhungen

---

[32] Vgl. auch *J. M. Culbertson*, Intermediaries and Monetary Theory: A Criticism to the Gurley-Shaw Theory, in: The American Economic Review, Vol. 48 (1958), S. 125 f.

[33] Vgl. *Ezra Solomon*, The Issue of Financial Intermediaries, in: Money and Economic Activity. Readings in Money and Banking, Hrsg. Lawrence S. Ritter, 2. Aufl., Boston 1961, S. 331 f. Solomon stützt seine Aussagen auf die wirtschaftliche Entwicklung in den Jahren 1953—54 in den USA. Von dieser, so behauptet er, leiten Gurley und Shaw ihre Thesen ab. Es habe sich jedoch kein shift von Sichteinlagen in nichtmonetäre finanzielle Aktiva feststellen lassen, lediglich ein Versuch der Wirtschaftssubjekte, in verstärktem Umfang in den Besitz von Gütern und Dienstleistungen zu gelangen.

[34] Die geringfügigsten Kosten werden durch eine Umwandlung von Zentralbankgeld in Sicht- und Spareinlagen und von Sicht- in Spareinlagen

bestimmter finanzieller Aktiva mit einer Umwandlung der Anlageform seines Vermögens reagiert, wird somit immer von der Höhe der Kosten abhängen, die eine Umwandlung verursacht. Wird den Wirtschaftssubjekten rationales Handeln unterstellt, wird nur dann mit einer Umstrukturierung zu rechnen sein, wenn die zu erwartenden Erträge höher sind als die mit der Umwandlung verbundenen Kosten[35].

Zusammenfassend läßt sich feststellen, daß in einem Teil der amerikanischen Untersuchungen zu den Problemen der paramonetären Institutionen der Gedanke vertreten wird, daß durch das Vorhandensein bzw. das Wachstum paramonetärer Institutionen einerseits sowie durch infolge von geldpolitischen Maßnahmen ausgelösten Zins- und Preisänderungen andererseits die Wirtschaftssubjekte, insbesondere die Haushalte, zu Umstrukturierungen ihres Vermögensbestandes sowie zur Wahl anderer Anlageformen für ihre laufenden Ersparnisse angeregt werden. Der Umfang der Vermögensumstrukturierungen wird als abhängig angesehen von dem Grad, in dem nichtmonetäre indirekte finanzielle Aktiva Substitute für Geld (Zentralbankgeld und Sichteinlagen) darstellen sowie von den Kosten der Änderung der Anlageform. Die in einigen dieser Ansätze betonte quantitative Bedeutung dieser Portefeuilleumschichtungen ergibt sich aus den institutionellen Verhältnissen im amerikanischen Kreditwesen. Die Wirtschaftssubjekte stehen vor der Wahl, ihre Einlagen, insbesondere Spareinlagen, zu vom Federal Reserve System festgelegten, allgemein niedrigen Zinssätzen bei Banken anzulegen oder bei weniger bekannten paramonetären Institutionen zu höherem Zins. Diese Spareinlagen gelten in der Terminologie Gurleys und Shaws als nichtmonetäre indirekte finanzielle Aktiva im Besitz der Haushalte. Eine Umwandlung wird daher insbesondere von Spareinlagen bei Banken zu Spareinlagen bei Sparbanken (Saving and Loan Associations) vermutet[36]. Letztere sind im Gegensatz

---

entstehen. Die Umwandlung dieser Anlageformen in Wertpapiere — gleichgültig ob direkte oder indirekte — bedingt höhere Kosten (Provision, Maklergebühr, Börsenumsatzsteuer). Ebenso eine Umwandlung von direkten in indirekte Wertpapiere, bzw. von direkten und indirekten Wertpapieren untereinander. Bei Umwandlung von Vermögensbeständen in Bauspar- bzw. Versicherungsverträge werden die Kosten entweder offen ausgewiesen oder in den Prämien verrechnet.

[35] Vgl. hierzu auch *David A. Alhadeff*, Credit Controls and Financial Intermediaries, in: The American Economic Review, Vol. 50 (1960), S. 664 ff. *Derselbe:* Credit Controls and Financial Intermediaries: Reply, in: The American Economic Review, Vol. 52 (1962), S. 199 f. Ferner: *A. B. Cramp*, Financial Intermediaries and Monetary Policy, in: Economica, Vol. 29 (1962), S. 144.

[36] Vgl. auch *Marvin E. Rozen*, Credit Controls and Financial Intermediaries: Comment, in: The American Economic Review, Vol. 50 (1960), S. 190 f. Ferner im Hinblick auf die britischen Verhältnisse: *G. Clayton*, British Financial Intermediaries in Theory and Practice, a.a.O., S. 875 ff.

zu den Verhältnissen im deutschen Kreditwesen den paramonetären Institutionen zuzurechnen. Über das Volumen tatsächlich vorgenommener Umschichtungen finden sich in diesen Ansätzen nur wenige Angaben. Die Umwandlung direkter Wertpapiere in indirekte, bzw. die Umwandlung indirekter Wertpapiere untereinander, wird als geringfügig angesehen. Empirische Untersuchungen in Form der Regressionsanalyse wurden zur Klärung der Frage vorgenommen, in welchem Umfang Geld (Zentralbankgeld und Sichteinlagen) und Spareinlagen — entsprechend den Annahmen Gurleys und Shaws sind sie nahezu vollkommene Substitute — überhaupt substituierbar sind[37]. Läßt sich feststellen, daß sich die Haushalte mit ihren Beständen an Geld und Spareinlagen gegenüber Änderungen in den Erträgen anderer finanzieller Aktiva in gleicher Weise verhalten, könnte darin eine Bestätigung der These gesehen werden, daß sie enge Substitute sind. In diesem Falle könnte weiter angenommen werden, daß sie es auch gegenüber anderen, insbesondere finanziellen, Aktiva sind. Die Untersuchungen zu dieser Frage ergaben, daß wenig dafür spricht, daß Spareinlagen engere Substitute gegenüber Geld sind als andere finanzielle Aktiva. Geld und Spareinlagen stehen in äquivalentem Substitutionsverhältnis zu Bonds. Spareinlagen und Aktiva stehen in schlechterem Substitutionsverhältnis zueinander als Geld und Aktien. Ferner ergaben sich starke Anzeichen dafür, daß der Zins die entscheidende Determinante kurzfristiger Bewegungen der Geldbestände der Haushalte ist[38]. Daraus läßt sich entnehmen, daß die Haushalte vornehmlich Geldbestände in indirekte finanzielle Aktiva — die nicht notwendig Spareinlagen sind — umwandeln. Die Annahme, daß infolge von Zinsveränderungen Umstrukturierungen der Vermögensbestände der Haushalte ausgelöst werden, wird allerdings durch diese empirischen Ergebnisse nicht widerlegt.

---

[37] Vgl. hierzu *Edgar L. Feige*, The Demand for Liquid Assets: A Temporal Cross-Section Analysis, Englewood Cliffs, 1964, S. 43 f. Feige kommt zu dem Ergebnis, daß Sichteinlagen keine engen Substitute für Geld darstellen. An Hand des von ihm verwendeten Materials kann jedoch nicht ausgeschlossen werden, daß die von finanziellen Intermediären emittierten Aktiva Substitute für Zentralbankgeld im Besitz von Haushalten darstellen. Demgegenüber kommt Lee aufgrund seiner Untersuchungen zu der Überzeugung, daß Titel nicht nur der finanziellen Intermediäre allgemein, sondern insbesondere der paramonetären Institutionen enge Substitute für Geld sind. Vgl. *Tong Hon Lee*, Substitutability of Non-Bank Intermediary Liabilities for Money: The Empirical Evidence, in: The Journal of Finance, Vol. 21 (1966), S. 441 bis 457.

[38] Vgl. *Michael J. Hamburger*, The Demand for Money by Households, Money, Substituts and Monetary Policy, in: The Journal of Political Economy, Vol. 74 (1966), S. 600—623.

bb) Die Konsequenzen hinsichtlich der Geldnachfrage der Haushalte

Folgt man der Theorie Gurleys und Shaws, so hat die an den Erträgen der von den paramonetären Institutionen emittierten Titel orientierte Umschichtung der Vermögensbestände der Haushalte Konsequenzen im Hinblick auf deren Geldnachfrage. Sie wird sich bei entsprechender Substituierbarkeit zwischen Geld und nichtmonetären finanziellen Aktiva vermindern[39]. Das kommt in einer Verschiebung der Geldnachfragekurve nach links zum Ausdruck (von *DD* nach *D'D'* in Abb. 8). Es wird nun von Patinkin weiter unterstellt, daß die Geld-

Abbildung 8

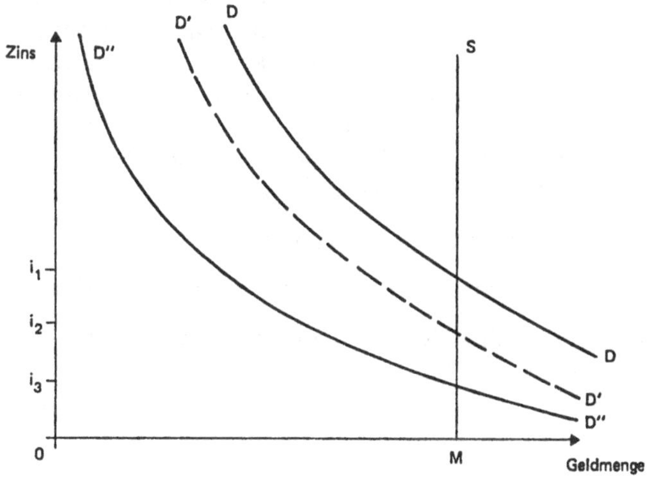

nachfragekurve der Haushalte, infolge des Angebots der engen Substitute zum Geld in Form von Forderungen gegen finanzielle Intermediäre, insbesondere aber paramonetäre Institutionen, flacher, d. h. elastischer verläuft, wie das durch die Kurve *D'D'* angedeutet wird[40].

[39] Mit steigendem Einkommen und steigender Produktion wird allerdings unabhängig von der durch das Angebot von Titeln paramonetärer Institutionen sich vermindernden Geldnachfrage der Haushalte, eine Steigerung der Nachfrage nach Transaktionskasse verbunden sein. Die aus dem wachsenden Angebot liquider Aktiva und aus Einkommenssteigerungen resultierenden Wirkungen kompensieren sich somit in gewisser Weise. Ob die Kompensation ganz oder nur teilweise erfolgt, ist vom Umfang der Einkommenssteigerung sowie dem Liquiditätsgrad der angebotenen finanziellen Aktiva abhängig.

[40] Vgl. *Don Patinkin,* Financial Intermediaries and the logical Structure of Monetary Theory, a.a.O., S. 109 f.

Gurley und Shaw haben dagegen diesen elastischen Verlauf dem Fall vorbehalten, in dem Haushalte extrem kurzfristige Staatsschulden als Substitute für Geld halten[41]. Diese lassen sich ohne hohes Disagio jederzeit in Geld umwandeln. Derartige strenge Voraussetzungen rechtfertigen die Annahme einer Zunahme der Elastizität der Geldnachfragekurve. Die von den finanziellen Intermediären, insbesondere von paramonetären Institutionen, angebotenen Aktiva werden offensichtlich von Gurley und Shaw nicht als so enge Substitute für Geld angesehen[42]. Wie dieses Problem im einzelnen auch gelöst werden mag, die entscheidende Frage, die sich angesichts dieser Aussagen Gurleys und Shaws stellt, ist, ob sich für die Erklärung der Geldnachfrage die Einführung der von den paramonetären Institutionen emittierten finanziellen Titel bzw. deren Erträge als notwendig erweist[43]. Es erscheint geradezu evident, daß der Vermögensbestand, vornehmlich aber der ständig wachsende Anteil finanzieller Aktiva, einen Einfluß auf die Geldnachfrage der Haushalte haben muß. Dieser Gedanke hat auf breiter Basis in die empirischen Untersuchungen auf dem Gebiet der Geldnachfragetheorie Eingang gefunden. Sowohl die neoklassische wie auch die post-keynesianische Theorie sieht das Vermögen als eine wesentliche Determinante der Geldnachfragefunktion an[44]. Diese kann allgemein in folgender Form dargestellt werden:

$$M = f(Y, W, p^*)$$

wobei W das Vermögen und p^* einen Vektor von Zinssätzen darstellt.

Es ist schwer zu beurteilen, ob die empirischen Untersuchungen, die die Thesen Gurleys und Shaws stützen, hinreichende Beweise für die Richtigkeit dieser Theorie darstellen. Immerhin gibt es andere Untersuchungsergebnisse, die diese Thesen in Zweifel ziehen. Die Annahme, daß durch das Angebot liquider nichtmonetärer finanzieller Titel durch paramonetäre Institutionen sowie deren Übernahme in die Portefeuilles der Haushalte sich deren Geldnachfrage vermindert, erscheint jedoch plausibel.

---

41 Vgl. *John G. Gurley, Edward S. Shaw*, Money in a Theory of Finance, a.a.O., S. 160 ff.

42 Vgl. *Dieselben*, a.a.O., S. 214 ff.

43 Vgl. auch *Harry G. Johnson*, Monetary Theory and Policy, a.a.O.,S. 352 ff.

44 Vgl. *Milton Friedman*, The Quantity Theory of Money — A Restatement, a.a.O., S. 3—21. Ferner: *H. A. Latané*, Cash Balances and the Interest Rate — A Pragmatic Approach, in: The Review of Economics and Statistics, Vol. 36 (1954), S. 456—60. Ferner: *H. F. Lydall*, Income, Assets and the Demand of Money, in: The Review of Economics and Statistics, Vol. 40 (1958), S. 1—14. Einen umfassenden Überblick über die neuere Entwicklung der Geldnachfragetheorie bringt *Artur Woll*, Die Theorie der Geldnachfrage: Analytische Ansätze und statistische Ergebnisse für die Bundesrepublik Deutschland, a.a.O., S. 56—81.

Schließlich ist noch ein methodisches Problem zu klären. Die Theorie der Geldnachfrage unterscheidet gewöhnlich nicht nach Sektoren. Sie sieht die Geldnachfrage vielmehr als Aggregat der Geldnachfrage aller Wirtschaftssubjekte. Das von Gurley und Shaw verwendete Konzept der direkten und indirekten Finanzierung verlangt jedoch nach einer getrennten Betrachtung der Geldnachfrage der Haushalte und der Unternehmen. Zwar trennen Gurley und Shaw um der Allgemeingültigkeit ihrer Aussagen willen in Wirtschaftssubjekte mit Budgetdefiziten und Budgetüberschüssen, doch beiden Gruppen können sowohl Haushalte als auch Unternehmen angehören. In der Realität werden aber die Haushalte in der Regel die Wirtschaftssubjekte mit Budgetüberschüssen und die Unternehmen die mit Budgetdefiziten sein. Entsprechend den oben vorgetragenen Gedanken vermindert sich die Nachfrage der Haushalte durch die kompensierende Aufnahme indirekter nichtmonetärer finanzieller Aktiva. In gleichem Maße vermehrt sich die Geldnachfrage der finanziellen Intermediäre, dann jedoch an Stelle jener die der Unternehmen. Der Einfluß der finanziellen Intermediäre, insbesondere der paramonetären Institutionen, auf die Geldnachfrage beider Sektoren und der Befriedigung derselben im Unternehmenssektor wird noch zu untersuchen sein.

b) Versuch einer Bemessung des Bedeutungsumfanges der Einwirkung paramonetärer Institutionen auf die Vermögensbildung der Haushalte in der Bundesrepublik

Es ergibt sich nunmehr die Frage, ob die finanziellen Intermediäre, insbesondere die paramonetären Institutionen, durch das Angebot ihrer finanziellen Titel die Haushalte in der BRD dazu bewegen können, Vermögensumstrukturierungen vorzunehmen. Dazu wird zunächst einmal zu klären sein, welche von finanziellen Intermediären emittierten Titel überhaupt von Haushalten erworben werden können und welche von diesen in ihren Begehrskreis fallen. Dazu möge die folgende Gegenüberstellung dienen.

I. Angebot finanzieller Aktiva durch monetäre Intermediäre
   1. Sichtguthaben
   2. Sparguthaben (darunter auch solche mit festgelegtem Kündigungstermin)
   3. Verbriefte Forderungen
      a) Aktien
         (1) Emissionen aktienrechtlich organisierter monetärer Intermediäre
         (2) Emissionen von Unternehmen des nichtfinanziellen Bereichs

b) Obligationen
(1) Emissionen aktienrechtlich organisierter monetärer Intermediäre
(2) Emissionen von Unternehmen des nichtfinanziellen Bereichs
c) Pfandbriefe (emittiert von Girozentralen)
d) Kommunalobligationen (Girozentralen, DGZ-DKB, DGK)
e) Sparkassenbriefe
f) Kassenobligationen (Banken, Girozentralen, DGZ-DKB, DGK)
g) Staatsschuldtitel

II. Angebot finanzieller Aktiva durch paramonetäre Institutionen

1. Investmentzertifikate
2. Pfandbriefe (u. a. Namenspfandbriefe mit Laufzeiten unter 4 Jahren)
3. Kassenobligationen[45] (Emissionen der Kreditinstitute mit Sonderaufgaben)
4. Kommunalobligationen
5. Bauspareinlagen
6. Forderungen aus Lebensversicherungsverträgen
7. Pensionsrechte
8. Aktien (Emissionen aktienrechtlich organisierter paramonetärer Institutionen)

Auf den ersten Blick zeigt sich eine erhebliche Ähnlichkeit des Angebots finanzieller Forderungen beider Intermediärgruppen. Zu den Ausnahmen gehören im Bereich des Angebots monetärer Intermediäre die Sicht- und Sparguthaben sowie die Staatspapiere, seitens der paramonetären Institutionen die Forderungen aus Lebensversicherungs- und Pensionsverträgen. Bei allen anderen vergleichbaren angebotenen finanziellen Titeln werden die Konditionen in der Regel nur geringfügig differieren. Diese Differenzen herauszufinden und die den persönlichen Präferenzen entsprechenden Anlageformen zu finden, verlangt jedoch von dem einzelnen Haushalt mehr als nur eine oberflächliche Beschäftigung mit finanziellen Anlagemöglichkeiten. Es kann somit schon mit ziemlicher Sicherheit abgeleitet werden, daß Vermögensumstrukturierungen, insbesondere Veränderungen im gegebenen Bestand, seitens der Haushalte von monetären Intermediären zu paramonetären Institutionen sich nicht vollziehen werden, wenn es sich um finanzielle Aktiva

[45] Kassenobligationen werden in so großen Stückelungen gehandelt, daß sie dem Haushalt im üblichen Wortsinn nicht zugänglich sind. Sie können jedoch, abgesehen von den Banken als generellen Erwerbern, von Unternehmen, Stiftungen und Kirchen erworben werden.

handelt, die von beiden Intermediärsgruppen in ähnlicher oder gar gleicher Ausgestaltung angeboten werden. Zu diesen Forderungen gehören die Pfandbriefe, Kommunalobligationen sowie Kassenobligationen. Für eine Umschichtung des vorhandenen Vermögensbestandes sowie eine Umlenkung der laufenden Ersparnisse von Forderungen bei monetären Intermediären in Forderungen bei paramonetären Institutionen bieten sich daher nur folgende Kombinationen an:

1. Sichtguthaben bzw. Sparguthaben in Investmentzertifikate
2. Sichtguthaben bzw. Sparguthaben in Bauspareinlagen
3. Sichtguthaben bzw. Sparguthaben in Lebensversicherungsverträge
4. Sichtguthaben bzw. Sparguthaben in Pensionsverträge
5. Verbriefte Forderungen in Investmentzertifikate
6. Verbriefte Forderungen in Bauspareinlagen
7. Verbriefte Forderungen in Lebensversicherungsverträge
8. Verbriefte Forderungen in Pensionsverträge

Der Mangel an Zahlenmaterial macht es unmöglich, den quantitativen Umfang der hier aufgezeigten Umschichtungsmöglichkeiten anzugeben. Somit verbleibt allein die Möglichkeit abzuschätzen, welche der aufgezeigten Umschichtungskombinationen in der Realität von Bedeutung sein könnten. Wird rationales Verhalten unterstellt, so kann die Veranlassung für den Haushalt, seinen gegebenen Vermögensbestand in der oben angegebenen Weise umzustrukturieren, nur darin bestehen, höhere Erträge realisieren zu wollen. Das setzt jedoch Zinsreagibilität seitens der Haushalte voraus. Diese darf sich jedoch nicht nur auf die Anlageentscheidungen laufender Ersparnisse auswirken. Sie muß ebenso Impuls sein zu Umschichtungen des bereits vorhandenen Vermögensbestandes. Theoretische wie auch empirische Untersuchungen haben jedoch gezeigt, daß die Haushalte in ihrer Gesamtheit nicht generell als zinsreagibel bezeichnet werden können[46]. Die Zinsreagibilität wird in der Regel von der Höhe des Einkommens, des Vermögensbestandes der Gruppenzugehörigkeit, dem Bildungsstand sowie dem Alter abhängig sein. Haushalte mit kleinerem Einkommen tendieren dazu, keine Reaktionen auf Zinsveränderungen zu zeigen, weil ihnen sehr oft die Höhe des Zinses nicht bekannt ist.

---

[46] Vgl. hierzu *James S. Duesenberry*, Income, Saving and the Theory of Consumer Behavior, a.a.O., S. 67. Ferner: *Joan Robinson*, The Rate of Interest, in: Econometrica, Vol. 19 (1951), S. 92 ff. Ferner: *Fritz Huhle*, Sparwille und Sparfähigkeit als Komponenten der Spartätigkeit. Zur Entwicklung des privaten Kontensparens, in: Beiträge zur Theorie des Sparens und der wirtschaftlichen Entwicklung, Untersuchungen über das Spar-, Giro- und Kreditwesen, Hrsg. Fritz Voigt, Bd. 1, Berlin 1958, S. 97. Ferner: *George Katona*, Consumer Behavior and Monetary Policy, a.a.O., S. 121 ff. Ferner: *Günter Schmölders, G. Scherhorn, B. Schmidtchen*, Der Umgang mit Geld im Money, Wealth, and Economic Theory, a.a.O., S. 16 ff.

Durch die Feststellung mangelnder allgemeiner Zinsreagibilität seitens der Haushalte wird der Umfang potentieller Vermögensumstrukturierungen von Forderungen bei monetären Intermediären in solche bei paramonetären Institutionen weiter eingeengt. Von den oben angegebenen Umschichtungsmöglichkeiten erscheinen darüber hinaus lediglich die Kombinationen 1. bis 5. quantitativ als bedeutungsvoll. Bei rationalem Verhalten der zinsreagiblen Haushalte kann angenommen werden, daß der Vermögensbestand aus Gründen der Risikostreuung in finanziellen Titeln mit unterschiedlichem Risiko gehalten wird. Ferner kann ein geplanter Aufbau der Fristenstruktur des Vermögens unterstellt werden. Daraus ergibt sich, daß die Umschichtungsmöglichkeiten 5. bis 8. quantitativ von geringer Bedeutung sein werden.

Die Umschichtungsmöglichkeiten 1. bis 4. verlangen eine Aufgabe von Liquidität als Preis für höhere Erträge. Die Möglichkeit 5. beinhaltet potentiell beides, die Aufgabe oder den Gewinn von Liquidität. Mit der Umschichtung erhöht sich gleichzeitig das Risiko des Kursverlustes bzw. Vermögensverlustes. Insbesondere die gegenwärtigen Vorteile aus Lebensversicherungs- und Pensionsverträgen gegenüber allen anderen Vermögensanlageformen beruhen auf der ceteris-paribus-Klausel bezüglich der Anlagemöglichkeiten der Versicherungen sowie der steuerlichen Vergünstigungen. Ebenso erhöht sich das Risiko des Vermögensverlustes bei Umschichtungen in Investmentzertifikate. Darüber hinaus sind alle genannten Umschichtungen, wie auch die Umlenkung laufender Ersparnisse in Forderungen gegen paramonetäre Institutionen, mit Kosten verbunden. Die Zinsdifferenzen zwischen den von beiden Intermediärsgruppen angebotenen finanziellen Aktiva bzw. die Zinserwartungen der Haushalte im Hinblick auf die finanziellen Aktiva im Angebot paramonetärer Institutionen müssen schon beträchtlich sein, um Umstrukturierungen des finanziellen Vermögens auszulösen. Es lassen sich über deren Umfang nur Vermutungen anstellen. Die folgende Tabelle zeigt, welche Höhe Umlenkungen des Sparens in andere Anlageformen erreichen können, wenn unterstellt wird, daß alternative Prozentsätze der jährlichen Geldvermögensbildung (10 %, 20 %, 30 %, 40 %) von zinsreagiblen Haushalten gehalten werden und diese auf Zinsänderungen jeweils 10 % ihrer laufenden Ersparnisse in finanziellen Aktiva bei paramonetären Institutionen anlegen.

Noch schwieriger wird es sein, Rückschlüsse auf das quantitative Ausmaß von Umschichtungen des vorhandenen Vermögensbestandes zu ziehen. Einerseits fehlen Angaben über die Höhe des finanziellen Vermögens im Besitz der Haushalte. Andererseits besteht Ungewißheit über den Umfang, in dem die Haushalte bereit sein werden, ihren finanziellen Vermögensbestand umzuschichten.

Tabelle 19

Höhe der Umlenkung der laufenden Ersparnisse bei alternativen prozentualen Anteilen der zinsreagiblen Haushalte an der Geldvermögensbildung
(in Mrd. DM)

Anteil der Geldvermögensbildung im Besitz zinsreagibler Haushalte in v.H.	Anteil der infolge von Zinsänderungen umgelenkten Geldvermögensbildung	1965	1966	1967	1968
		Mrd. DM			
10	10 %	0,339	0,323	0,312	0,368
20	10 %	0,678	0,646	0,624	0,736
30	10 %	1,117	0,969	0,936	1,104
40	10 %	1,356	1,222	1,248	1,472

Wie schon an anderer Stelle festgestellt wurde, besteht in der Bundesrepublik die Tendenz bei den Haushalten, in zunehmendem Maße auf den Ertrag aus Geldvermögen zu achten. Sie wird insbesondere durch die Werbe- und Verkaufsmethoden ausländischer Investmentgesellschaften verstärkt. Anzeichen dafür lassen sich aus den laufenden Rechnungen der Deutschen Bundesbank zur Geldvermögensbildung der Haushalte entnehmen[47]. Dennoch läßt sich für die Bundesrepublik keine wirtschaftlich bedeutungsvolle kurzfristige Umschichtung von Vermögensbeständen von monetären Intermediären zu paramonetären Institutionen feststellen. Der Umlenkung von laufenden Sparströmen von Spareinlagen in Investmentzertifikate mag gegenwärtig und zukünftig mehr Bedeutung zukommen. Aber auch eine Umlenkung der laufenden Ersparnisse seitens der Haushalte in ertragreichere Anlageformen wird nur dann zu einem zusätzlichen Zustrom von Geldmitteln bei paramonetären Institutionen führen, wenn es diesen gelingt, höhere Erträge anzubieten als die monetären Intermediäre. Das erscheint jedoch angesichts der Entwicklung des Angebots finanzieller Vermögensformen an Haushalte durch monetäre Intermediäre zweifelhaft. Diese versuchen seit geraumer Zeit durch den Aufbau von attraktiven Sparprogrammen ihre Kunden mit Sparkonten bei der Institutsgruppe zu halten bzw. neue hinzuzuwerben[48]. Dieses Bemühen ist insbesondere dadurch verständlich, als die Spareinlagen die bisher billigste Refinanzierungsquelle für monetäre Intermediäre waren. Die

[47] Vgl. hierzu Tabelle 14 und 15.

[48] Vgl. hierzu auch *Reinhard Uhlmann*, Was Banken und Sparkassen zu leisten haben. Verwirrende Planfülle — mit und ohne Bonus, in: Der Volkswirt, 23. Jg., Nr. 27, 1969, S. 38—41.

Umstrukturierungen von Vermögensbeständen seitens der Haushalte werden sich daher vermutlich zukünftig innerhalb der Institutsgruppe vollziehen, bei der diese Vermögen bereits vorher angelegt worden sind. Für die Berechtigung von Vermutungen dahingehend, daß in der Bundesrepublik Vermögensumstrukturierungen sowie eine Umlenkung laufender Ersparnisse seitens der Haushalte von Forderungen gegenüber monetären Intermediären in Forderungen gegenüber paramonetären Institutionen in beachtenswertem Ausmaß vorgenommen werden, ergeben sich keine ausreichenden Anhaltspunkte. Vielmehr kann angenommen werden, daß es zu kurzfristigen Umschichtungen von Sicht- und Spareinlagen in verbriefte Forderungen im Bereich der monetären Intermediäre infolge konjunktureller Schwankungen kommt. Diese Umschichtungen sind jedoch hinsichtlich der hier behandelten Probleme ohne Bedeutung.

Der Gedanke der Umschichtung von Geldvermögensbeständen erscheint jedoch im Hinblick auf Großunternehmen in der BRD nicht als abwegig. Diese pflegen kurzfristig die Anlageformen ihres Geldvermögens zu wechseln, um Zinsgewinne zu realisieren. Allerdings lassen sich über den Umfang und die Richtung dieser Ströme keine genauen Angaben machen.

3. Die Wirkung eines wachsenden Vermögensbestandes auf die Konsum- bzw. Sparentscheidungen der Haushalte

Ein anhaltendes Wirtschaftswachstum führt zu einer permanenten Akkumulation finanziellen Vermögens, an der — zumindest in den Industriegesellschaften — eine ständig wachsende Zahl von Wirtschaftssubjekten beteiligt ist. Daraus ergibt sich die Frage nach den Wirkungen, die seitens dieses wachsenden Vermögensbestandes, vornehmlich des finanziellen Vermögens, auf die Konsum- bzw. Sparentscheidungen, insbesondere der Haushalte, ausgehen. Dabei geht es einerseits darum, eine Erklärung des Verhaltens der Wirtschaftssubjekte im Entscheidungsfeld zwischen gegenwärtiger und zukünftiger Befriedigung von Bedürfnissen unter einzelwirtschaftlichem Aspekt zu finden. Die Frage nach den Grenzen der Vermögensakkumulation sowie nach den Reaktionen der Wirtschaftssubjekte auf exogene Einwirkung auf ihren Vermögensbestand steht im Vordergrund der Betrachtung. Wie schon die Analyse der Motive der Vermögensakkumulation zeigte, haben die Entscheidungen der Wirtschaftssubjekte bezüglich der Aufteilung ihrer Einkommen in Konsum und Sparen, insbesondere infolge der Gruppenbestimmtheit menschlichen Handelns, in der Mehrzahl einen gleichsinnigen Verlauf. Es besteht somit die Vermutung, daß die Wahlakte der Konsumenten in bezug auf die Vermögensbildung für den Wirtschaftsablauf von nicht geringer Bedeutung sind. Folglich ergibt sich andererseits die Notwendigkeit, den Zusammenhang zwischen Konsum- und Sparentscheidungen in gesamtwirtschaftlicher Betrachtungsweise sowohl unter konjunkturellem als auch unter wachstumsorientiertem Aspekt zu analysieren. Eine so außerordentlich gedrängte Darstellung eines vielschichtigen Problems, wie der Konsum-Vermögensrelation, wie sie im folgenden unternommen wird, muß als problematisch erscheinen. Sie kann nur in Form einer Auswahl weniger Kernpunkte der vielfältigen Beiträge erfolgen und muß daher a priori unvollständig bleiben. Die Behandlung der Wachstumseffekte der Konsum-Vermögensrelation soll daher, um den Rahmen der Untersuchung nicht zu sprengen, unterlassen werden. Zur Klärung der behandelten Probleme wird die Untersuchung im folgenden in kurzfristiger sowie in langfristiger Betrachtung fortgeführt. Hierbei wird jeweils der Versuch unternommen, zwischen mikro- bzw. makroökonomischen Wirkungen zu trennen.

a) Die kurzfristigen Vermögenswirkungen

Tritt eine proportionale Änderung aller Preise ein, so bleibt das relative Preisgefüge unverändert. Allerdings ändert sich der Realwert der Kassenhaltung. Dadurch wird ein Vermögenseffekt in Form des „real-balance-effects" ausgelöst[49]. Bei der Preisänderung eines Gutes wird ein Substitutionseffekt ausgelöst sowie ein „real-balance-effect". Dieser kann in einen monetären und einen nicht-monetären, die Güterausstattung betreffenden Nettovermögenseffekt aufgeteilt werden.

Diese Theorie der kurzfristigen Vermögenswirkungen auf die Ausgabenentscheidungen der Wirtschaftssubjekte hat in der Theorie der Geldnachfrage Beachtung gefunden. Die Bedenken gegen diesen Ansatz bestehen jedoch darin, daß er allein auf Änderungen des Realwertes der Kassenhaltung abstellt und die anderen im Besitz der Wirtschaftssubjekte befindlichen finanziellen Aktiva sowie die Einkommenswirkungen unberücksichtigt läßt.

Ein weitergehender Ansatz führt zu einer analytischen Differenzierung des „real-balance-effects"[50]. Dieser wird aufgespalten in den bereits bekannten Nettovermögenseffekt, den Portefeuille-Effekt und den Cambridge-Effekt. Der Portefeuille-Effekt besteht darin, daß Änderungen des realen Kassenbestandes eines Wirtschaftssubjekts dessen

---

49 Vgl. im folgenden die Ausführungen von *Don Patinkin*, Money Interest and Prices. An Integration of Monetary and Value Theory, 2. Aufl., New York 1965, S. 17 ff.

50 Vgl. hierzu *Louis Zincone*, The Real-Balance Effect: Aspects and Evidence, in: The Journal of Finance, Vol. 23 (1968), S. 693 ff.

Ausgaben beeinflussen. Tatsächlich ist dieser Portefeuille-Effekt in dem von Patinkin formulierten „real-balance-effect" bereits enthalten. Es wird hier lediglich eine Unterscheidung getroffen zwischen der Nettovermögensänderung infolge einer Änderung der realen Kassenhaltung (Nettovermögenseffekt) und der darauf folgenden positiven oder negativen Ausgabenentscheidung. Überdies erweist sich die Unterscheidung insofern als fragwürdig, als eine statistische Trennung der beiden Wirkungen unmöglich ist. Eine Erweiterung der von Patinkin formulierten kurzfristigen Vermögenswirkungen wird durch die Einbeziehung des Cambridge-Effekts erreicht. Ihm liegt die Annahme zugrunde, daß die individuellen Entscheidungen der Wirtschaftssubjekte hinsichtlich der Geldhaltung von der Höhe des jährlichen Einkommens abhängen. Solange die Kassenhaltung einen Bruchteil des jährlichen Einkommens repräsentiert, der größer ist als der von den Wirtschaftssubjekten gewünschte, revidieren sie diesen Bestand durch Ausgabenerhöhungen und vice versa. Durch diese Erweiterung des „real-balance-effects" wird der Mangel, der durch die Nichtberücksichtigung der Einkommenswirkungen bestand, aufgehoben.

Weitere Impulse der Vermögenswirkungen auf die Ausgabenentscheidungen der Wirtschaftssubjekte gehen von Zinsänderungen aus. Diese haben makroökonomische Wirkungen zur Folge, so daß eine exakte Trennung zwischen mikro- und makroökonomischen Wirkungen nicht aufrechtzuerhalten ist. Die Einführung zinsinduzierter Vermögenseffekte geht auf Metzler[51] zurück. Danach ist der reale Wert des realen nichtmenschlichen Vermögens invers mit dem herrschenden Zinssatz verbunden. Je höher sich der Zinssatz einspielt, desto niedriger wird der reale Wert des Sachvermögens sein und umgekehrt. Die zinsinduzierten Vermögenswirkungen erweisen sich komplizierterer Natur als die von Geldmengen — bzw. Preisänderungen ausgelösten. Allein die Existenz eines Zinssatzes impliziert, daß die Wirtschaftssubjekte zukünftige Einkommensströme ebenso in ihre Pläne einbeziehen wie gegenwärtige. Somit wird jeder Einkommensempfänger kraft des Besitzes einer Einkommensquelle zu einem Produzenten von Einkommen. Wenn daher der Preis zukünftiger Einkommensströme das Reziprok des Zinses, bezogen auf das gegenwärtige Produkt repräsentiert, vermindert eine Zinssteigerung den Wert zukünftiger Einkommensströme. Daraus folgt, daß eine Zinssteigerung die Verfügung eines Einkommensempfängers über gegenwärtige disponible Ressourcen reduziert. Ebenso vermindert

---

[51] Vgl. *Lloyd A. Metzler*, Wealth, Saving, and the Rate of Interest, in: The Journal of Political Economy, Vol. 59 (1951), S. 93—116. Demgegenüber wird neuerdings der Versuch unternommen nachzuweisen, daß die theoretischen Wurzeln der preis- sowie der zinsinduzierten Vermögenswirkungen bereits bei Keynes zu finden sind. Vgl. hierzu *Boris P. Pesek*, *Thomas R. Saving*, Money, Wealth and Economic Theory, a.a.O., S. 16 ff.

sich der zurechenbare Leistungsstrom des Vermögens. Das auf diese Weise reduzierte Einkommen der Wirtschaftssubjekte veranlaßt diese, ihren Konsum anzupassen. Ist ein System mit Beständen und Strömen gegeben, so reduziert also eine Zinssteigerung den Wert des Vermögensbestandes der Wirtschaftssubjekte und folglich ihren Konsum[52]. Wird unter der Zinsänderung eine solche des effektiven Zinssatzes verstanden, so kann diese zumindest bezüglich des finanziellen Vermögens auch als Preisänderung interpretiert werden. Damit erwiesen sich die zinsinduzierten Vermögenswirkungen letztlich auch wieder als preisinduzierte Wirkungen.

Von den unter mikroökonomischem Aspekt abgeleiteten Vermögenswirkungen gehen Einflüsse auf makroökonomische Größen aus. Insbesondere werden Wirkungen auf die Geldnachfrage, die Preise, die Lohnhöhe sowie die Beschäftigung erwartet. In diesem Zusammenhang erscheinen die Hypothesen, die unter konjunkturellem Aspekt eine Verbindung zwischen dem Vermögensbestand und dem Ausgabenverhalten herzustellen versuchen — der Pigou-Effekt, der Keynes-Effekt und der Lerner-Effekt — als bedeutungsvoll. Dabei gehen diese Ansätze prinzipiell von der Fragestellung der Möglichkeiten zur Überwindung einer gesamtwirtschaftlichen Nachfragelücke aus. Die Ausgangsbedingung für die Auslösung eines Pigou-Effekts ist durch eine Situation der Unterbeschäftigung gegeben. Wird die völlige Flexibilität von Preisen und Löhnen unterstellt, so ist damit die Voraussetzung dafür gegeben, daß diese solange fallen können, bis das Arbeitsangebot die Arbeitsnachfrage übersteigt. Dadurch steigt der Realwert eines Teils des Vermögensbestandes der Wirtschaftssubjekte — Zentralbankgeld, Sichteinlagen sowie Staatsschuldtitel[53]. Demgegenüber sinkt der Realwert des Sachvermögens sowie der von Teilen des finanziellen Vermögens. Nun wird unterstellt, daß dadurch der reale Wert der gestiegenen Vermögenswerte von den Wirtschaftssubjekten als zu hoch gegenüber dem gewünschten empfunden wird. Dadurch wird eine zusätzliche Konsumerhöhung ausgelöst, die zu einer Steigerung der Gesamtnachfrage auf Vollbeschäftigungsniveau führen soll.

Die Wirksamkeit des Pigou-Effekts in der Realität wird schon allein deshalb stark zu bezweifeln sein, weil eine wesentliche Voraussetzung — die Flexibilität von Preisen und Löhnen — zumindest nach unten nicht gegeben ist[54]. Darüber hinaus erscheint ihre Wiederherstellung

---

[52] Vgl.fl dazu auch *Boris P. Pesek, Thomas R. Saving*, Money, Wealth, and Economic Theory, a.a.O., S. 27 f.

[53] Vgl. auch *Harry G. Johnson*, Monetary Theory and Policy, a.a.O., S. 335 ff.

[54] Vgl. *Alvin H. Hansen, The Pigouvian Effect*, in: The Journal of Political Economy, Vol. 59 (1951), S. 535—536. Ferner: *Gottfried Haberler*, Weitere

nicht als erstrebenswert, da sie Verteilungswirkungen zu Lasten der wirtschaftlich schwachen Bevölkerungsgruppen auslösen[55]. Wird ferner die Möglichkeit eingeschlossen, daß durch den Abbau von Vermögensbeständen die Neigung der Wirtschaftssubjekte zur Verschuldung reduziert wird und sich während des Deflationsprozesses die Sparneigung noch erhöht, so kann das Ausmaß der Vermögenswirkungen nur als sehr gering angesehen werden[56].

Auch für das Eintreten des Keynes-Effekts gilt als Voraussetzung die Flexibilität von Preisen und Löhnen[57]. Fallen die Preise in einer Situation der Unterbeschäftigung, so werden Teile der zu Transaktionszwecken gehaltenen Kassenbestände frei. Es wird unterstellt, daß diese zur Anlage in Wertpapieren verwendet werden, wobei eine weitere Spezifizierung nach dem Schuldner und der Ausgestaltung offenbleibt. Infolge der erhöhten Wertpapiernachfrage sinkt der Zins. Werden die überflüssigen Kassenbestände zur Rückzahlung von Schulden oder zur Bildung von Sicht- und/oder Spareinlagen im Bankensektor verwendet, so wird dieser infolge höherer Liquidität den Kreditzins senken. Wird weiterhin angenommen, daß die Investitionsentscheidungen nicht unabhängig von der Höhe des Zinses sind, so wird durch den Investitionsprozeß eine Gesamtnachfrage erzeugt, die zur Vollbeschäftigung führt.

Hinsichtlich der Annahme und den Begleiterscheinungen der Beweglichkeit von Preisen und Löhnen gelten auch bezüglich des Keynes-Effekts die oben angeführten Bedenken. Zusätzlich ist einzuwenden, daß für die Investitionsentscheidungen die Erwartungen der Unternehmer hinsichtlich des Grenzertrages der Investition von größerer Bedeutung sind als die Höhe des Zinses[58]. Diese Einwände sind geeignet, den Bedeutungsumfang des Keynes-Effekts ebenfalls skeptisch zu beurteilen.

Beruht der Keynes-Effekt auf einem theoretischen Konzept, das von der Verfügbarkeit zusätzlich geschaffenen endogenen Geldes ausgeht, wird das Eintreten eines Lerner-Effekts als abhängig angesehen von einem zusätzlichen Angebot exogenen Geldes in Gestalt von Zentral-

---

Bemerkungen zum Pigou-Effekt (1952) wiederabgedruckt in: Prosperität und Depression, 2. erw. Aufl., Tübingen und Zürich 1955, S. 225—534. Ferner: *Andreas Paulsen*, Allgemeine Volkswirtschaftslehre, Teil 4, 4. neubearb. und ergänzte Aufl., Berlin 1966, S. 64 ff.

55 Vgl. *Harry G. Johnson*, Recent Developments in Monetary Theory, wiederabgedr. in: Essays in Monetary Economics, London 1967, S. 77 ff.

56 Vgl. *Hartmut Rudloff*, Vermögensbestand, Sparverhalten und Wirtschaftswachstum, a.a.O., S. 142 ff.

57 Vgl. im folgenden *Andreas Paulsen*, Allgemeine Volkswirtschaftslehre, Teil 4, a.a.O., S. 65 f.

58 Vgl. auch *Erich Preiser*, Investition und Zins, in: Bildung und Verteilung des Volkseinkommens, 3. durchgesehene Aufl., Göttingen 1963, S. 171 ff.

bankgeld und/oder unverzinslichen Staatspapieren[59]. Eine gesamtwirtschaftliche Nachfragelücke, hervorgerufen durch ein Zurückbleiben der Investitionen hinter den freiwilligen Ersparnissen, kann danach durch ein staatliches Budgetdefizit geschlossen werden. Die Finanzierung des Defizits über Notenbankkredite oder über Anleihen bringt die Wirtschaftssubjekte in den Besitz zusätzlicher Vermögensobjekte in Form von Zentralbankgeld und/oder Staatspapieren. Der so gewachsene Bestand an monetärem bzw. quasi-monetärem finanziellem Vermögen kann dazu führen, daß über eine Erhöhung der Konsumneigung der Wirtschaftssubjekte die Vollbeschäftigung erreicht wird.

Das Eintreten des Lerner-Effekts ist jedoch an eine strenge Voraussetzung geknüpft[60]. Werden im Umfang des Budgetdefizits staatliche Investitionsausgaben vorgenommen, mit dem Ziel einer Erhöhung der gesamtwirtschaftlichen Produktionskapazität, dann würde sich zugleich mit dem Budgetdefizit das Vollbeschäftigungseinkommen erhöhen. Das Volkseinkommen und der Vermögensbestand würden sich proportional erhöhen. Es wäre somit unmöglich, die Vollbeschäftigung zu erreichen und aufrechtzuerhalten. Der Lerner-Effekt wird somit generell nur dann eintreten, wenn in Höhe des Defizits unproduktive Ausgaben getätigt werden. Wird das Defizit-Spending dennoch zur Erhöhung der Produktionskapazitäten durchgeführt, so tritt ein positiver Lerner-Effekt nur dann ein, wenn der Kapitalkoeffizient der neu erstellten Anlagen höher ist als der durchschnittliche der gesamten Wirtschaft oder aber diese Anlagen mit wachsenden Verlusten arbeiten.

Bei den bisher dargestellten Modellansätzen über den Zusammenhang von Vermögensbeständen und Ausgabenentscheidungen der Wirtschaftssubjekte ist der Nachweis von Vermögenseffekten abhängig von alternativ gesetzten Ausgangsbedingungen. Ob unter den Bedingungen der Realität mit Vermögenswirkungen zu rechnen ist, die geeignet sind, das Ziel einer Stabilisierung zu erreichen, wird nur nach empirischer Überprüfung der Hypothesen festzustellen sein[61]. Die beschriebenen Vermögenswirkungen werden darüber hinaus stets nur als von Veränderungen eines Teils des Vermögensbestandes der Wirtschaftssubjekte ausgelöst angesehen. Geldmengen- und Preisänderungen, die in diesen Modellen die Impulse für Vermögenswirkungen bilden, treffen jedoch das gesamte Vermögen. Dieser Aspekt muß in die weiteren Über-

---

[59] Vgl. *Abba P. Lerner*, The Burden of National Debt, in: Income, Employment and Public Policy: Essays in Honor of Alvin H. Hansen (1948), wiederaufgelegt New York 1964, S. 255—275.

[60] Vgl. im folgenden auch die Ausführungen von *Gardner Ackley*, Macroeconomic Theory, 9. Aufl., New York 1965, S. 559 ff.

[61] Zu einer Erweiterung dieser Hypothesen in Richtung auf eine stärkere Anpassung an die Realität vgl. *Hartmut Rudloff*, Vermögensbestand, Sparverhalten und Wirtschaftswachstum, a.a.O., S. 150 ff.

legungen einbezogen werden. Darüber hinaus werden die in diesen Ansätzen formulierten Thesen gänzlich ohne Berücksichtigung der finanziellen Intermediäre formuliert.

Die hier unter konjunkturellem Aspekt behandelten Hypothesen gehen von der Annahme aus, daß ein nicht unbedeutender Zusammenhang zwischen dem Vermögensbestand und dem Ausgabenverhalten der Wirtschaftssubjekte besteht. Dabei wird als Ausgangssituation stets eine Unterbeschäftigung gewählt[62]. Dies ist auf den ökonomischen Erlebnishorizont der Theoretiker einer Epoche der Nationalökonomie zurückzuführen, der durch das Ereignis einer in Entstehung und Ausmaß unvorhergesehenen weltweiten Depression geprägt war. Inzwischen ist jedoch das Problem der Überwindung deflationärer Tendenzen allgemein der Abwendung inflationärer gewichen. Andererseits vollzieht sich in verstärktem Maß die Hinwendung der Forschung zur Untersuchung der Zusammenhänge zwischen dem Vermögensbestand und dem Ausgabenverhalten der Wirtschaftssubjekte. In diesem Zusammenhang zwischen den Untersuchungen zur Bekämpfung inflationärer Tendenzen und Vermögenswirkungen vor dem Hintergrund der Tätigkeit paramonetärer Institutionen erscheinen die durch das Radcliffe-Committee[63] formulierten Thesen von Bedeutung. Eine Verbindung zwischen dem Vermögensbestand und dem Ausgabenverhalten der Wirtschaftssubjekte wird darin auf die Weise erreicht, daß das Nachfrageniveau als abhängig von der subjektiven Liquiditätsposition des Wirtschaftssubjekts angesehen wird. Ohne die Geldmenge in ihrer Bedeutung für die Ausgabenentscheidungen der Wirtschaftssubjekte zu vernachlässigen, wird die Berücksichtigung der subjektiven Liquiditätsposition, der gesamte verfügbare Vermögensbestand sowie die Möglichkeiten zur Kreditaufnahme als Determinante der Konsumausgaben hervorgehoben[64]. Der Mangel einer hinreichenden Berücksichtigung der Gesamtheit im Besitz eines Wirtschaftssubjekts befindlichen Vermögensobjekte in den bisher betrachteten Ansätzen wird dadurch beseitigt. Die Mög-

---

[62] Streng theoretisch gelten diese Modellansätze jedoch sowohl zur Analyse der Möglichkeiten zur Überwindung einer Unterbeschäftigung als auch einer Überbeschäftigung, d. h. generell zur Überwindung von Ungleichgewichtssituationen.

[63] Vgl. im folgenden die Ausführungen des Committee on the Working of the Monetary System, a.a.O., Ziffer 374, 389, 390, 391, S. 127 und 132 f.

[64] Zum Begriff der subjektiven Liquidität vgl. auch *Günter Schmölders*, Von der Quantitätstheorie zur Liquiditätstheorie des Geldes, in: Akademie der Wissenschaften und der Literatur, Abhandlungen der geistes- und sozialwissenschaftlichen Klasse, Jg. 1960, Nr. 12, Wiesbaden 1960, S. 1123 ff. — Zu den vielfältigen Inhalten des Liquiditätsbegriffes im Radcliffe-Report vgl. *Herbert Weise*, Probleme der Geld- und Kredit-Politik im Lichte des Radcliffe-Reports, Kieler Studien, Forschungsberichte des Instituts für Weltwirtschaft an der Universität Kiel, Hrsg. Erich Schneider, Bd. 67, Tübingen 1964, S. 87 ff.

lichkeit der Veränderung von Vermögensteilen oder deren Beleihung zum Zwecke der Erhöhung der konsumtiven Nachfrage tritt als erweiternder Vermögenseffekt zu den bisher betrachteten Wirkungen hinzu. Diese auf die Verhältnisse der Realität abgestellte Konzeption liefert eine hinreichende, die oben dargestellten Thesen erweiternde Erklärung der Wirkungen des Vermögensbestandes der Wirtschaftssubjekte auf deren Ausgabendispositionen in kurzfristiger Sicht. Sie schafft zudem eine Verbindung zu den finanziellen Intermediären, insbesondere aber zu den paramonetären Institutionen. Diese wirken über ihr vielgestaltiges Angebot an finanziellen Titeln auf den Aufbau der Vermögensbestände, vornehmlich der Haushalte, ein[65]. Über das Konzept der subjektiven Liquidität wird somit der Zusammenhang zwischen dem Vermögensbestand, dem Ausgabenverhalten und den paramonetären Institutionen hergestellt.

Im Hinblick auf die gesamtwirtschaftliche Nachfrage besteht nach dieser Auffassung das Problem nicht vordringlich darin, eine Stabilisierung in Richtung auf ein Vollbeschäftigungsniveau zu erreichen. Es gilt gegenwärtig vielmehr, geeignete Mittel zu finden, die einer Überhitzung der Konjunktur entgegenwirken. Gegenüber der in den oben dargestellten Modellansätzen gegebenen Problemstellung hat sich der historische Prozeß geradezu umgekehrt. Die Existenz positiver Vermögenswirkungen wird durch die Formulierung des Konzepts der subjektiven Liquidität als bewiesen erachtet. Es wird daher nach Möglichkeiten gesucht, negative Konsumeffekte oder, anders ausgedrückt, positive Akkumulationswirkungen zu erzeugen. Der Mitteleinsatz, vornehmlich in Form von Zinsänderungen, soll also a priori einen infolge des vorhandenen Vermögensbestandes gegebenen positiven Effekt auf die Konsumausgaben in einen negativen umkehren. Die Einwirkung auf den Vermögensbestand wird somit nicht vorgenommen, um damit eine positive Wirkung des Vermögens auf die Ausgabenentscheidungen der Wirtschaftssubjekte zu induzieren, sondern um diese zu dämpfen bzw. in eine Akkumulationswirkung umzukehren.

b) Die langfristigen Vermögenswirkungen

Die langfristig-mikroökonomische Betrachtung soll sich im Zusammenhang mit dem wachsenden Angebot finanzieller Aktiva an die Haushalte durch die finanziellen Intermediäre auf die Frage nach den Grenzen der Vermögensakkumulation beschränken. Daraus lassen sich Erkenntnisse ableiten über den langfristigen Zusammenhang von Konsum- und Sparentscheidungen. Im Rahmen dieser Betrachtungs-

---

65 Vgl. Committee on the Working of the Monetary System, a.a.O., Ziffer 312, S. 107.

weise stehen sich zwei, bezüglich der Konsequenzen für das Verhältnis zwischen Konsumentscheidungen und Vermögensbestand kontroverse Hypothesen gegenüber. Die eine — von Katona[66] vertreten — beruht auf motivationstheoretischen Grundlagen, deren Kernpunkt durch Erkenntnisse über das Verhalten der Konsumenten besteht. Die andere — entwickelt von Modigliani, Brumberg und Ando[67] — sieht die Vermögensakkumulation als Problem zweckrationalen Verhaltens über den Lebenszyklus des einzelnen Wirtschaftssubjekts hinweg. Katona verneint nicht die These, daß liquides Vermögen im Besitz der Konsumenten deren Ausgabenneigung zu beeinflussen geeignet ist. Er setzt ihr jedoch entgegen, daß die Konsumenten das mittels der Vermögensakkumulation Erreichte schnell als unzureichend ansehen und höher gelegene Ebenen der Vermögensakkumulation anstreben. Er unterstellt also, daß die Motivationen der Vermögensbildung stark genug sind, die Wirtschaftssubjekte zu einer stufenweisen Erhöhung ihres Anspruchsniveaus zu bewegen. Diese Annahme wird durch die Erkenntnis des an Gruppennormen orientierten Verhaltens der Wirtschaftssubjekte bekräftigt. Wenn diese Auffassung eine bindende Erklärung für das Verhalten der Wirtschaftssubjekte liefert — die Ergebnisse empirischer Untersuchungen auf der Grundlage der Befragung von Haushalten weisen in diese Richtung, wenngleich noch keine endgültigen Aussagen möglich sind —, gibt es keinen plausiblen Grund für die Annahme, daß langfristig der Vermögensakkumulation der Haushalte Grenzen gesetzt sind. So gesehen geht auf lange Sicht vom Vermögensbestand — unter diesen Prämissen — keine positive Wirkung auf die Ausgabenentscheidungen der Haushalte aus. Es wird vielmehr zu erwarten sein, daß die Wirtschaftssubjekte einen höheren Vermögensbestand akkumulieren als zu einem optimalen intertemporalen Nutzenausgleich erforderlich wäre. Der Umfang der Vermögensbildung wird von der Stärke der langfristigen Akkumulationsmotive bestimmt sein.

---

66 Vgl. *George Katona*, On the so-called Wealth-Effect, in: The Review of Economics and Statistics, Vol. 43 (1961), S. 59—60. *Derselbe:* Der Massenkonsum. Eine Psychologie der neuen Käuferschichten. Übertragen aus dem Amerikanischen von T. Stolper, Wien, Düsseldorf 1965, S. 230 ff. sowie 264 ff.

67 Vgl. *Franco Modigliani, Richard E. Brumberg*, Utility Analysis and the Consumption Function: An Interpretation of Cross Section Data, in: Post-Keynesian Economics, Hrsg. K. K. Kurihara, New Brunswick 1954, S. 388 bis 436. *Franco Modigliani, Albert Ando*, Tests of „Life-Cycle" Hypothesis of Savings, in: Bulletin of the Oxford University Institute of Statistics, Bd. 19 (1957), S. 99—124. *Dieselben:* The „Permanent Income" and the „Life-Cycle" Hypothesis of Saving Behavior: Comparison and Test, in: Proceedings of the Conference on Consumption and Saving, Bd. 2, Hrsg. J. Friend und R. Jones, Philadelphia 1960, S. 49—174. *Dieselben:* The „Life-Cycle" Hypothesis of Saving: Aggregate Implications and Tests, in: The American Economic Review, Vol. 53 (1963), S. 55—84. *Dieselben:* The „Life-Cycle" Hypothesis of Saving. A Correction, in: The American Economic Review, Vol. 54 (1964), S. 111—113.

Die „life-cycle“-Hypothese des Sparverhaltens steht in gewissem Widerspruch zu dieser Auffassung. Sie unterstellt das Abstellen des individuellen Sparens auf die Erfordernisse des Erlebens. Danach würde ex post gesehen die Vermögensakkumulation dann optimal von einem Wirtschaftssubjekt geplant, wenn die nach seinem Ableben verbliebenen Ersparnisse gerade noch zur Nutzung der damit verbundenen Ausgaben ausreichten. Die Realisierung einer solchen Planung setzte allerdings vollkommene Voraussicht in bezug auf zukünftige Ereignisse voraus. Die gegenwärtige Ersparnisbildung aus laufendem Einkommen wird lediglich auf die zukünftig erwarteten notwendigen existentiellen Erfordernisse abgestimmt. Die Bildung von Vermögen mit dem Ziel, dieses an die folgende Generation zu vererben, wird nicht in die Überlegungen einbezogen. In diesem Konzept einer begrenzten Vermögensakkumulation, unter Ausschluß des Akkumulations- sowie des Vererbungsmotivs, ergeben sich unter Berücksichtigung aller innerhalb des Lebenszyklus einem Wirtschaftssubjekt zufließenden Einkommensströme positive Wirkungen auf das Ausgabenverhalten. Infolge des unterstellten begrenzten Willens der Wirtschaftssubjekte zur Vermögensbildung verbleibt über den Lebenszyklus hinweg ein größerer Teil des Einkommens zu konsumtiven Zwecken verfügbar. Gegenüber der Grundannahme der „life-cycle“-Hypothese ergeben sich jedoch einige Zweifel. Infolge der unvollständigen Informationen über die zukünftigen Einzahlungs- und Auszahlungsströme, der Entwicklung von Preisen und Präferenzen wird eine exakte Vorausplanung der zukünftigen Bedürfnisse kaum möglich sein. Wie bereits dargestellt, bildet die auf mangelhaften Informationen beruhende Unsicherheit im Hinblick auf die Zukunft gerade einen wesentlichen Impuls zur Vermögensakkumulation. Es erscheint daher plausibler von der Annahme auszugehen, daß die Wirtschaftssubjekte eher zu einer Vermögensakkumulation neigen, die über das notwendige Maß hinausgeht. Die reale Bedeutung der Vermögenswirkungen für die Konsumentscheidungen auf der Grundlage der „life-cycle“-Hypothese des Sparverhaltens wird daher nicht hoch zu veranschlagen sein.

V. Die Bedeutung der paramonetären Institutionen für die Finanzierung der Produktivvermögensbildung im Unternehmenssektor

Die Akkumulation finanzieller Vermögensbestände stand im Vordergrund der Analyse des Verhältnisses zwischen paramonetären Institutionen und Haushalten. Das entspricht der Struktur der Motivationen des Handelns und den ökonomischen Zielsetzungen des Sektors Haushalte. Für das Verhältnis der paramonetären Institutionen zu den

Unternehmen ist das Problem eines geeigneten Angebots finanzieller Aktiva seitens der einen und des Aufbaus eines entsprechenden Portefeuilles aus diesen Forderungen seitens der anderen von absolut sekundärer Bedeutung. Die Zielsetzungen der Unternehmen sind eindeutig realwirtschaftlich orientiert. Die Akkumulation finanziellen Vermögens wird im Zielsystem der Unternehmen nur dann relevant, wenn infolge kurzfristiger Friktionen, die auf unsicheren Erwartungen hinsichtlich der näheren zukünftigen Entwicklung beruhen, Investitionen in das Produktivvermögen auf einen späteren Zeitpunkt verschoben oder bereits eingeleitete Investitionen storniert werden. Infolge der realwirtschaftlichen Orientierung des Zielsystems der Unternehmen ist das Verhältnis zwischen ihnen und den paramonetären Institutionen, ebenso wie zu den monetären Intermediären, primär durch das Problem einer geeigneten Abwicklung der Finanzierung der Investitionen in das Produktivvermögen bestimmt. Im Prozeß wirtschaftlichen Wachstums ergibt sich nun eine gegenseitige Beeinflussung des Kreditsystems und der Unternehmen, die zu Wachstumsimpulsen führen kann.

1. Das Geld- und Kreditsystem im Prozeß wirtschaftlichen Wachstums

Das Geld- und Kreditsystem mit seinen gegebenen institutionellen Bedingungen wie auch der Sektor Unternehmen in seiner organisatorischen und technischen Struktur sind wesentliche Determinanten des Wachstumsprozesses. Im Verlaufe dieses Prozesses muß jedoch damit gerechnet werden, daß die Strukturen sowohl im Geld- und Kreditsystem als auch im Unternehmenssektor einer Veränderung unterliegen. Der Anstoß zu dieser Bewegung steht, ob er im einen Bereich entstand oder von anderen Bereichen auf diesen übertragen wurde, stets in einem mittelbaren Verhältnis zu dem Wachstumsprozeß. Der Wachstumsprozeß wirkt ein auf die Verhaltensweisen der Wirtschaftssubjekte, die infolgedessen Änderungen institutioneller und struktureller Gegebenheiten vornehmen. Diese wiederum bestimmen ihrerseits den Wachstumsprozeß[1].

a) Die dualistische Beziehung zwischen dem Geld- und Kreditsystem und dem Investitionsprozeß im Wachstumsprozeß

In kurzfristiger Sicht erweist sich das Geld- und Kreditsystem als invariantes Datum des Wachstums. Es ist so als unabhängige Variable des Wachstumsprozesses zu erklären. Der Wachstumsprozeß wird somit

---

[1] Vgl. hierzu auch *Dieter Spaetling*, Die Beziehungen zwischen dem institutionellen Aufbau des Geld- und Kreditsystems und dem wirtschaftlichen Wachstum. Untersuchungen über das Spar-, Giro- und Kreditwesen. Hrsg. Fritz Voigt, Bd. 32, Berlin 1966, S. 30 f.

von kurzfristig starren institutionellen Bedingungen des Geld- und Kreditsystems beeinflußt. Hinsichtlich der Finanzierung der Investitionen in das Produktivvermögen bedeutet das ein Angebot starrer Finanzierungsformen seitens des Geld- und Kreditsystems. Ein Beharren auf herkömmlichem Verhalten müßte daher auf lange Sicht negative Wirkungen auf die Kräfte des Wachstums ausstrahlen. Der Ablauf der historischen Entwicklung der Industrialisierung läßt jedoch erkennen, daß unbewegliche Strukturen nur kurzfristig Bestand haben. Die „Dynamik der wirtschaftlichen Bewegungsvorgänge“[2] fördert eine Anpassung der Finanzierungstechniken an die im Verlauf des Wachstumsprozesses erforderlichen Investitionen in quantitativer und qualitativer Hinsicht. Diese kann sich in zweifacher Weise vollziehen. Einmal entfaltet das Geld- und Kreditsystem eine „eigenständige Entwicklungsdynamik“[3], die zu Innovationen im Bereich der Finanzierungsformen führt. Diese können in doppeltem Sinne anregende Impulse auf den Wachstumsprozeß ausstrahlen. So wird einerseits die Finanzierung von Investitionen zur Aufrechterhaltung des Wachstumstempos möglich, während andererseits infolge neuer Finanzierungsformen zusätzliche bisher nicht realisierbare Investitionen in Angriff genommen werden können.

Vollzieht sich diese Entwicklung des Geld- und Kreditsystems von innen her, so treten infolge der mit dem Wachstumsprozeß verbundenen Investitionen Forderungen im Hinblick auf eine Erweiterung der Finanzierungsmöglichkeiten und -formen seitens der Unternehmen auf. Auch auf diese Weise wird dem Abbau erstarrter Finanzierungsformen und der Entwicklung neuer dem Wachstumsprozeß angepaßter der Weg bereitet.

Im einzelnen wird es jedoch schwierig sein, eine Trennung der aus eigenem Antrieb vorgenommenen Maßnahmen zur Überwindung überkommener Strukturen von den von außen in das Geld- und Kreditsystem hineingetragenen Impulsen vorzunehmen. Vielmehr wird die Transformation der Finanzierungsformen ein Ergebnis der permanent bestehenden Wechselbeziehungen zwischen dem Geld- und Kreditsystem und dem Sektor Unternehmen sein. Insofern ergibt sich das Verhältnis zwischen beiden als gegenseitige Beeinflussung, mit der Wirkung anregender Impulse für den Wachstumsprozeß. Das Geld- und Kredit-

---

[2] Zu diesem Begriff vgl. *Fritz Voigt,* Die volkwirtschaftliche Bedeutung des Verkehrssystems, Verkehrswissenschaftliche Forschungen, Schriftenreihe des verkehrswissenschaftlichen Seminars der Universität Hamburg, Bd. 1, Berlin 1960, S. 64.

[3] Vgl. *Fritz Voigt,* Die volkswirtschaftliche Bedeutung des Verkehrssystems, a.a.O., S. 213. Voigt versteht unter der „eigenständigen Entwicklungsdynamik“ die Auswirkungen und Grenzen jener Impulse, die in einem sich selbst nährenden Prozeß aus der jeweiligen Konstellation der Konstanten und Variablen einer Institution erwachsen.

system sowie auch die Unternehmen sind zugleich Geber und Empfänger von anregenden Impulsen in diesem Prozeß[4].

b) Die Rolle der paramonetären Institutionen im Prozeß der Finanzierung von Investitionen in das Produktivvermögen

Die Dynamik der wirtschaftlichen Entwicklung hat einen Prozeß in Gang gesetzt, der zur Entstehung einer Vielzahl von Kreditinstituten führte mit einem vielfältigen Leistungsangebot sowohl an die Sparer als auch an die Kreditnehmer. In diesem Prozeß haben die paramonetären Institutionen einen beachtlichen Anteil an der finanziellen Innovation. Sie ist nicht einseitig auf das Kreditangebot beschränkt. Sie wirkt in gleicher Weise in den Bereich des Angebots geeigneter finanzieller Titel und Versicherungsleistungen an die Wirtschaftssubjekte. In diesem Zusammenhang sei nur auf das ungeheuer vielfältige Angebot an finanziellen Aktiva bzw. Formen der Geldvermögensbildung seitens der Kapitalanlagegesellschaften hingewiesen. In gleicher Weise haben die privaten Versicherungen ihr Angebot an Versicherungsleistungen diversifiziert. In beiden Bereichen werden fast kontinuierlich sich aneinanderreihende Kombinationen von Risiko und Ertrag angeboten. Infolge der Erfolge auf diesem Gebiet ergab sich beispielsweise oft erst die Notwendigkeit finanzieller Innovationen auf dem Gebiet des Kreditangebots. So fällt den Versicherungsgesellschaften der überwiegende Anteil an dem System der revolvierenden Industriefinanzierung zu[5]. Unter dem Druck, ständig wachsende Prämienleistungen seitens der Versicherungsunternehmer ertragbringend anzulegen, und der zeitlichen Differenz zwischen Prämienzugang und geeigneten Anlagemöglichkeiten wurde in Zusammenarbeit mit einem Finanzmakler das Revolvingsystem entwickelt. Hinzu kamen die institutionellen Beschränkungen, die den Versicherungen zeitweise die Aufnahme von Industrieaktien in ihr Portefeuille untersagten.

Einige weitere Beispiele finanzieller Innovationen paramonetärer Intermediäre seien hier aufgezeigt. So vollzieht sich bei den Bau-

---

[4] Diese Beziehung läßt sich auch deuten als indirekte Wechselbeziehung zwischen dem Geld- und Kreditsystem und dem wirtschaftlichen Wachstum. Vgl. dazu *Dieter Spaetling*, Die Beziehungen zwischen dem institutionellen Aufbau des Geld- und Kreditsystems und dem wirtschaftlichen Wachstum, a.a.O., S. 30 f.

[5] Vgl. auch Deutsche Bundesbank, Kapitalbildung und Anlagepolitik der Individualversicherung, in: Monatsberichte der Deutschen Bundesbank, Frankfurt, Juni 1958, S. 57 f. Ferner: *Roland Bitschnau*, Das Revolvingsystem in der Industriefinanzierung, Frankfurt/M. 1959, S. 43 ff. und 59. Ferner: *Gerd Jaeger*, Entwicklung der sekundären Finanzierungsinstitute in der Bundesrepublik Deutschland und ihre Bedeutung für die Zentralbankpolitik, a.a.O., S. 151 ff.

sparkassen ein rapider Übergang der Baufinanzierung von der Hypothek zur Grundschuld. Die Kreditversorgung von mittleren und kleinen Unternehmen wird, wenn auch erst bescheidene Anfänge auf diesem Gebiet unternommen wurden, von Beteiligungsfinanzierungsinstituten durchgeführt. Der Teilzahlungskredit ist eine Innovation paramonetärer Institutionen. Erst als sich diese Form der Finanzierung durchgesetzt hatte, wurde sie über den Weg von Kleinkrediten und Anschaffungsdarlehen in breitem Rahmen in das Leistungsangebot monetärer Intermediäre aufgenommen. Diese Beispiele zeigen, daß die paramonetären Institutionen mit ihrem Leistungsangebot in Lücken stoßen, die von den monetären Intermediären vernachlässigt wurden. Der Umfang ihres Finanzierungsangebots und ihr Wachstum insbesondere seit 1950 beweist, daß in erheblichem Umfang Bedarf nach diesen Leistungen besteht. Die Rolle der paramonetären Institutionen kann daher die eines Wegbereiters finanzieller Innovationen sein. Infolge ihrer Spezialisierung auf einzelne oder wenige Geschäfte tragen sie zur Differenzierung eines qualifizierten Leistungsangebots bei. Es kann auf diese Weise Friktionen im Wachstumsprozeß infolge ungeeigneter Finanzierungsleistungen stärker entgegengewirkt werden. Die Tendenzen einer Entwicklung im deutschen Kreditwesen zu wenigen Universalbanken mit einem umfassenden Kreditangebot, wie sie aus den Kapitalverflechtungen ersichtlich werden, scheinen daher schon deshalb nicht als förderungswürdig, weil sie infolge der sich daraus ergebenden Notwendigkeit organisatorischer Straffung zur Normung und Standardisierung und damit zur Verminderung der Breite des Leistungsangebots tendieren. Das muß jedoch den differenzierten Finanzierungserfordernissen des Wachstumsprozesses hochindustrialisierter Wirtschaften nicht nützlich sein.

2. Die Wirkung der Tätigkeit paramonetärer Institutionen auf den Zins

Es wird davon ausgegangen, daß je nach der Art der Investition dem Zins ein entsprechender Einfluß auf die Investitionsentscheidung seitens des Unternehmens zukommt[6]. Die Frage nach den Möglichkeiten paramonetärer Institutionen zur Beeinflussung des Zinses erscheint daher als bedeutungsvoll. Aus dem Konzept Gurleys und Shaws der Unterscheidung nach direkter und indirekter Finanzierung ergibt sich die Folgerung, daß durch die Entstehung und die Ausbreitung der para-

---

[6] Zum Problem der Zinsabhängigkeit der Investition vgl. *Wilhelm Krelle*, Die Investitionsfunktion, in: Jahrbücher für Nationalökonomie und Statistik, Bd. 172 (1960), S. 345—91. *Erich Preiser*, Investition und Zins, a.a.O., S. 171 bis 205.

monetären Institutionen der Zins sinkt[7]. Für die Richtigkeit dieser Behauptung läßt sich in einfacher Weise eine Begründung finden. Wird von der Existenz finanzieller Intermediäre gänzlich abgesehen, so stehen sich Wirtschaftssubjekte mit Budgetdefiziten bzw. Budgetüberschüssen gegenüber. Ist unter diesen Umständen die Finanzierung eines Investitionsvolumens wie es in der Realität geplant ist durchzuführen und wird angenommen, daß dies überhaupt möglich ist, so müßte der Kreditzins exorbitant hoch sein. Die Kreditgeber hätten das volle Risiko über die gesamte Laufzeit des Kredits zu tragen. Die Notwendigkeit, das Kreditvolumen in für den Kreditnehmer tragbare Parten aufzuteilen, verteuerte diese Art der Investitionsfinanzierung immens.

Wird demgegenüber eine Wirtschaft betrachtet, in der zunächst nur monetäre Intermediäre auftreten, so wird infolge der Übernahme der Transformationsfunktion von Risiken, Fristen und Losgrößen durch diese das Zinsniveau erheblich gesenkt. Durch die Entstehung und Entwicklung finanzieller Intermediäre werden aber Ressourcen gebunden, die nicht mehr zur Bildung von Produktivvermögen eingesetzt werden können. Der sich dadurch ergebende Nutzenentgang für die Produktivvermögensbildung wird jedoch, wie die Realität beweist, durch den von den finanziellen Intermediären gestifteten Nutzen in Gestalt einer im wachsenden Maße differenziert wahrgenommenen Transformationsfunktion erheblich überkompensiert. Die Einführung paramonetärer Institutionen in dieses System führt infolge einer dadurch erreichten Erweiterung des Leistungsangebots gegenüber Kreditnehmern und Kreditgebern zu einer Ausdehnung der Transformationsfunktion. Der Zins für bestimmte Formen direkter Finanzierung kann nunmehr sinken. Diese These erscheint plausibel im Zusammenhang mit der Betrachtung der Entwicklung des Industrialisierungsprozesses. Es ist jedoch zweifelhaft, ob sich durch die Weiterentwicklung des Kreditsystems künftig Zinssenkungen als Folge einer Differenzierung der finanziellen Transformationen ergeben werden. Wenn die finanziellen Intermediäre miteinander im Wettbewerb um die Ersparnisse der Wirtschaftssubjekte mit Budgetüberschüssen stehen, wie es in der Bundesrepublik der Fall ist, wird die Verzinsung der Anlageformen von erheblicher Relevanz sein. Ein wachsendes Angebot höher verzinslicher Anlageformen von monetären Intermediären wie paramonetären Institutionen in der jüngsten Vergangenheit ist ein Beweis dafür[8]. Es

---

7 Vgl. *John G. Gurley, Edward S. Shaw,* Financial Aspects of Economic Development, a.a.O., S. 523. *Dieselben:* Financial Intermediaries and the Saving-Investment Process, a.a.O., S. 259. *Dieselben:* Money in a Theory of Finance, a.a.O., S. 192 ff.

8 Hier sind insbesondere der Sparkassenbrief und die Bankensparpläne zu nennen wie auch das wachsende Angebot von Versicherungsleistungen mit steigender Rendite sowie das bewußte Hinweisen in der Werbung der Investmentfonds auf die hohe Rendite der Zertifikate.

kann davon ausgegangen werden, daß die Anleger künftig von diesem Angebot in stärkerem Maße als bisher Gebrauch machen werden. Die damit verbundene Erhöhung der Einlagenzinsen wird sich nur in begrenztem Umfang zu Lasten der Erträge der finanziellen Intermediäre auswirken. Die Folge wird mit ziemlicher Sicherheit eine Abwälzung der Belastung auf den Kreditnehmer, also eine Zinserhöhung für Kredite, sein.

Die These Gurleys und Shaws, nach der die Tätigkeit paramonetärer Institutionen zu einer Senkung des Kreditzinses führt, ist demzufolge mit Skepsis zu beurteilen.

VI. Der Einfluß der paramonetären Institutionen auf das Kreditangebot

Die Analyse der Tätigkeit paramonetärer Institutionen zeigt, daß sie sich durch den Verkauf von finanziellen Forderungen gegen sich selbst in den Besitz von monetären Mitteln bringen und diese in Form von Krediten ertragbringend weiterleiten. Mit der Erkenntnis des Umfangs ihrer finanziellen Transaktionen ergab sich daher die Folgerung, daß diese weitgehende Ähnlichkeit mit denen monetärer Intermediäre aufweisen. Infolge dessen ergaben sich starke Zweifel an der Gültigkeit der herkömmlichen Theorie des Geldschöpfungsmechanismus, deren Ergebnisse auf einer modelltheoretischen Abstraktion beruhen, in der die paramonetären Institutionen keine Beachtung finden[1]. Während sich jedoch neuere Ansätze zur Theorie des Geldangebots um eine Erweiterung der sehr globalen Aussagen der herkömmlichen Theorie bemühten, durch Einführung zusätzlicher Annahmen über das Bankenverhalten sowie durch Einfügen institutioneller Bedingungen des Kreditwesens, wandte sich eine andere Richtung der Forschung dem Problem der Einführung der paramonetären Institutionen in die Theorie des Geld- bzw. Kreditangebots zu. Dabei stehen insbesondere drei Fragenkomplexe im Mittelpunkt der Betrachtung. 1. Sind paramonetäre Institutionen fähig, Geld bzw. Kredit zu schöpfen? 2. Welche Änderung erfährt der Geld- bzw. Kreditschöpfungsmultiplikator bei Berücksichtigung paramonetärer Institutionen? 3. Lassen die Ergebnisse der Untersuchungen einen negativen Einfluß der Tätigkeit paramonetärer Institutionen auf die Wirksamkeit notenbankpolitischer Maßnahmen erkennen? Die folgenden Ausführungen wenden sich der Analyse dieser Fragen zu. Ihnen wird zunächst eine Einteilung der Ansätze zur Theorie des Kreditangebots sowie ein kurzer Überblick über die Entwicklung der neueren Ansätze zur Theorie des Kredit-

1 Als herkömmliche Modellansätze werden in diesem Zusammenhang die Arbeiten von C. A. Phillips, E. Schneider und R. Stucken angesehen.

angebots ohne die Berücksichtigung paramonetärer Institutionen vorangestellt.

1. Systematische Einteilung der Ansätze zur Theorie des Kreditangebots

In der Theorie des Geld- bzw. Kreditangebots des Bankensystems sowie des um die paramonetären Institutionen erweiterten gesamten Kreditwesens zeichnen sich folgende Betrachtungsweisen ab[2]:

1. Die auf Ch. A. Phillips[3] zurückgehende Untersuchung des maximalen Geld- und Kreditschöpfungsvolumens im Rahmen eines einstufigen Mischbankensystems auf der Grundlage einer Überschußreserve in Form von Zentralbankgeld im Besitz einer Bank und der Berücksichtigung eines von den Banken zu haltenden Reservesatzes für Sichteinlagen als Restriktion.
2. Die Erweiterung dieses Ansatzes durch E. Schneider[4] und R. Stucken[5] um eine charakteristische Verhaltensweise des Publikums (Unternehmungen und Haushalte). Diese besteht darin, daß das Publikum einen in dem Modell als konstant angenommenen Teil der ihm von den Banken in Form von Sichteinlagen bei diesen eingeräumten Kredits in Form von Zentralbankgeld abhebt.
3. Die Theorie der optimalen Kassenhaltung des Bankensystems, die die von den Banken gewünschten Überschußreserven ökonomisch zu bestimmen sucht. Sie geht von der Verhaltensannahme aus, daß die Banken infolge des Strebens nach Gewinnmaximierung bemüht sind, die Überschußreserve durch Anpassung der Portefeuillestruktur zu absorbieren. Ferner werden institutionelle Gegebenheiten im Bankensektor berücksichtigt[6].
4. Die Behandlung des Verlustes der Überschußreserve, der sich aus einer Kreditexpansion ergibt, als wahrscheinlichkeitstheoretischer Prozeß unter Einbeziehung der Vermögensstruktur des Nichtbankensektors und Verhaltensannahmen bezüglich dessen Präferenzen gegenüber alternativen Anlageformen[7].
5. Die Einbeziehung paramonetärer Institutionen in die Theorie des Kreditangebots, ausgehend von einer Überschußreserve im Banken-

---

[2] Vgl. hierzu auch *Harry G. Johnson*, Monetary Theory and Policy, a.a.O., S. 357.

[3] Vgl. *Chester A. Phillips*, Bank Credit, a.a.O.

[4] Vgl. *Erich Schneider*, Einführung in die Wirtschaftstheorie, Teil III, Geld, Kredit, Volkseinkommen u. Beschäftigung, a.a.O., S. 45 ff.

[5] Vgl. *Rudolf Stucken*, Geld und Kredit, a.a.O., S. 57 ff.

[6] Vgl. *Karl Brunner*, A Scheme for the Supply Theory of Money, a.a.O., S. 79—109.

[7] Vgl. *Karl Brunner, Robert Crouch*, Money Supply Theory and British Monetary Experience, a.a.O., S. 77—112.

system unter Einbeziehung von Verhaltensannahmen hinsichtlich der Präferenzen des Nichtbankensektors gegenüber alternativen Anlageformen bei gegebener Vermögensstruktur[8].

2. Die neueren Ansätze zur Theorie des Kreditangebots ohne Berücksichtigung der paramonetären Institutionen

Eine erhebliche Erweiterung der traditionellen Ansätze zur Bestimmung der Grenzen des Kreditangebots liefert Brunner[9], wenngleich auch die Aktivitäten paramonetärer Institutionen unberücksichtigt bleiben. Es wird im Gegensatz zu den herkömmlichen Ansätzen explizite zwischen gesetzlichen Mindestreserven, die zu halten sind, und einer freiwilligen Kassenreserve unterschieden. Von der bei einer Bank vorhandenen tatsächlichen Überschußreserve v hält sie eine gewünschte v^d, in der die gesetzliche wie die freiwillige Reserve enthalten ist. Die Differenz s zwischen tatsächlicher und gewünschter Überschußreserve verliert die Bank durch die Kreditgewährung. Brunner ermittelt den Kreditschöpfungsmultiplikator ausgehend von der Fragestellung, durch welche Transaktionen die expandierende Bank Überschußreserven verliert. Im Gegensatz zum traditionellen Ansatz wird zunächst in Form eines mikroökonomisch-statischen Ansatzes das Geldangebot einer Bank untersucht. Die Bestimmung des gesamtwirtschaftlichen Kreditschöpfungsmultiplikators erfolgt unter Einbeziehung des Bankensystems mit Hilfe einer Sequenzanalyse.

a) Mikroökonomische Analyse

Die Analyse zur Bestimmung des Kreditangebots einer einzelnen Bank enthält die Annahme, daß ein Teil des von ihr gewährten Kredits seitens der Kreditnehmer in Termineinlagen angelegt wird. Diese Annahme ist nicht so zu verstehen, daß sich etwa ein Kreditnehmer einen Kontokorrentkredit einräumen läßt, um ihn dann in Spareinlagen umzuwandeln. Vielmehr ist zu erwarten, daß durch girale Verfügung seitens des Kreditnehmers einem Wirtschaftssubjekt Sichteinlagen zufließen, die dieses, gleichgültig, ob bei der expandierenden Bank

[8] Vgl. *Edward S. Shaw*, Money, Income and Monetary Policy, Homewood 1950, S. 133—42. *Richard S. Thorn*, Nonbank Financial Intermediaries, Credit Expansion, and Monetary Policy, in: Staff Papers, International Monetary Fund, Vol. 6 (1957—58), S. 369—83. *Donald Shelby*, Some Implications of the Growth of Financial Intermediaries, in: The Journal of Finance, Vol. 13 (1958), S. 527—544, *Warren L. Smith*, Financial Intermediaries and Monetary Controls, a.a.O., S. 533—553. *Assar Lindbeck*, A Study in Monetary Analysis, a.a.O., S. 188 ff.

[9] Vgl. im folgenden *Karl Brunner*, A Scheme for the Supply Theory of Money, a.a.O., S. 79—109.

oder einer anderen, entweder gänzlich oder teilweise in Termineinlagen umwandelt. Schließlich werden Erweiterungen des traditionellen Ansatzes durch Berücksichtigung von Geschäftsbeziehungen der Banken untereinander vorgenommen. Diese zusätzlichen Annahmen sind erforderlich, um eine exakte Ermittlung der Verluste an Überschußreserve, die durch die Kreditexpansion hervorgerufen wird, zu erreichen.

Das Angebot an Zahlungsmitteln einer Bank ist somit eine Funktion

(1) $$a^s = f(s, \lambda)$$

der Überschußreserve s sowie des Verlustkoeffizienten λ. Wie oben bereits angedeutet ist die Überschußreserve definiert als

(2) $$s = v - v^d$$

Differenz zwischen tatsächlicher und gewünschter Überschußreserve. Die gewünschte Überschußreserve v^d ist definiert als

(3) $$v^d = w_o + w_1 d_1 + w_2 d_2,$$

wobei

$$w_o = w_o(r, b, a).$$

Die einzelnen Symbole stehen für folgende Determinanten:

w_o = marginale Neigung der Bank zum Halten von Barreserven
w_1 = marginale Neigung der Bank zum Halten von Sichtdepositen
w_2 = marginale Neigung der Bank zum Halten von Termindepositen
d_1 = Sichtdepositen
d_2 = Termindepositen
r = Durchschnittsertrag aus Kreditgewährungen
b = Zentralbankverschuldung
a = Verhältnis der Kreditgewährung zum Eigenkapital der expandierenden Bank.

Durch die Größe s — im folgenden als Überschußreserve bezeichnet — ist im Modell die Verbindung zur Gestaltung des Portefeuilles der Bank hergestellt, die dieses solange variieren wird, bis $v - v^d = s = o$ ist.

Bei einer Kreditausweitung seitens der Bank in Höhe von x lassen sich nun folgende vier Komponenten unterscheiden, die zu der gewünschten Reduzierung der Überschußreserve führen.

1. Verlust an Überschußreserve infolge Barabhebung des Kreditnehmers.
2. Verlust an Überschußreserve infolge Überweisung an eine andere Bank.

3. Verlust an Überschußreserve infolge einer zusätzlichen Beanspruchung von Mindestreserven für jenen Teil des Kredits, der in Termindepositen umgewandelt wird.
4. Verlust an Überschußreserve infolge einer zusätzlichen Beanspruchung von Mindestreserven für jenen Teil des Kredits, der als Sichtdepositen bei der kreditierenden Bank verbleibt.

Zur Bestimmung dieser vier Verlustkomponenten werden folgende Symbole verwendet:

c = Barabhebungssatz
t = Anteil von x, der in Termindepositen umgewandelt wird
P_1 = Anteil von x, der entsprechend den Kreditrichtlinien der Bank in Form von Sichtdepositen gehalten werden muß
P_2 = Anteil von x, der auf ein anderes Depositenkonto der expandierenden Bank überwiesen wird
P_3 = Anteil von x, der per Überweisung zu einer anderen Bank abfließt
r^d = Mindestreservesatz für Sichtdepositen
r^t = Mindestreservesatz für Termindepositen

Es gilt folgende Beziehung:

$$c + t + P_1 + P_2 + P_3 = 1$$

Für die Verlustkomponenten ergeben sich folgende formale Ausdrücke:

1. Komponente: $k_1 = c \cdot x$

2. Komponente: Da es drei Wege gibt, auf denen die Überweisung eines Teils des eingeräumten Kredits auf ein Konto einer anderen Bank erfolgen kann, ist der Verlust an Überschußreserve hier nicht $P_3 \cdot x$, sondern hängt auch davon ab, auf welche Weise die Überweisung vor sich geht. Es ergeben sich dabei die folgenden Möglichkeiten:

f_1 = der Anteil der Überweisung, der durch Transfer von Zentralbankguthaben erfolgt

f_2 = der Anteil der Überweisung, der durch Inanspruchnahme von Nostroguthaben der berechtigten Bank erfolgt.

f_3 = der Anteil der Überweisung, der durch Erhöhung von Nostroverbindlichkeiten der expandierenden Bank erfolgt.

So gilt die Beziehung:

$$f_1 + f_2 + f_3 = 1$$

Die expandierende Bank verliert nur dann Überschußreserven, wenn $f_1 + f_2 > 0$ ist.

Es ergibt sich somit für die 2. Verlustkomponente

$$k_2 = (1 - f_3)\, P_3 x$$

3. Komponente:

$$k_3 = (r^t + w_2)\, tx$$

4. Komponente: Hier sind Veränderungen der Nostroguthaben bei anderen Banken zu berücksichtigen. Die 4. Komponente ist somit von der Nettozunahme der Sichtdepositen abhängig. Der Zuwachs an Sichtdepositen, hervorgerufen durch eine Kreditgewährung in Höhe von x, beträgt:

$$x - cx - tx - (1 - f_3)\, P_3 x$$

Wird die Veränderung der Nostroguthaben der kreditierenden Bank in Höhe von $f_2 P_3 x$ addiert, so ergibt sich für den Nettozuwachs der Sichtdepositen:

$$x - cx - tx - (1 - f_3)\, P_3 x + f_2 P_3 x\, (1 - c - t - f_1 P_3)\, x,$$

und damit die 4. Komponente:

$$k_4 = (v^d + w_1)\,(1 - c - t - f_1 P_3)\, x$$

Der Gesamtverlust an Überschußreserve bei einer Kreditausweitung von x ergibt sich aus der Addition der vier Komponenten k_1 bis k_4.

$$l = [c + (r^t + w_2)\, t + (1 - f_3)\, P_3 + (v^d + w_1)\,(1 - c - t - f_1 P_3)]\, x \tag{4}$$

Der Klammerausdruck wird als Verlustkoeffizient λ bezeichnet. Für das Geldangebot einer einzelnen Bank a^s ergibt sich somit

$$a^s = \frac{s}{\lambda}$$

Es ist abhängig von der Höhe der Überschußreserve s und dem Verlustkoeffizienten λ.

b) Makroökonomische Analyse[10]

Die Veränderung des Geldangebots $\dot{M}$ des Bankensystems an die Nichtbanken wird von Brunner[10] als eine Funktion

$$\dot{M} = f\,(m_o, \sigma, (1 - v)\,\dot{B}) \tag{5}$$

des makroökonomischen Expansionskoeffizienten m_o des Bankensystems, der makroökonomischen Überschußreserve σ des Bankensystems und des Anteils der Nichtbanken $(1 - v)\,\dot{B}$ an der autonomen Geldmenge im Umlauf (Zentralbankgeld) angesehen.

---

[10] Vgl. im folgenden *Karl Brunner*, A Scheme for the Supply Theory of Money, a.a.O., S. 90 ff.

Der makroökonomische Expansionskoeffizient m_0 wird hierbei durch den Verlustkoeffizienten λ sowie den Koeffizienten der Überschußreserve μ des Bankensystems in der i-ten Expansionsphase bestimmt[11].

$$m_0 = \frac{1}{\lambda - \mu} \tag{6}$$

Die Überschußreserve σ des Bankensystems wird als aus folgenden Komponenten bestehend definiert:

1. Gewinn an zusätzlicher Überschußreserve infolge einer Verminderung der Kassenhaltungsproportion des Publikums.
2. Veränderung der Überschußreserve infolge einer Veränderung des Verhältnisses von Sichtdepositen und Zeitdepositen zu den Gesamtdepositen.
3. Veränderung der Überschußreserve infolge von Maßnahmen der Zentralbank.
4. Veränderung der Überschußreserve infolge einer von der Kreditexpansion unabhängigen Umverteilung der Depositen im Bankensystem.
5. Summe der freiwilligen Reservehaltung des Bankensystems.
6. Veränderung der Geschäftsposition der Banken.
7. Der Geldnachfrage der Banken, die unabhängig von ihren Depositenverbindlichkeiten, aber abhängig von der Höhe des Zinses ist.

Der Anteil des Bankensystems an der Veränderung der im Umlauf befindlichen Geldmenge $\dot{B}$ wird durch den Quotienten v angegeben. Der Ausdruck $(1 - v)$ gibt den Anteil der Nichtbanken an $\dot{B}$ an.

Es ergibt sich somit folgende Beziehung zwischen dem Anteil des Bankensystems an der Veränderung der im Umlauf befindlichen Geldmenge $\dot{B}$ und der Erweiterung des Zahlungsmittelangebots $\dot{M}$ durch das Bankensystem:

$$\dot{M} = \frac{\sigma}{\lambda - \mu} + (1-v)\,\dot{B} \tag{7}$$

Die Veränderung der gesamtwirtschaftlichen Zahlungsmittelmenge ist bestimmt durch die Änderung des Zahlungsmittelangebots des Bankensystems $\frac{\sigma}{\lambda - \mu}$ sowie die Änderung der umlaufenden Geldmenge $\dot{B}$.

---

[11] Auf eine Ableitung des Ausdrucks (6) soll hier verzichtet werden. Sie wird von Brunner unter Vorausschicken vereinfachender Maßnahmen in Form der Sequenzanalyse durchgeführt.

c) Makroökonomische Analyse unter Einbeziehung des Portefeuilleverhaltens des Publikums

In einem weiterführenden Ansatz wird von Brunner und Crouch[12] eine Analyse unter Einbeziehung des Publikums bezüglich seines Verhaltens bei der Gestaltung des Vermögensaufbaus durchgeführt. Die Bestimmung des gesamtwirtschaftlichen Geldangebots des Bankensystems wird hinsichtlich der Verhaltensweisen des Publikums als wahrscheinlichkeitstheoretischer Prozeß betrachtet. Diesem Ansatz ist insofern Beachtung beizumessen, als er unter den alternativen Vermögensanlageformen auch die Staatsschuld in die Betrachtung des gesamtwirtschaftlichen Geldangebots einbezieht.

3. Ansätze zur Theorie des Kreditangebots unter Einbeziehung der paramonetären Institutionen

Die Beiträge zur Integration der paramonetären Institutionen in die Theorie des Kreditangebots lassen sich in zwei Kategorien einteilen. Einerseits wird das Problem durch Formulierung verbaler Hypothesen angegangen. Andererseits wird die Integration in Form exakter formaler Analysen vollzogen.

a) Der Ansatz von Gurley und Shaw

Der Ansatz von Gurley und Shaw ist in die Kategorie verbal formulierter Hypothesen einzuordnen. Er war Anlaß zu einer Vielzahl kritischer Einwände sowie zur formalen Analyse des Problems. Der Grundgedanke zur Integration paramonetärer Institutionen in die Theorie des Kreditangebots erscheint in allen Beiträgen Gurleys und Shaws aufs neue, in denen sie schrittweise eine weitere Klarstellung ihrer Auffassung vollziehen[13]. Die Autoren betonen, von der konventionellen Theorie des Kreditangebots dadurch Abstand zu nehmen, daß sie das Bankensystem (die monetären Intermediäre) lediglich als einen Teil in der Gesamtheit aller finanziellen Intermediäre ansehen; monetäre Intermediäre und paramonetäre Institutionen teilen sich nach ihrer Ansicht in die gemeinsame Funktion, die indirekte Finanzierung zu besorgen. Sie weisen die Auffassung zurück, das Bankensystem gesondert von den anderen finanziellen Intermediären anzusehen, nur weil es in der Lage ist, unmittelbar „loanable funds“ zu schöpfen,

---

[12] *Karl Brunner, Robert Crouch,* Money Supply Theory and British Experience, a.a.O., S. 77—112.

[13] Vgl. *John G. Gurley, Edward S. Shaw,* Financial Aspects of Economic Development, a.a.O., S. 515—38. *Dieselben:* Financial Intermediaries and the Saving-Investment Process, a.a.O., S. 257—76. *Dieselben:* Money in a Theory of Finance, a.a.O., S. 198—99.

während sich die paramonetären Institutionen mit der bescheideneren Funktion des Maklers finanzieller Mittel, die von anderen geschöpft wurden, begnügen sollen[14]. Sie gehen sogar noch einen Schritt weiter, indem sie betonen, daß die Fähigkeit, „loanable funds" zu schöpfen, allen Wirtschaftssubjekten eigen ist, die in der Lage sind, Budgetüberschüsse zu realisieren. Das Bankensystem unterscheide sich von den paramonetären Institutionen allein dadurch, daß es in Gestalt der von ihm seinen Kunden eingeräumten Sichteinlagen Verbindlichkeiten emittieren könne, die von diesen als Zahlungsmittel, also Geld, akzeptiert werden. Darüber hinaus übten sie mit den paramonetären Institutionen generell gemeinsam die Funktionen finanzieller Intermediäre aus. Sie besitzen gemeinsam die Fähigkeit, „loanable funds" zu sammeln und zu vermitteln sowie dem Publikum durch ihr Angebot finanzieller Aktiva zu ermöglichen, sein Vermögensportefeuille zu variieren[15]. Gurley und Shaw weisen jedoch darauf hin, daß der Umfang der Kreditschöpfung durch das Bankensystem oder die paramonetären Institutionen davon abhängig sei, ob das Publikum Präferenzen für Zentralbankgeld und Sichteinlagen oder aber für Forderungen gegen paramonetäre Institutionen habe[16].

Dieser letztere Gedanke könnte zu Mißverständnissen führen. Keinesfalls besteht hinsichtlich der Kreditschöpfungsfähigkeit der finanziellen Intermediäre ein „entweder oder" für eine der beiden Institutionen. Allein von einer jederzeit allen finanziellen Intermediären eigenen Fähigkeit, Kredit zu schöpfen, ist unter mikroökonomischem Aspekt auszugehen. Es bestehen keinerlei Anhaltspunkte dafür, daß sich die Verhaltensweisen des Publikums bezüglich der Wahl ihrer Vermögensanlageformen periodisch in der oben behaupteten Weise ändern und daß solche Veränderungen die Aufhebung der Kreditschöpfungsfähigkeit einer der beiden Intermediärsgruppen bewirken kann. Der Kern der Aussagen in dem Ansatz von Gurley und Shaw ist die Feststellung, daß das Bankensystem und die paramonetären Institutionen hinsichtlich ihrer Fähigkeit, Kredit zu schöpfen, als gleichartig anzusehen sind. Beide üben die gleiche gesamtwirtschaftliche Funktion aus, die Bereitstellung von Krediten sowie das Angebot finanzieller Aktiva. Infolge institutioneller Differenzen gehen sie verschiedene Wege in der Ausübung dieser Funktion. Diese Erkenntnis erweist sich im Rahmen der Theorie Gurleys und Shaws auf der Grundlage des Systems direkter und indirekter Finanzierung als notwendig für eine Integration des gesamten Kreditwesens (alle finanziellen Intermediäre) in eine Theorie

---

14 Vgl. *John G. Gurley, Edward S. Shaw,* Financial Aspects of Economic Development, a.a.O., S. 522.

15 Vgl. *dieselben,* a.a.O., S. 522.

16 Vgl. *John G. Gurley, Edward S. Shaw,* Financial Aspects of Economic Development, a.a.O., S. 523.

der Finanzierung des Wachstumsprozesses[17]. Die in späteren Veröffentlichungen weitergehende Behauptung allerdings, daß die paramonetären Institutionen gleich dem Bankensystem zu multipler Kreditschöpfung fähig sind[18], führte infolge eines zunächst fehlenden formalen Beweises zu weiteren Untersuchungen.

Zur Begründung dieser Behauptung führen die Autoren an, daß die paramonetären Institutionen sich zunächst dadurch in den Besitz von Zahlungsmitteln bringen, daß sie gegen Zentralbankgeld bzw. Sichteinlagen bei Banken indirekte finanzielle Aktiva oder, anders ausgedrückt, Forderungen gegen sich selbst an Wirtschaftssubjekte verkaufen. Da sie jedoch nur den geringeren Teil der ihnen zugeflossenen Zahlungsmittel in Form von Reserven halten, den anderen zum Kauf primärer Aktiva bzw. direkter Kreditgewährung verwenden, können sie ein Vielfaches ihrer Reserven an Kredit schöpfen[19]. Diese Erklärung ist evident und trägt nicht zur Klärung der Frage bei, ob die paramonetären Institutionen in gleicher Weise wie das Bankensystem fähig sind, im Zusammenwirken, auf der Basis einer bei ihnen vorhandenen Überschußreserve, ein Vielfaches dieser Überschußreserve an Kredit zu schöpfen. Die Aussage von Gurley und Shaw geht lediglich dahin, daß sich die Verbindlichkeiten eines einzelnen paramonetären Instituts stärker erhöht haben als ihre Geldbestände, wenn ihm Gelder zugeflossen sind und ein Teil davon zur Kreditgewährung verwendet wurde[20].

Wenngleich Gurley und Shaw zur Lösung dieses konkreten Problems wenig beitragen konnten, waren ihre Ausführungen doch Anregung zu eingehender formaler Analyse. Unabhängig davon ist es jedoch ihr Verdienst, im Hinblick auf die Probleme des Kreditangebots seitens des Kreditsystems einer Volkswirtschaft erstmals zwischen monetären Intermediären und paramonetären Institutionen unterschieden und die Gemeinsamkeiten und Verschiedenheiten dieser Intermediärgruppen herausgearbeitet zu haben. Im folgenden sollen die an die Gedanken von Gurley und Shaw anschließenden Ansätze untersucht werden.

---

[17] Zur Kritik der Thesen von Gurley und Shaw vgl. auch *J. M. Culbertson*, Intermediaries and Monetary Theory: A Criticism to the Gurley-Shaw Theory, aa..O., S. 119—31, insbes. S. 119—25. Culbertson lehnt eine Einstufung des Bankensystems mit den paramonetären Institutionen ab mit der Begründung, daß das Bankensystem nicht einer besonderen Zentralbankaufsicht unterstellt wäre, wenn es nicht eine exponierte Stellung im Kreditwesen einnähme.

[18] *John G. Gurley, Edward S. Shaw*, Financial Intermediaries and the Saving-Investment Process, a.a.O., S. 262—63 (Fußnote).

[19] Vgl. *John G. Gurley, Edward S. Shaw*, Money in a Theory of Finance, a.a.O., S. 198—99.

[20] Vgl. auch *Assar Lindbeck*, A Study in Monetary Analysis, a.a.O., S. 195.

b) Die systematische Analyse der Frage nach der Kredit- bzw. Geldschöpfungsfähigkeit paramonetärer Institutionen

aa) Ansätze zur Bestimmung eines Kreditschöpfungsmultiplikators für paramonetäre Institutionen

Die bisherige Analyse hat gezeigt, daß die paramonetären Institutionen, wie die Banken und jedes andere Wirtschaftssubjekt in der Lage sind, Kredit zu schöpfen. Für die weitere Untersuchung, insbesondere für die Beurteilung des Einflusses der Tätigkeit paramonetärer Institutionen auf geldpolitische Maßnahmen, ist die Frage von erheblichem Interesse, ob diese gleich den Banken fähig sind, auf der Basis einer Überschußreserve multipel Kredit zu schöpfen. Die im folgenden dargestellten Ansätze lassen sich hinsichtlich der Methodik in zwei Kategorien einteilen. Einerseits wird die Methode von C. A. Phillips in Anwendung gebracht. Andererseits wird das Problem auf der Grundlage von Annahmen über das Portefeuilleverhalten des Publikums zu lösen versucht.

α) Ansatz auf der Grundlage der Methode von C. A. Phillips[21]

Es wird unterstellt, daß sich die paramonetären Institutionen als Gesamtheit im Besitz einer Überschußreserve $\Delta Z'$ befinden. Über die Herkunft der Überschußreserve werden folgende Annahmen getroffen. Sie kann entstanden sein durch Einzahlung von Zentralbankgeld bei paramonetären Institutionen ($\Delta Z'_1$). Sie kann ferner aus Sichteinlagen bei Banken bestehen, die den paramonetären Institutionen beim Verkauf finanzieller Aktiva an das Publikum gutgeschrieben werden. Dabei wird unterschieden nach Sichteinlagen ($\Delta Z'_2$), die ohne eine unmittelbar vorangegangene Kreditexpansion des Bankensystems bereits vorhanden waren und Sichteinlagen ($\Delta Z'_3$), die bei einer unmittelbar vorausgegangenen Kreditschöpfung infolge zusätzlicher Überschußreserven im Bankensystem entstanden sind. Die Kreditexpansion ($\Delta kr'$) der paramonetären Institutionen beträgt dann in allgemeiner Form ausgedrückt:

$$\Delta kr' = m \Delta Z' , \tag{1}$$

[21] Vgl. im folgenden die Ausführungen von *Richard S. Thorn*, Nonbank Financial Intermediaries, Credit Expansion, and Monetary Policy, a.a.O., S. 369—83. Die Symbolik wird der des oben dargestellten traditionellen Ansatzes angepaßt. Dieser Auffassung schließt sich an: *F. Argy*, Non-Banking Financial Intermediaries and the Process of Credit Creation, a.a.O., S. 530 bis 541.

wobei m für den noch zu bestimmenden Multiplikator steht oder:

(1a) $\Delta\, kr' = m\,(\Delta\, Z'_1 + \Delta\, Z'_2 + \Delta\, Z'_3)$, wobei $\Delta\, Z' = \Delta\, Z_1 + \Delta\, Z'_2 + \Delta\, Z'_3$

Die paramonetären Institutionen halten eine freiwillige Reserve r, über deren Form keine näheren Bestimmungen getroffen werden. Es wird angenommen, daß ein Teil k der von ihnen auf der Grundlage der Überschußreserve gewährten Kredite in Form von Zentralbankgeld oder Sichtguthaben bei Banken wieder zu ihnen zurückfließt.

Für die Kreditschöpfung $\Delta kr'$ der paramonetären Institutionen ergibt sich somit folgende unendliche geometrische Reihe:

(2) $\Delta\, kr' = (1-r)\,\Delta\, Z' + (1-r)^2\,\Delta\, Z'\,k + \ldots + (1-r)^m \cdot k^{m-1} \cdot \Delta\, Z' + \ldots +$

Entsprechend der Summenformel für die unendliche geometrische Reihe $s_u = \frac{a_1}{1-q}$ gilt:

(3) $$\Delta\, kr' = \frac{(1-r)}{1-(1-r)\,k} \cdot \Delta\, Z'$$

Die Kreditschöpfung der paramonetären Institutionen wird somit bestimmt durch die Überschußreserve $\Delta Z'$, den Reservesatz r und den Rückstromkoeffizienten k.

Die Aussage Thorns[22], daß der gesamtwirtschaftliche Kreditschöpfungsmultiplikator sich aus der Summe der Ansätze für das Bankensystem und der paramonetären Institutionen ergibt, muß als problematisch bezeichnet werden. Wird ein Teil der Reserven der paramonetären Institutionen sowie der rückströmenden Kredite in Form von Sichteinlagen bei Banken gehalten, so sind die dadurch eintretende Veränderung der Überschußreserve des Bankensystems sowie die veränderten Reserveanforderungen zu berücksichtigen. Der Ansatz von Thorn liefert noch keine hinreichende Erklärung für eine multiple Kreditschöpfungsfähigkeit paramonetärer Institutionen. Der Multiplikator k_r nimmt bei einem unterstellten Reservekoeffizienten der paramonetären Institutionen von o, 1 nur dann einen Wert von größer als 1 an, wenn der Rückstromkoeffizient k einen Wert größer als o, 1 erreicht. Es ist jedoch zu bezweifeln, daß der Rückstromkoeffizient einen Wert größer als o, 1 annehmen wird.

β) Bestimmung eines Kreditschöpfungsmultiplikators für paramonetäre Institutionen unter Berücksichtigung des Anlageverhaltens des Publikums

---

22 Vgl. *Richard Thorn*, Nonbank Financial Intermediaries, Credit Expansion, and Monetary Policy, a.a.O., S. 382.

Der im folgenden dargestellte Ansatz geht auf Assar Lindbeck[23] zurück. Lindbeck geht davon aus, daß das Publikum gewillt ist, wenn sich infolge einer Kreditschöpfung seitens des Bankensystems oder der paramonetären Institutionen ihr Bestand an Sichteinlagen erhöht, in bestimmten Proportionen zusätzliche Bestände an anderen finanziellen Aktiva zu akkumulieren. Die nachfolgende Tabelle zeigt in der ersten Spalte diese Bestandsveränderungen an. Die Methodik besteht anders als im traditionellen Ansatz darin, den Kreditschöpfungsmultiplikator über die Frage nach der Höhe der Überschußreserve zu ermitteln, die erforderlich ist, um die Sichteinlagen im Publikum um eine Geldeinheit zu erhöhen, unter der Voraussetzung, daß das Publikum bei einer solchen Erhöhung seiner Sichteinlagen sein gesamtes Portefeuille entsprechend anpaßt. Demgegenüber geht der traditionelle Ansatz von einer fest vorgegebenen Überschußreserve aus und fragt nach dem Umfang der Kreditschöpfungsmöglichkeiten unter Einbeziehung bestimmter restriktiver Wirkungen.

Finanzielle Aktiva	Bestand der verschied. finanziellen Aktiva, die vom Publikum pro eine Geldeinheit Sichteinlagen gehalten werden	Erforderliche Überschußreserve für eine Kreditexpansion
1. Sichteinlagen	1	1
2. Zentralbankgeld	c	c
3. Termindepositen bei Banken	t_c	t_c
4. Termindepositen bei paramonetären Institutionen	t_i	$t_i\,(d^* + c^*)$
5. Wertpapiere von paramonetären Institutionen	s	$s\,(d^* + c^*)$
6. Summe	$l + c + t_c + t_i + s$	$i + c + t_c + (t_i + s)$ $(d^* + c^*)$

Die oben verwendeten Symbole kennzeichnen folgende Faktoren:

c = gewünschtes Verhältnis von Zentralbankgeld zu Sichteinlagen seitens des Publikums

t_c = gewünschtes Verhältnis von Termineinlagen bei Banken zu Sichteinlagen seitens des Publikums

t_i = gewünschtes Verhältnis von Termineinlagen bei paramonetären Institutionen zu Sichteinlagen seitens des Publikums

s = gewünschtes Verhältnis von Wertpapieren von paramonetären Institutionen zu Sichteinlagen seitens des Publikums

d^* = Reservehaltung der paramonetären Institutionen in Form von Sichteinlagen bei Banken

c^* = Reservehaltung der paramonetären Institutionen in Form von Zentralbankgeld.

[23] Vgl. *Assar Lindbeck*, A Study in Monetary Analysis, a.a.O., S. 193.

Die Kreditexpansion der paramonetären Institutionen wird wie im vorangehenden Ansatz isoliert von der gleichzeitig ablaufenden des Banksystems betrachtet. Es wird angenommen, daß die paramonetären Institutionen über eine Überschußreserve in Form von Zentralbankgeld verfügen und eine Kreditexpansion vornehmen. Wird nun — wie oben bereits ausgedrückt — unterstellt, daß das Publikum bei einer Zunahme seiner Sichteinlagen zusätzlich andere finanzielle Aktiva in festen Proportionen zu diesen zu halten wünscht, so verlieren die paramonetären Institutionen durch ihre Kreditexpansion Zentralbankgeld in Höhe von $(1 + c + t_c)$. Ein Teil des geschöpften Kredits $(t_i + s)$ fließt wieder zu den paramonetären Institutionen zurück. Davon wiederum wird ein Teil $(t_i + s)(d^* + c^*)$ in Form von Sichteinlagen bei Banken (d^*) sowie Zentralbankgeld (c^*) als Reserve gehalten. Demgegenüber wird der Betrag $(t_i + s)(1 - d^* - c^*)$ zur Kreditexpansion verwendet. Der Betrag an Überschußreserve in Form von Zentralbankgeld, der notwendig ist, um eine Kreditexpansion in der Weise vorzunehmen, daß die Sichteinlagen des Publikums sich um eine Geldeinheit erhöhen, ergibt sich somit als $1 + c + t_c + (t_i + s)(d^* + c^*)$. Der Kreditbetrag, der von den paramonetären Institutionen auf der Grundlage einer Überschußreserve von einer Geldeinheit in Form von Zentralbankgeld geschöpft werden kann, ergibt sich somit als

$$(1) \qquad k' = \frac{1 + c + t_c + t_i + s}{1 + c + t_c + (t_i + s)(d^* + c^*)}$$

Wird die bei beiden paramonetären Institutionen vorhandene Überschußreserve mit $\Delta Z'$ und die aufgrund dieser mögliche zusätzliche Kreditschöpfung mit $\Delta kr'$ bezeichnet, so ergibt sich die bereits bekannte Form:

$$(2) \qquad \Delta\, kr' = k' \cdot \Delta\, Z'$$

Der Ansatz Lindbecks vermag ebenfalls keinen Beweis für eine multiple Kreditschöpfung der paramonetären Institutionen zu erbringen. Er enthält die Frage nach der Portefeuilleanpassung des Publikums, wenn sich dessen Sichteinlagen um eine Geldeinheit erhöht haben. Lindbeck geht davon aus, daß das Publikum bei einer Erhöhung seiner Sichteinlagen eine proportionale Erhöhung seiner finanziellen Forderungen vornimmt. Dieser Ansatz impliziert, daß von den paramonetären Institutionen eine vorherige Geldschöpfung vorgenommen worden ist. Es ist aber in dieser Untersuchung als entscheidendes Kriterium für die Zugehörigkeit einer finanziellen Institution zu den paramonetären Institutionen herausgestellt worden, daß sie gegenüber Nichtbanken keine Sichteinlagen einräumt. Der Ansatz Lindbecks zeigt daher lediglich auf, wie sich das finanzielle Anlagevolumen des Publikums bei einer Ausdehnung der Geldmenge verändert[24].

bb) Untersuchung der Geldschöpfungsfähigkeit paramonetärer Institutionen

Nachdem gezeigt worden ist, daß die Ansätze zur Bestimmung des maximalen Kreditangebots der paramonetären Institutionen keinen Beweis für eine multiple Kreditschöpfung liefern können, wird nun zu fragen sein, ob sie zur Geldschöpfung fähig sind. Hierbei wird zunächst ein einzelnes paramonetäres Institut betrachtet. Im Anschluß daran werden die gewonnenen Ergebnisse im Zusammenhang mit der Betrachtung der paramonetären Institutionen als Gesamtheit überprüft. Wie bereits dargestellt wurde, räumen nur wenige paramonetäre Institutionen in sehr geringem Umfang Sichteinlagen gegenüber dem Publikum ein. Abgesehen von diesen werden ihre Emissionen nicht als

---

[24] Ähnliche Ansätze wie der Lindbecks finden sich bei *Edward S. Shaw*, Money, Income and Monetary Policy, a.a.O., S. 133—42. *Donald Shelby*, Some Implications of the Growth of Financial Intermediaries, in: a.a.O., S. 527—41. *Warren L. Smith*, Financial Intermediaries and Monetary Controls, a.a.O., S. 533—53. In dem von Shelby verwendeten Ansatz wird unterstellt, daß sich der Vermögensbestand des Publikums zusammensetzt aus Geld, Zeitdepositen und finanziellen Aktiva, emittiert von paramonetären Institutionen. Gelangen diese in den Besitz von Zentralbankgeld $\Delta Z'$, so gilt bei einer Kreditausdehnung für ihr Kreditangebot $\Delta kr'$:

$$(1') \qquad \Delta\, kr' = \frac{1 + d + \beta}{rd + r_b d + r_d r_s \beta} \cdot \Delta\, Z'$$

Darin bezeichnet d das marginale Verhältnis von Zeit- zu Sichtdepositen, β das marginale Verhältnis von Forderungen gegen paramonetäre Institutionen zu Sichteinlagen. Beide Größen drücken das Portefeuille-Verhalten des Publikums aus. Die Reservekoeffizienten werden mit r bezeichnet: r_d = Reserve für Sichteinlagen, r_t = Reserve für Termineinlagen, r_s = Reserve der paramonetären Institutionen. Es wird angenommen, daß diese Reserven in Form von Sichteinlagen bei den Banken halten. Die Höhe der Kreditschöpfung ist neben den Reservekoeffizienten von den Größen d und β abhängig, die im Variationsbereich von Null bis Unendlich schwanken.

Smith dagegen geht wie Lindbeck davon aus, daß bei einer Expansion des Geldangebots durch das Bankensystem das Publikum seinen Bestand an Vermögenstiteln entsprechend erhöht. Es ergibt sich damit für die Kredtischöpfung aller Intermediäre:

$$(2') \qquad \Delta\, F' = \frac{1 + c + t}{rd + c + (r_c + r_d r_s)\, t} \cdot \Delta\, Z'$$

Es bezeichnet $\Delta F'$ die Zunahme aller Forderungen des Publikums gegen die finanziellen Intermediäre bei der Ausdehnung des Kreditangebots auf der Grundlage einer Überschußreserve $\Delta Z'$ im Bankensystem. Die Reservehaltung der Intermediäre wird durch die r-Koeffizienten angegeben. Mit c wird die Kassenproportion und mit t die Erhöhung der von Intermediären aufgenommenen Forderungen bezeichnet.

Zahlungsmittel anerkannt. Die paramonetären Institutionen bringen sich durch den Verkauf finanzieller Aktiva aus eigener Emission in den Besitz von Zahlungsmitteln. Die Summe der Forderungen im Publikum bleibt dadurch unverändert. Es hat lediglich ein Aktivtausch stattgefunden. Dem Publikum wurden jedoch in Höhe der Kaufsumme für die finanziellen Aktiva Zahlungsmittel entzogen. Verwendet ein paramonetäres Institut diese Zahlungsmittel zum Ankauf von direkten Wertpapieren, so schöpft es in Höhe der Kaufsumme Kredit. Eine Geldschöpfung findet nicht statt. Es vollzieht sich lediglich eine Rückführung der dem Publikum vorher entzogenen Geldmenge. Wollte man diese Transaktion als Geldschöpfung bezeichnen, dann müßte folglich jeder Verkauf als Geldvernichtung und jeder Kauf als Geldschöpfung bezeichnet werden. Extrem kurzfristig über den Zeitraum der Verweildauer des Barbestandes bei einem Wirtschaftssubjekt gesehen, könnte das auch der Fall sein. Da aber dieser Bestand in der Regel nicht zur Bildung von Horten verwendet wird, sondern nach kurzer Zeit zum Kauf von Gütern, wäre es unangebracht, von Geldvernichtung bzw. Geldschöpfung zu reden.

In den oben dargestellten Ansätzen zum Kreditangebot wurde jeweils davon ausgegangen, daß von den paramonetären Institutionen eine Reserve in Form von Zentralbankgeld für die Verbindlichkeiten zu halten ist. Es kann also bei der Kreditgewährung nicht in vollem Umfang auf die aus dem Verkauf eigener Emissionen erlösten Zahlungsmittel zurückgegriffen werden. Da ein Teil der Reserven von den paramonetären Institutionen in Form von Barkasse gehalten wird, so kommt es in jedem Falle zu einer Geldvernichtung im Publikum. Die Geldvernichtung ist dann am größten, wenn die Reservehaltung gänzlich in Form von Bargeld erfolgt.

Wird diese Vorstellung auf die Gesamtheit der paramonetären Institutionen übertragen, so ist festzustellen, daß sie durch ihre Tätigkeit dem Publikum ständig Zahlungsmittel entziehen, ihm jedoch nur einen Teil wieder zuführen. Weder das einzelne Institut noch die Gesamtheit der paramonetären Institutionen ist unter den gegebenen Bedingungen in der Lage, Geld zu schöpfen, wird die in geringem Umfang vorgenommene Einräumung von Sichteinlagen vernachlässigt. Daraus kann jedoch nicht unmittelbar gefolgert werden, daß durch das Entstehen und das Wachstum paramonetärer Institutionen der gesamtwirtschaftliche Bedarf an Zahlungsmitteln größer geworden ist. Vielmehr hat die Notwendigkeit für das Publikum, eine für alle Eventualitäten ausreichende Kasse zu halten, gerade durch die Entwicklung der paramonetären Institutionen abgenommen. Es bedarf seitens des Publikums nicht mehr umfangreicher Geldhorte, da die von den paramonetären Institutionen emittierten finanziellen Forderungen in gewissem Umfang als Geldsubstitute fungieren. Wird ferner angenommen, daß ein Teil der aus dem Bereich der paramonetären Institutionen infolge ihrer Kreditschöpfung abfließenden Zahlungsmittel in das Bankensystem gelangen, so wird durch dessen dadurch erweiterte Geldschöpfungsfähigkeit die Geldvernichtung durch die paramonetären Institutionen in gewisser Weise wieder ausgeglichen. Infolge ihres Angebots an hochverzinslichen Anlageformen sowie Versicherungsleistungen besteht darüber hinaus die Möglichkeit der Reaktivierung von Bargeldhorten[24a].

Sind die paramonetären Institutionen schließlich an der Abwicklung des Zahlungsverkehrs beteiligt, d. h. dürfen sie Sichteinlagen des Publikums hereinnehmen, so sind sie zusammen mit dem Bankensystem in der Lage, an der multiplen Geldschöpfung mitzuwirken. Diese Situation ist, wenn auch nur in geringem Umfang, in der BRD bei den Realkreditinstituten, den Kreditinstituten mit Sonderaufgaben, den Teilzahlungskreditinstituten und den Bausparkassen gegeben[25]. Abgesehen von diesen Ausnahmen sind die paramonetären Institutionen in der BRD infolge der oben dargestellten Gründe nicht fähig, Geld zu schöpfen.

c) Die Ableitung eines Kreditschöpfungsmultiplikators unter Einbeziehung der paramonetären Institutionen

Wurden bisher Kredit- bzw. Geldschöpfungsmöglichkeiten der paramonetären Institutionen isoliert von den monetären Intermediären betrachtet, so werden nunmehr Ansätze zur Bestimmung eines Kredit- bzw. Geldschöpfungsmultiplikators dargestellt, die sowohl die monetären Intermediäre als auch die paramonetären Institutionen in die Betrachtung einbeziehen. Das erweist sich als erforderlich, weil eine isolierte Betrachtung beider Institutsgruppen nur unvollständige Aufschlüsse liefert.

aa) Ansatz ohne Berücksichtigung des Anlageverhaltens des Publikums[26]

Der Kreditschöpfungsmultiplikator für das Bankensystem, unabhängig von den paramonetären Institutionen, kann durch folgenden Ausdruck gekennzeichnet werden:

[24a] Vgl. hierzu auch *G. Clayton*, British Financial Intermediaries in Theory and Practice, a.a.O., S. 867—86. Ebenso: *David A. Fand*, Intermediary Claims and the Adequacy of our Monetary Controls, in: Banking and Monetary Studies, Hrsg. Deane Carson, Homewood 1963, S. 234—253. Ebenso: *Pierré Biacabe*, Intermédiaires Financiers Comptabilité Nationale et Théorie Monétaire, in: Revue de Science Financière, No. 54 (1962), S. 597—656.

[25] Siehe hierzu Tabelle 1 auf Seite 22.

[26] Vgl. im folgenden *Warren P. Hogan*, Monetary Policy and Financial Intermediaries, a.a.O., S. 517—29. Die Symbolik wurde teilweise verändert, um sie der in der Untersuchung häufiger verwendeten anzupassen.

(1) $$\Delta\, kr' = \frac{1}{r + g\,(1 - r)} \cdot \Delta\, Z$$

Es läßt sich eine starke Ähnlichkeit mit dem Ausdruck des traditionellen Ansatzes feststellen. Hier bezeichnet jedoch r die Kassenreserve der Banken für Sichteinlagen und g den Verlust an Überschußreserven durch Steuerverpflichtungen sowie den Kauf von Devisen als Folge der Kreditausdehnung.

Die multiple Kreditschöpfung der paramonetären Institutionen wird wie in den oben dargestellten Ansätzen als aus Zahlungsmitteln des Publikums gespeist betrachtet. Hier wird die zusätzliche Annahme getroffen, daß das Publikum nur Sichteinlagen bei Banken zum Kauf finanzieller Aktiva von paramonetären Institutionen verwendet. Für das Kreditangebot der paramonetären Institutionen ergibt sich dabei ein Ausdruck der Form:

(2) $$\Delta\, kr'' = \frac{(1 - p)}{p + z\,(1 - p)} \cdot \Delta\, D_f$$

In diesem Ausdruck bezeichnet p die Kassenreserve der paramonetären Institutionen für eingegangene Verbindlichkeiten und z den Teil der Kreditgewährung, der nicht zu den paramonetären Institutionen zurückfließt. Mit ΔD_f wird der Teil der Sichteinlagen des Publikums bei Banken bezeichnet, der zum Kauf finanzieller Aktiva bei paramonetären Institutionen verwendet wird.

Infolge der Kreditexpansion paramonetärer Institutionen erhöht sich die wirtschaftliche Aktivität. Das führt zu einem zusätzlichen Verlust an Überschußreserven, der durch weitere Steuerverpflichtungen sowie Devisenkäufe hervorgerufen wird. Für den Verlust ergibt sich:

(3) $$a = g\left(\frac{(1 - p)\,\Delta\, D_f}{p + z\,(1 - p)}\right)$$

Wird nun unterstellt, daß im Bankensystem infolge dessen Kreditexpansion keine Überschußreserven mehr vorhanden sind, gleichfalls keine Refinanzierungsmöglichkeiten bei der Zentralbank bestehen, dann sieht sich das Banksystem gezwungen, seine Kredite im Umfang von

(4) $$\Delta\, R = a\,\frac{1}{r + g\,(1 - g)}$$

zu reduzieren. Wird dieser Ausdruck nun von Gleichung (2) in Abzug gebracht, so ergibt sich eine Beziehung zwischen der Kreditschöpfung des Bankensystems und der paramonetären Institutionen:

$$(5) \qquad \Delta\, kr''' = \frac{(1-p)\,\Delta\, Df}{p + z\,(1-p)} - \frac{(1-r)}{r + g\,(1-r)} \cdot g\, \frac{(1-p)\,\Delta\, Df}{p + z\,(1-p)}$$

$$= \frac{(1-p)\,\Delta\, Df}{p + z\,(1-p)} \cdot \left(1 - \frac{1}{r + g\,(1-r)} \cdot g\right)$$

Dieser Ausdruck zeigt nach Ansicht Hogans die Wirkung der Tätigkeit paramonetärer Institutionen auf die Kreditschöpfung des Bankensystems.

Gleichzeitig gebe er die Grenze des Kreditangebots aller finanziellen Intermediäre an, auf der Grundlage einer Überschußreserve ΔZ im Bankensystem[27].

Obwohl dem Ansatz insofern Beachtung beizumessen ist, als er, wenn auch nur unter dem Aspekt des Abflusses inländischer Zahlungsmittel, außerwirtschaftliche Probleme des Kreditangebots berücksichtigt und ebenso, wenn auch unspezifiziert, die Steuerabgaben, so ist er doch noch mit Mängeln behaftet. Der Ausdruck (5) zeigt nichts anderes als das Kreditangebot der paramonetären Institutionen abzüglich der Einschränkung des Kreditangebots des Bankensystems, hervorgerufen durch den Mangel an Überschußreserven einerseits und Zahlungsverpflichtungen andererseits. Das Kreditangebot aller Intermediäre ergibt sich jedoch aus dem Ausdruck (5) plus der Differenz zwischen dem Kreditangebot und zwangsweiser Krediteinschränkung des Bankensystems sowie dem Einfluß auf das Kreditangebot durch Überweisung von Sichteinlagen seitens des Publikums an die paramonetären Institutionen und den Verlust der paramonetären Institutionen an Zahlungsmitteln an das Bankensystem infolge der Kreditgewährung.

Schließlich fehlt in dem Ansatz die Berücksichtigung der Kassenhaltungsgewohnheiten des Publikums sowie das Portefeuilleverhalten. Die Kassenhaltungsgewohnheiten lassen sich jedoch ohne Schwierigkeiten in den Ansatz einfügen.

bb) Ansätze unter Berücksichtigung des Anlageverhaltens des Publikums

Wie schon bei der Darstellung des Kreditangebots paramonetärer Institutionen betont wurde, sind stark vereinfachende Annahmen über

---

[27] Vgl. *Warren P. Hogan,* Monetary Policy and Financial Intermediaries, a.a.O., S. 523.

das Anlageverhalten des Publikums oder gar deren Vernachlässigung nicht geeignet, eine hinreichende Aussage über das Kreditangebot der finanziellen Intermediäre insgesamt zu gewinnen. In der folgenden Betrachtung wird dem Portefeuilleverhalten des Publikums daher stärkeres Gewicht beigemessen.

α) Der Ansatz Lindbecks[28] zur Bestimmung der Grenze des Kreditangebots der finanziellen Intermediäre

Wie oben dargestellt wurde, geht Lindbeck methodisch abweichend vom traditionellen Ansatz vor bei der Bestimmung der Grenzen des Kreditangebots. Da er unterstellt, daß bei einer vom Bankensystem ausgehenden Expansion des Kreditangebots das Publikum in festen Proportionen zu der Erhöhung seiner Bestände an Sichteinlagen andere Vermögenstitel zu erwerben wünscht, fragt er zunächst nach der Höhe der Überschußreserve, über die das Bankensystem verfügen können muß, um eine Erhöhung des Geldangebots um eine Geldeinheit vorzunehmen. Das Portefeuille des Publikums setzt sich zusammen aus: Sichteinlagen, Zentralbankgeld, Zeitdepositen bei Banken, Zeitdepositen bei paramonetären Institutionen und Forderungen gegen paramonetäre Institutionen in Form von Wertpapieren. Die Anteile finanzieller Aktiva, die bei einer Erhöhung der Sichteinlagen des Publikums von diesem zusätzlich zu halten gewünscht werden, sowie die dazu erforderliche Überschußreserve werden in nachstehender Tabelle angegeben.

Finanzielle Aktiva	Bestand der verschiedenen finanz. Aktiva, die vom Publikum pro eine Geldeinheit gehalten werden	Erforderliche Überschußreserven für eine Kreditexpansion von einer Geldeinheit an Sichtdepositen
1. Sichteinlagen	i	r_d
2. Zentralbankgeld	c	c
3. Termineinlagen bei Banken	t_c	$t_c r_t$
4. Termineinlagen bei paramonetären Institutionen	t_i	$t_i (d^* r_d + c^*)$
5. Wertpapiere von paramonetären Institutionen	s	$s (d^* r_d + c^*)$
6. Summe	$i + c + t_c + t_i + s$	$r_d + c + t_c r_t + (t_i + s) (d^* r_d + c^*)$

[28] Vgl. *Assar Lindbeck*, A Study in Monetary Analysis, a.a.O., S. 188 ff.

Die oben verwendeten Symbole kennzeichnen folgende Faktoren:

r_d = gesetzliche und freiwillige Reserve für Sichteinlagen der Banken
r_t = gesetzliche und freiwillige Reserve für Termineinlagen der Banken
c^* = Reservehaltung der paramonetären Institutionen in Form von Zentralbankgeld
d^* = Reservehaltung der paramonetären Institutionen in Form von Sichteinlagen bei Banken
c = gewünschtes Verhältnis von Zentralbankgeld zu Sichteinlagen seitens des Publikums
t_c = gewünschtes Verhältnis von Termineinlagen bei Banken zu Sichteinlagen
t_i = gewünschtes Verhältnis von Termineinlagen bei paramonetären Institutionen zu Sichteinlagen
s = gewünschtes Verhältnis von Wertpapieren von paramonetären Institutionen zu Sichteinlagen.

Die Überschußreserve, die das Bankensystem unter Berücksichtigung der Vermögenshaltung des Publikums benötigt, um eine Expansion der Geldmenge von einer Geldeinheit vorzunehmen, ergibt sich als $r_d + c + t_c r_t + (t_i + s)(d^* r_d + c^*)$. Bei Division der ersten Spalte obiger Tabelle durch die zweite ergibt sich für den Kreditschöpfungsmultiplikator:

(1) $$k = \frac{1 + c + t_c + t_i + s}{r_d + c + t_c r_t + (t_i + s)(d^* r_d + c^*)}$$

Verfügt das Bankensystem über eine Überschußreserve ΔZ, so ergibt sich für die Grenze der Kreditschöpfung aller finanziellen Intermediäre:

(2) $$\Delta\, kr = \frac{1 + c + t_c + t_i + s}{r_d + c + t_c r_t + (t_i + s)(d^* r_d + c^*)} \cdot \Delta\, Z$$

Dieser Ansatz Lindbecks überwindet die geringe Aussagekraft der traditionellen Theorie und formuliert die Grenzen des Kreditangebots aller finanziellen Intermediäre als bestimmt durch das Portefeuilleverhalten des Publikums, die Reservehaltung der Intermediäre und die Höhe der Überschußreserve im Bankensystem.

Es entsteht nun die Frage, ob sich die Grenze der Kreditschöpfung durch die Einbeziehung der paramonetären Institutionen gegenüber der bei der isolierten Betrachtung des Geldschöpfungsmechanismus erweitert oder aber verringert. Folgt man der Argumentation Lindbecks, so ergibt sich, wie aus (2) ersichtlich ist, daß die Kreditschöpfungsmöglichkeiten aller Intermediäre größer sind als die des Bankensystems allein. Dem steht entgegen, daß die paramonetären Institutionen durch ihre Tätigkeit zusätzliche Überschußreserve binden, so daß sich die Vermutung aufdrängt, die Kreditschöpfungsmöglichkeiten müßten bei einer Einbeziehung der paramonetären Institutionen geringer sein.

Lindbeck gelangt zu diesem Ergebnis, weil er monetäre Intermediäre und paramonetäre Institutionen als eine Einheit auffaßt. Er führt in der Analyse keine Trennung durch nach der Kreditgewährung beider Intermediärgruppen und den damit verbundenen Verlusten an Überschußreserven. Vielmehr unterstellt er ein Kreditsystem, in dem die einzelnen Kreditinstitute eine Mischung aus monetärem Intermediär und paramonetärer Institution darstellen[29]. Das führt dazu, daß Verluste an Überschußreserven, insbesondere durch den Aufbau von Kassenbeständen seitens der Kreditnehmer, unberücksichtigt bleiben. Bei einer getrennten Betrachtung der Kreditgewährung beider Intermediärgruppen werden alle Verluste an Überschußreserven, die mit der Kreditgewährung verbunden sind, erfaßt.

β) Modifizierter Ansatz zur Bestimmung der Grenze des Kreditangebots der finanziellen Intermediäre

Die Ausgangssituation sei bestimmt durch eine Überschußreserve in Höhe von ΔZ im Bankensystem. In Höhe der Überschußreserve möge die im Besitz der Überschußreserve befindliche Bank einem Kunden einen Kredit gewähren, der in Form von Sichteinlagen auf dessen Konto gutgeschrieben wird. Da eine multiple Kreditschöpfung nur durch eine Interaktion des Kreditsystems und nur nach einer Vielzahl stets gleichartig ablaufender Aktionen ermöglicht wird, ergibt sich die Frage, welche maximale Kreditmenge auf der Basis einer Überschußreserve ΔZ geschöpft werden kann.

Es erweist sich daher als notwendig, die Faktoren zu bestimmen, die sich der Kreditschöpfung hemmend entgegenstellen. Dabei handelt es sich stets um solche Faktoren, deren Wirksamwerden die Bindung oder den Abfluß eines Teils der Überschußreserve in Form von Zentralbankgeld aus dem Kreditsystem zur Folge hat. Die Kreditexpansion findet ein Ende, wenn die letzte Einheit Überschußreserve gebunden oder abgeflossen ist. Über die Annahmen des traditionellen Ansatzes hinaus muß damit gerechnet werden, daß an irgendeiner Stelle Sichteinlagen, die durch die Kreditexpansion entstanden sind, in andere finanzielle Aktiva umgewandelt werden. Dadurch wird ein weiterer Abfluß oder eine weitere Bindung von Überschußreserven ausgelöst.

Verwendet nun der Kreditnehmer den Kredit dazu, eine Schuld gegenüber einem Gläubiger zu tilgen, der sein Konto bei einer anderen Bank hat, so fließen die Sichteinlagen dessen Konto zu. Er möge wie folgt über sein Sichtguthaben verfügen:

---

[29] Vgl. *Assar Lindbeck*, A Study in Monetary Analysis, a.a.O., S. 188.

1. Barabhebung eines Teils c der Überweisung
2. Umwandlung eines Teils t_B der Sichteinlagen in Spareinlagen bei der Bank
3. Umwandlung eines Teils p der Sichteinlagen in Forderungen gegen paramonetäre Institutionen.

Da die Grenze der Kreditschöpfung aller finanziellen Intermediäre bestimmt werden soll, werden das Bankensystem und die paramonetären Institutionen simultan, die Vorgänge bei der Kreditgewährung beider Intermediärgruppen aber getrennt betrachtet. Es werden wie oben angegeben Zahlungsströme zwischen dem Bankensystem und den paramonetären Institutionen zugelassen. Somit ergibt sich die Frage, durch welche hemmenden Faktoren bei den Banken und den paramonetären Institutionen Überschußreserven abfließen bzw. gebunden werden. Die einzelnen Phasen der Kreditschöpfung ergeben sich somit wie folgt:

1. Phase:

Kreditschöpfung in Höhe der Überschußreserve ΔZ durch Bank.

1. Die Kreditschöpfung beträgt $\Delta Kr_1 = \Delta Z$

2. Phase:

Infolge der Überweisung von Bank 1 erfolgt eine Gutschrift in Höhe von ΔZ auf dem Konto des Berechtigten bei der Bank 2. Für diese Sichteinlage hält die Bank eine Kassenreserve von $\Delta Z \cdot \bar{c}$. Ein Teil t_B der Sichteinlage wird von dem Kunden in Termineinlagen umgewandelt. Daraus ergibt sich eine Pflichtreservehaltung der Bank von $\Delta Z \cdot (1 - t_B) \cdot r_d$ für Sichteinlagen sowie $\Delta Z t_B \cdot r_t$ für Termineinlagen. Durch Barabhebung des Kunden verliert die Bank den Teil $\Delta Z \cdot c$ an Überschußreserve. Der Teil $\Delta Z \cdot p$ der Sichteinlagen wird im Wege der Überweisung zum Kauf von Forderungen auf Konten der paramonetären Institutionen geleitet. Diese halten den Teil $\Delta Zp \cdot c^*$ als Kassenreserve, den Teil ΔZpd^* als Reserve in Form von Sichteinlagen bei Banken. Die Banken haben dafür den Teil $\Delta Zp \cdot d^* \cdot r_d$ als Pflichtreserve und den Teil $\Delta Zp \cdot d^* \cdot \bar{c}$ als Kassenreserve zu halten. Der Teil $\Delta Z\,[p\,(1 - c^* - d^*)]$ steht den paramonetären Institutionen zur eigenen Kreditgewährung zur Verfügung. Es wird angenommen, daß davon ein Teil c, also $\Delta Z\,[p\,(1 - c^* - d^*)] \cdot c$ von dem Kreditnehmer in Zentralbankgeld abgehoben wird. Der Rest $\Delta Z\,[p\,(1 - c^* - d^*)]\,(1 - c)$ verbleibe in Form von Sichteinlagen im Bankensystem. Für diese ist in dieser Phase keine neue Reservehaltung mehr erforderlich. Es erfolgt lediglich eine Umbuchung von dem Konto des paramonetären Instituts auf das dessen Kreditnehmers. Die Bindung bzw. der Abfluß an Überschußreserven aus dem Kreditsystem infolge dieser Transaktionen sowie die Zahlungsströme zwischen dem Bankensystem und den paramonetären Institutionen werden im folgenden Schema dargestellt:

Abbildung 9: **Abfluß bzw. Bindung von Überschußreserve**

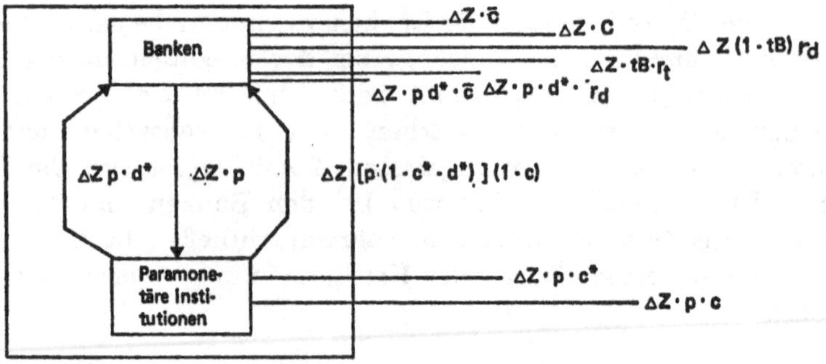

In dieser zweiten Phase ergibt sich also für die Kreditschöpfung Δkr_2:

(2) $$\Delta kr_2 = \Delta Z - \Delta Z \cdot \bar{c} - \Delta Z\,(1-t_B)\,r_d - \Delta Z \cdot t_B \cdot r_t - \Delta Z \cdot c$$

$$- \Delta Zp \cdot d^* \cdot r_d - \Delta Zp \cdot d^* \cdot \bar{c} - \Delta Zp \cdot c^* - \Delta Zp \cdot c$$

$$= \Delta Z\,\{1 - \bar{c} - (1-t_B)\,r_d - t_B \cdot r_t - c - pd^*\,r_d - pd^*\,\bar{c} - pc^* - pc\}$$

Dieser Ausdruck auf der rechten Seite von Gleichung (2), im folgenden mit A bezeichnet, gibt die Höhe der Kreditschöpfung von monetären Intermediären und paramonetären Institutionen in der ersten Phase an. Wird unterstellt, daß diese in der dritten Phase in gleicher Weise verläuft wie in der zweiten, so ergibt sich für diese:

3. Phase:

(3) $$\Delta kr_3 = A - A\bar{c} - A\,(1-t_B)\,r_d - At_B \cdot r_t - Ac - Ap \cdot d^* \cdot r_d$$

$$- Ap \cdot d^* \cdot \bar{c} - A \cdot p \cdot c^* - A \cdot p \cdot c$$

$$= A\,\{1 - \bar{c} - (1-t_B)\,r_d - t_B\,r_t - c - pd^*\,r_d - pd^*\,\bar{c} - pc^* - pc\}$$

Setzt man aus (2) für A ein, so ergibt sich:

(4) $$\Delta kr_3 = \Delta Z\{\quad\} \cdot \{\quad\}$$

$$= \Delta Z\{\quad\}^2$$

Wird angenommen, daß alle folgenden Phasen in der gleichen Weise verlaufen, so folgt der Kreditschöpfungsprozeß dem Gesetz einer unendlichen geometrischen Reihe. Für deren Summe gilt:

$$(5) \qquad s_n = \frac{a_1}{1 - q}$$

Es folgt daraus für die Grenze der Kreditschöpfung aller finanziellen Intermediäre:

$$(6) \qquad \Delta Kr = \frac{\Delta Z}{1 - \{1 - \bar{c} - (1 - t_B)\, r_d - t_B\, r_t - c - pd^*\, r_d - pd^*\, \bar{c} - pc^* - pc\}}$$

oder

$$\Delta Kr = \frac{\Delta Z}{\bar{c} + (1 - t_B)\, r_d + t_B\, r_t + c + pd^*\, r_d + pd^*\, \bar{c} + pc^* + pc}$$

Die Kreditschöpfung wird danach begrenzt durch die Reservehaltung der finanziellen Intermediäre sowie die Kassenproportion des Publikums. Wie aus Gleichung (6) ersichtlich wird, ist der Kreditschöpfungsmultiplikator größer als eins, jedoch kleiner als der ohne Einbeziehung der paramonetären Institutionen. Die Reservehaltung der paramonetären Institutionen bindet zusätzliche Überschußreserven. Dieser Ansatz bietet den Vorteil, daß er auf der gleichen Methode wie der herkömmliche aufbaut. Läßt man die zusätzlich zu denen des herkömmlichen Ansatzes getroffenen Annahmen fallen, so reduziert sich Gleichung (6) auf den traditionellen Ansatz:

$$(7) \qquad \Delta Kr = \frac{\Delta Z}{r + c}$$

Das Problem der Grenze der Kreditschöpfung bei gleichzeitiger Betrachtung der monetären Intermediäre und paramonetären Institutionen wird im obigen Ansatz somit dahingehend gelöst, daß sich die Kreditschöpfungsmöglichkeiten im Gegensatz zu einer isolierten Betrachtung des Geldschöpfungsmechanismus der monetären Intermediäre verringern. Dieses Ergebnis steht nicht im Widerspruch zu dem oben abgeleiteten, nach dem paramonetäre Institutionen in isolierter Betrachtung nicht zu multipler Kreditschöpfung fähig sind. Ebensowenig wie eine isolierte Betrachtung der Kreditschöpfung des Bankensystems exakte Aussagen lieferte, kann eine isolierte Betrachtung der paramonetären Institutionen Aufschluß über das Kreditangebot aller Intermediäre erbringen. Allein eine simultane Analyse ist dazu in der Lage.

4. Die indirekte Einwirkung der paramonetären Institutionen auf das Kreditangebot

Unter den von den paramonetären Institutionen, insbesondere den privaten und öffentlichen Versicherungen in ihren Portefeuilles gehaltenen finanziellen Aktiva, befinden sich in beträchtlichem Umfange Staatspapiere. Diese werden entweder freiwillig oder infolge von Verfügungen der Aufsichtsbehörden gehalten. Entsprechend diesen Bestimmungen erhalten die paramonetären Institutionen einen gewissen Spielraum, in dem sie Staatspapiere an- bzw. verkaufen können. Steht es ihnen frei, sich in größerem Umfang von Staatsschulden durch Verkauf zu trennen, so kann dadurch das Kreditangebot gegenüber dem Publikum in nicht unerheblichem Maße erweitert werden. Von dieser Möglichkeit werden sie Gebrauch machen, wenn sich ihnen zinsgünstigere Anlageformen bieten. Dieser Zeitpunkt ist dann gekommen, wenn sich die Kreditnachfrage erhöht und das Zinsniveau steigt[30].

Insbesondere in konjunkturellen Situationen, in denen die Zentralbank zur Dämpfung der wirtschaftlichen Aktivität stabilisierende Maßnahmen ergreift, kann dieses Reservoir an potentieller Liquidität unter gewissen Voraussetzungen zu einer Beeinträchtigung der Wirkung der notenbankpolitischen Instrumente führen[31]. Dieses Problem wird an anderer Stelle wieder aufgegriffen[32].

5. Die Erhöhung der Umlaufgeschwindigkeit des Geldes infolge der intermediären Tätigkeit der paramonetären Institutionen

Im Zusammenhang mit der Diskussion um den Einfluß der paramonetären Institutionen auf das Kreditangebot findet sich häufig die Behauptung, daß infolge deren Tätigkeit die Umlaufsgeschwindigkeit des Geldes dazu tendiere, sich zu erhöhen. Um diese Behauptung zu überprüfen, wird zunächst nach den Determinanten der Umlaufsgeschwindigkeit des Geldes zu fragen sein. Als Determinanten erscheinen die Geldmenge, das Einkommen und die Liquiditätspräferenz des Publikums. Um einen Beweis für die Behauptung zu erbringen, ist es erforderlich, den Nachweis zu erbringen, daß die paramonetären Institutionen einen spürbaren Einfluß auf die Determinanten auszuüben fähig sind. Die bisherige Analyse hat gezeigt, daß die Geldmenge außerhalb des Einfluß-

---

[30] Vgl. hierzu auch *Jürgen Siebke* und *Manfred Willms*, Das Geldangebot in der Bundesrepublik Deutschland, eine empirische Analyse für die Periode von 1958—1968, in: Zeitschrift für die gesamte Staatswissenschaft, 126. Jg. (1970), S. 1—20.

[31] Vgl. hierzu auch *Warren L. Smith*, Financial Intermediaries and Monetary Controls, a.a.O., S. 546—47. Ferner: *F. Argy*, Non-Banking Financial Intermediaries and the Process of Credit Creation, a.a.O., S. 344 ff.

[32] Siehe Teil 3. I. 1 c.

bereichs der paramonetären Institutionen liegt. Durch ihre Tätigkeit wird aber eine Erhöhung des Einkommens des Publikums bewirkt, nur ist zweifelhaft, ob diese stark genug ist, die Umlaufsgeschwindigkeit zu beeinflussen.

Wie schon an anderer Stelle ausgeführt wurde, besteht die Möglichkeit der Beeinflussung der Liquiditätspräferenz des Publikums seitens der paramonetären Institutionen. Ist das Einkommen und das Geldangebot konstant, eine Annahme, die kurzfristig realistisch ist, so kann eine Änderung der Liquiditätspräferenz die Umlaufsgeschwindigkeit, aber auch den Zins verändern. Gleichfalls ist bei variablem Einkommen und Geldangebot die Höhe der Umlaufsgeschwindigkeit und des Zinses auch von der Liquiditätspräferenz des Publikums bestimmt. Liquiditätspräferenz und Zins sind positiv miteinander korreliert. Bei unelastischer Liquiditätspräferenz des Publikums, aber hoher Grenzneigung zum Konsum wird dagegen ein Ansteigen der marginalen Umlaufsgeschwindigkeit des Geldes verbunden mit einem fallenden Zinssatz zu erwarten sein. Die sonst positive Korrelation zwischen Umlaufsgeschwindigkeit und Zins wird in diesem Falle unterbrochen[33].

Die Umlaufsgeschwindigkeit des Geldes kann steigen, wenn Zentralbankgeld und/oder Sichteinlagen vom Publikum zu den paramonetären Institutionen verlagert werden. Wenn Geldhorte des Publikums durch einen Transfer über die paramonetären Institutionen wieder in den Kreislauf gelangen, erhöht sich die Umlaufsgeschwindigkeit des Geldes. Im Falle von Sichteinlagen ergibt sich nur dann die gleiche Wirkung, wenn diese von den Banken als „idle balances", also ruhende Geldbestände, behandelt wurden. Eine derartige Behandlung von Geldbeständen erscheint jedoch im Hinblick auf die Zielsetzung der Banken als unrealistisch. Ändert sich die Liquiditätspräferenz des Publikums dahingehend, daß geringere Geldbestände, jedoch in stärkerem Maße verzinsliche Aktiva zu halten gewünscht werden, so erhöht sich die Umlaufsgeschwindigkeit des Geldes. Dieser Auffassung neigen Gurley und Shaw zu. Über ihren Umfang divergieren jedoch die Ansichten[34, 35].

---

[33] Vgl. *John G. Gurley, Edward S. Shaw*, Financial Aspects of Economic Development, a.a.O., S. 533 f.

Zur Problematik der Entwicklung der Umlaufsgeschwindigkeit des Geldes vgl. auch *Lawrence S. Ritter*, Income Velocity and Anti-Inflationary Monetary Policy, in: Money and Economic Activity, Readings in Money and Banking, Hrsg. Lawrence S. Ritter, 2. Aufl., Boston 1961, S. 346—352. *Warren L. Smith*, On the Effectiveness of Monetary Policy, ebenda, S. 334—337. *Lawrence S. Ritter*, The Structure of Financial Markets, Income Velocity and Effectiveness of Monetary Policy, in: Schweizerische Zeitschrift für Volkswirtschaft und Statistik, Jg. 98 (1962), S. 276—289. *Albert Ando, Franco Modigliani*, The relative Stability of Monetary Velocity and the Investment Multiplier, in: The American Economic Review, Vol. 55 (1965), S. 693—728.

[34] Positiv zu der Auffassung Gurleys und Shaws äußert sich *David Alhadeff*, Credit Controls and Financial Intermediaries, a.a.O., S. 655—671.

Hinsichtlich der Verhältnisse in der Bundesrepublik läßt sich, wie an anderer Stelle bereits dargestellt wurde, eine langfristige Tendenz wachsender Präferenz des Publikums für höherverzinsliche Anlageformen feststellen. Es ließen sich jedoch keine zyklisch auftretenden Verlagerungen der Ersparnisse des Publikums in erheblichem Umfang von Banken zu paramonetären Institutionen feststellen, da, wie die jüngste Entwicklung zeigt, alle Intermediäre, insbesondere aber die monetären, bemüht sind, ihren Sparern ertragreichere Anlageformen anzubieten. Eine infolge einer Änderung der Liquiditätspräferenz hervorgerufene Erhöhung der Umlaufsgeschwindigkeit des Geldes braucht daher nicht notwendig auf die Tätigkeit paramonetärer Institutionen zurückzuführen sein[36]. Für zyklische Schwankungen der Bestände finanzieller Aktiva infolge von Zinsänderungen ergibt das verfügbare statistische Material keine Anhaltspunkte. Diese Umstrukturierungen beschränken sich wohl auf den anlagebewußten zahlen- und volumenmäßig geringeren Teil des Publikums.

Die Umlaufsgeschwindigkeit des Geldes steigt ferner, wenn die paramonetären Institutionen ihre Reservehaltung verringern. Dazu werden sie jedoch nur dann in der Lage sein, wenn sie sich über die ihnen auferlegten Liquiditätserfordernisse hinaus im Besitz von Zentralbankgeld befinden. Sie werden sich immer dann von diesen Zentralbankgeldbeständen trennen, wenn sich ihnen erlaubte, ertragreiche Geschäfte bieten. Eine solche Entwicklung wird sich insbesondere in Situationen der Hochkonjunktur vollziehen, in denen die Zentralbank bereits Maßnahmen zur Einschränkung des Kreditangebots getroffen hat. Die beginnende Versteifung auf den Kreditmärkten führt zu steigendem Zinsniveau. Daraus ergeben sich ertragreiche Anlagemöglichkeiten.

Schließlich können die paramonetären Institutionen die Umlaufsgeschwindigkeit des Geldes dadurch erhöhen, daß sie Staatspapiere aus ihrem Portefeuille an das Publikum veräußern. Die Ursache für dieses Verhalten liegt wie im Fall 2 in anderweitigen höher verzinslichen Anlagemöglichkeiten, die in der Regel in Situationen konjunkturdämpfen-

---

Ebenso: *Warren P. Hogan*, Monetary Policy and Financial Intermediaries, a.a.O., S. 517—29. Ebenso: *David A. Fand*, Intermediary Claims and the Adequacy of our Monetary Controls, a.a.O., S. 234—53. Kritisch hinsichtlich der Nachweisbarkeit von Transfers von Sichteinlagen bei Banken zu paramonetären Institutionen äußert sich *Warren L. Smith*, Financial Intermediaries and Monetary Controls, a.a.O., S. 533—53. Gänzlich abgelehnt werden dagegen die Vorstellungen von „shifts" ausgelöster zyklischer Wirkungen von *William C. Freund*, The Federal Reserve and Financial Intermediaries, in: Monetary Economics; Readings, Hrsg. Alan D. Entine, Delmont (Calif.), 1968, S. 86—93.

[35] Vgl. hierzu auch die Ausführungen in Teil 2. IV. 2 a.

[36] Vgl. hierzu auch die Ausführungen in Teil 3. I. 2.

der Maßnahmen seitens der Notenbank bestehen[37]. Es ist jedoch fraglich, ob den Verkaufsabsichten, die sich an das Publikum richten, in einer solchen Konjunkturphase Erfolg beschieden sein wird. Der Teil des Publikums, der über genügend Informationen bezüglich der Anlagemöglichkeiten verfügt, wird sicherlich versuchen, ertragreichere Anlageformen mit Aussicht auf die Realisierung von Konjunkturgewinnen zu erwerben.

Zusammenfassend kann festgestellt werden, daß die paramonetären Institutionen potentiell durchaus in der Lage sind, die Höhe der Umlaufsgeschwindigkeit des Geldes zu beeinflussen. In der konkreten Situation wird der Umfang ihres Einflusses jedoch von der Liquiditätspräferenz des Publikums, der Höhe ihrer verfügbaren Zentralbank-Geldbestände sowie den Bestimmungen der Aufsichtsbehörden abhängen.

---

37 Vgl. hierzu auch *Warren L. Smith,* Financial Intermediaries and Monetary Controls, S. 533—53, *William C. Freund,* The Federal Reserve and Financial Intermediaries, a.a.O., S. 86—93.

TEIL 3

Der Einfluß der Tätigkeit paramonetärer Institutionen auf die Wirksamkeit zentralbankpolitischer Maßnahmen

Im bisherigen Verlauf der Untersuchung wurden die Probleme der Integration paramonetärer Institutionen in den Wirtschaftskreislauf untersucht sowie ihr Einfluß auf die Entscheidungen von Haushalten und Unternehmen. Der Umfang ihrer wirtschaftlichen Aktivitäten, insbesondere ihre Beteiligung am Kreditangebot, verlangt nach einer Analyse der Wirkungen, die sie hinsichtlich der Effizienz geldpolitischer Maßnahmen auszuüben in der Lage sind. Es wird dabei vornehmlich zu prüfen sein, ob sich die paramonetären Institutionen in ihrem Anlageverhalten auf die aus den langfristigen Entwicklungstendenzen des Kapitalmarktes sich ergebenden Chancen konzentrieren oder ob sie im Wege der Umschichtung von Vermögensbeständen kurzfristige Gewinnchancen realisieren. Ferner wird zu untersuchen sein, welche paramonetären Institutionen für eine mögliche Störung des Wirkungsmechanismus der Geldpolitik in Betracht kommen. Hierbei wird die konkrete Situation, wie sie in der Bundesrepublik gegeben ist, in den Vordergrund der Betrachtungen gestellt.

Das Ziel der Geldpolitik besteht darin, durch Veränderungen des Geldbestandes im Wirtschaftskreislauf und/oder der Zinssätze den Ausgabenstrom der Wirtschaftssubjekte zur Realisierung gesamtwirtschaftlicher Zielsetzungen zu beeinflussen. Dabei zeigt es sich, daß einer Überwindung deflationärer Entwicklungen mittels der Geldpolitik größere Schwierigkeiten entgegenstehen als Maßnahmen zur Abwendung inflationärer Tendenzen. Die konjunkturelle Entwicklung in der Bundesrepublik seit 1950 beweist jedoch, daß der Einsatz der geldpolitischen Instrumente im wesentlichen zur Abwendung bzw. Einschränkung konjunktureller Überhitzungserscheinungen erforderlich war. Infolge eines anhaltenden wirtschaftlichen Wachstumsprozesses in der BRD sind die Probleme der Bekämpfung von deflationären Tendenzen mittels der Geldpolitik in den Hintergrund getreten. Die folgende Analyse wird daher auf die Frage abgestellt, ob durch die Tätigkeit der paramonetären Institutionen restriktive geldpolitische Maßnahmen in ihrer Wirkung beeinträchtigt werden.

I. Die Beeinträchtigung der Zentralbankpolitik durch paramonetäre Institutionen

Die Möglichkeiten der Beeinträchtigung notenbankpolitischer Maßnahmen durch paramonetäre Institutionen kann unter kurzfristigem und langfristigem Aspekt betrachtet werden. Dabei erfaßt die kurzfristige Analyse jene von diesen ausgelösten Wirkungen, die sich als Reaktion auf geldpolitische Maßnahmen infolge der institutionellen Bedingungen auf den Märkten für finanzielle Forderungen ergeben. Sie können sowohl unmittelbar als auch nur mittelbar auf Initiativen paramonetärer Institutionen zurückzuführen sein. Der langfristige Aspekt umfaßt dagegen solche Wirkungen, die sich aufgrund der Veränderungen der Vermögens- und Finanzierungsstruktur ergeben können.

1. Der kurzfristige Aspekt

a) Der Transfer von Guthaben bei Banken zu den paramonetären Institutionen

Die grundsätzlichen Wesenszüge dieses Problems der Umschichtung von Vermögensbeständen durch das Publikum sind bereits an anderer Stelle erörtert worden[1]. Dennoch erweist sich eine Wiederaufnahme der Betrachtung als notwendig, da die Problematik wiederum zwei Betrachtungsweisen erfordert. Insbesondere hinsichtlich der vorliegenden Fragestellung ist zu unterscheiden, ob eine Umschichtung der finanziellen Vermögensbestände seitens des Publikums als Reaktion auf notenbankpolitische Entscheidungen erfolgte oder durch Veränderungen hervorgerufen wurde, die nicht von der Geldpolitik induziert wurden. Der letztere Aspekt des Problems wurde bereits dargestellt. Er ist für die folgende Betrachtung von geringer Relevanz. Diese Umschichtungen haben nicht notwendig hemmende Folgen für die Wirksamkeit einer gegebenen Dosis geldpolitischer Maßnahmen, wenn für sie die „ceteris paribus“ Bedingung hinsichtlich der Geldpolitik gilt[2].

Beruhen Umschichtungen des Vermögensbestandes des Publikums jedoch auf vorherigen geldpolitischen Aktionen der Zentralbank, so können Beeinträchtigungen deren Wirksamkeit eintreten. Die in diesem Falle von den paramonetären Institutionen ausgehenden Wirkungen sind jedoch nur mittelbarer Natur. Der verursachende Faktor ist das Publikum. Für die theoretisch politische Analyse des Problems ist dabei

---

1 Vgl. dazu die Ausführungen in Teil 2. IV. 2.

2 Vgl. auch *Arthur Benavie*, Financial Institutions and Monetary Policy: A Re-Examination, Discussion, a.a.O., S. 409.

zunächst wenig relevant, ob und in welchem Umfang im konkreten Fall der Bundesrepublik solche Umschichtungen tatsächlich vorgenommen werden.

Notenbankpolitische Maßnahmen zur Verminderung des Geldangebots mit dem Ziel der Dämpfung konjunktureller Überhitzungstendenzen haben Zinssteigerungen zur Folge. Die Liquidität der finanziellen Intermediäre wird eingeschränkt, wenn sie nicht über Refinanzierungsquellen im Ausland verfügen. Es wird nun unterstellt, daß sich den finanziellen Intermediären insgesamt attraktive Anlagemöglichkeiten bieten als Folge der konjunkturellen Situation. Darüber hinaus mögen die paramonetären Institutionen in der Lage sein, die von ihnen dem Publikum angebotenen Forderungen mit einer günstigeren Verzinsung auszustatten als die monetären Intermediäre. Diese Forderungen stellen in gewissem Umfang Geldsubstitute dar, die, wenn das Publikum nicht gänzlich zinsunreagibel ist, von ihnen aufgenommen werden. Über die paramonetären Institutionen werden somit vom Publikum bei monetären Intermediären gehaltene Geldbestände mobilisiert. Dadurch können die restriktiven monetären Maßnahmen der Zentralbank in der Weise beeinträchtigt werden, daß sich der Eintritt ihrer Wirkung zeitlich verschiebt oder gänzlich aufgehoben wird. Die von den paramonetären Institutionen an das Publikum abgegebenen Forderungen haben damit die Wirkung von Dämpfern, die geeignet sind, den Erfolg geldpolitischer Mittel zu vermindern.

Der Umfang dieser hemmenden Wirkungen ist abhängig von der Substitutionselastizität des Geldes sowie der Angebotselastizität der Forderungen. Solange diese Elastizitäten nicht unendlich groß sind, es also einer endlichen Änderung in den Geldpreisen der Geldsubstitute bedarf, um eine Substitution oder eine Änderung des Angebots dieser Titel zu induzieren, bleibt ein Teil der Wirkungen, die mit der Änderung des Geldangebots verbunden sind, erhalten. Auch dann, wenn die von den paramonetären Institutionen emittierten Forderungen perfekte Substitute für Geld sind und ein vollkommen elastisches Angebot gegeben ist, kann jede gewünschte Wirkung auf das Ausgabenvolumen der Wirtschaft mittels der Geldpolitik erreicht werden. Dazu wären jedoch Änderungen des Geldbestandes im Publikum erforderlich, die stark genug sind, um die Elastizitäten von Substitution und Angebot zu überwinden. Hierbei ist es gleichgültig, ob der übliche Geldbegriff zugrunde gelegt wird oder der von Friedmann[3] formulierte[4]. Dem ist jedoch entgegenzuhalten, daß es sicherlich eine Grenze für restriktive

---

[3] Friedman verlangt die Einbeziehung der Termineinlagen in den üblichen Geldbegriff. Vgl. *Milton Friedman,* The Quantity Theory of Money — A Restatement, a.a.O., S. 3 ff.

[4] Vgl. auch *Abba P. Lerner,* Financial Institutions and Monetary Policy: A Re-Examination, Discussion, a.a.O., S. 401 ff.

Maßnahmen gibt, die dann gegeben ist, wenn im Publikum das Vertrauen in die Stabilität der wirtschaftlichen Entwicklung verloren geht. Das Gebäude finanzieller Aktiva, die vom Publikum gehalten werden, stützt sich auf die im Verhältnis dazu geringe Zentralbankgeldmenge, als Vermögensform mit dem höchsten Liquiditätsgrad und die Erwartung seitens des Publikums, die von ihnen gehaltenen nichtmonetären Forderungen jederzeit in Zentralbankgeld umwandeln zu können. Mit wachsender Knappheit der Zentralbankgeldmenge, infolge restriktiver Geldpolitik, erhöht sich die Sensitivität im Publikum gegenüber Geld. Die Einschränkung des Geldvolumens durch die Zentralbank wird gewisse schwer bestimmbare Grenzen nicht überschreiten dürfen, wenn die Gefahr einer Umkehrung des Verhaltens des Publikums vermieden werden soll. Somit ist die Möglichkeit nicht auszuschließen, daß auf die dargestellte Art die paramonetären Institutionen notenbankpolitischen Maßnahmen entgegenwirken. Die zur Einschränkung des Ausgabenstroms seitens der Zentralbank vorgenommene Kontraktion der Geldmenge wird somit um so wirksamer sein,

1. je geringer die Möglichkeiten der paramonetären Institutionen bemessen sind, Geldsubstitute beim Publikum unterzubringen,
2. je stärker die Nettoänderung der Liquidität in der Lage ist, den Ausgabenstrom der Wirtschaft einzuschränken. Dies wird wiederum vom Liquiditätsstatus der Wirtschaft insgesamt, der Abhängigkeit insbesondere der Investitionsausgaben von der Höhe des Zinses sowie von der Verfügbarkeit von Krediten bestimmt sein.

Die Diskussion um dieses Problem setzt weniger bei einer Kritik der Prämissen und Folgerungen dieser theoretischen Vorstellung an, als vielmehr bei der Frage des Umfangs solcher Umschichtungen des Vermögensbestandes seitens des Publikums. Zunächst ist nicht einzusehen, warum paramonetären Institutionen bessere Möglichkeiten zur Regulierung der Zinsausstattung ihrer Verbindlichkeiten offenstehen als monetären Intermediären. Abgesehen davon wäre das nur dann möglich, wenn den paramonetären Institutionen bessere Anlagemöglichkeiten bei geringeren Verwaltungskosten geboten wären.

Gegen die Behauptung von solcherart bewirkten Störungen durch paramonetäre Institutionen kann eingewendet werden, daß eine Umschichtung von finanziellen Vermögensbeständen, wenn sie überhaupt vorgenommen werden, nicht notwendig zu einer Behinderung der Wirkung geldpolitischer Maßnahmen führen muß. Vielmehr ist es denkbar, daß infolge der Reservehaltung, die in diesem Fall seitens der paramonetären Institutionen notwendig wird, ein weiterer Teil an Zentralbankgeld stillgelegt und dadurch sogar eine Unterstützung der Geldpolitik erreicht würde. Weiterhin ist zu bemerken, daß im gleichen

Umfang, in dem den paramonetären Institutionen Liquidität infolge der Umschichtungen von den Banken zufließt, diese an Möglichkeiten der Kreditschöpfung einbüßen. Die Banken müßten unter Umständen sogar das vorhandene Kreditvolumen einschränken, um den paramonetären Institutionen im Umfang der Umschichtungen Zentralbankgeld zur Verfügung zu stellen. Die Kreditgewährung der paramonetären Institutionen würde also nicht als zusätzliche zu betrachten sein, sondern lediglich als ein Ersatz für die den Banken mögliche[5]. Schon aus diesen Gründen scheint, abgesehen von der Gültigkeit der Prämissen, den obigen Aussagen bezüglich einer Behinderung der Geldpolitik wenig Gewicht zuzukommen.

Hinsichtlich der praktischen Bedeutung der Vermögensumschichtungen, ihrem mutmaßlichen Umfang und den Möglichkeiten, sie statistisch-empirisch nachzuweisen, bestehen bezüglich der in den USA herrschenden institutionellen Bedingungen kontroverse Auffassungen. Von der einen Seite wird ihre erhebliche Bedeutung sowie die Möglichkeit empirischer Erfassungsmöglichkeiten betont[6]. Andere Autoren bestreiten die Existenz dieser Vermögensbewegungen mangels ausreichender Zinsdifferenzen ebenso wie die Möglichkeiten empirischer Erfassung[7]. Bezüglich der Verhältnisse in der Bundesrepublik lassen sich zu diesem Problem kaum exakte Aussagen treffen. Das verfügbare statistische Material gibt keinen Aufschluß darüber, ob infolge zyklischer Schwankungen ausgelöste Zinsänderungen Umschichtungen finanzieller Vermögensbestände von monetären Intermediären zu paramonetären Institutionen vom Publikum vorgenommen werden. Für die bei monetären Intermediären gehaltenen Einlagen und Depotbestände lassen sich diese Umschichtungen jedoch nachweisen. Wie bereits gezeigt wurde, ist jedoch kaum mit solchen Vermögensbewegungen zwischen den beiden Intermediärgruppen zu rechnen, da die von ihnen angebotenen Forderungen nicht dazu geeignet sind[8]. Es ist daher nicht damit zu rechnen, daß in der Bundesrepublik geldpolitische Maßnahmen durch Vermögensumschichtungen des Publikums von monetären Intermediären in ihrer Wirkung beeinträchtigt werden.

---

[5] Eine gegenteilige Auffassung vertritt *G. Clayton*, British Financial Intermediaries in Theory and Practice, a.a.O., S. 877 f.

[6] Vgl. *John G. Gurley, Edward S. Shaw*, Money in a Theory of Finance, a.a.O., S. 215 ff. Ebenso: *Arthur Benavie*, Financial Institutions and Monetary Policy: A Re-Examination, Discussion, a.a.O., S. 407—410. Ebenso, jedoch mit erheblichen Vorbehalten: *Warren L. Smith*, Financial Intermediaries and Montary Controls, a.a.O., S. 538 ff. Ebenso aus englischer Sicht: *G. Clayton*, British Financial Intermediaries in Theory and Practice, a.a.O., S. 877 ff.

[7] Vgl. *David A. Alhadeff*, Credit Controls and Financial Intermediaries, a.a.O., S. 662 ff. *Derselbe*: Credit Controls and Financial Intermediaries: *Reply*, a.a.O., S. 199 ff. Ebenso: *David A. Fand*, Intermediary Claims and the Adequacy of our Monetary Controls, a.a.O., S. 244 ff.

[8] Vgl. die Ausführungen in Teil 2. IV. 2.

b) Der Transfer von Zentralbankgeld von paramonetären Institutionen zu den Banken

Eine Beeinträchtigung des Umfangs geldpolitischer Maßnahmen sowie eine zeitliche Verschiebung des Eintritts ihrer Wirkungen kann durch paramonetäre Institutionen dann ausgelöst werden, wenn sie den monetären Intermediären Zentralbankgeld zuführen. Die Maßnahmen der Zentralbank zur Einschränkung des Ausgabenvolumens greifen direkt die Liquidität der monetären Intermediäre an. Damit ist nicht unbedingt gleichzeitig eine Einschränkung des Zuflusses von Liquidität an paramonetäre Institutionen verbunden. Hierbei ist insbesondere an die Zahlungen des Publikums an private und öffentliche Versicherungen sowie an Bausparkassen gedacht. Es sind jedoch in gewisser Hinsicht Abstufungen vorzunehmen. Die Prämienleistungen des Publikums an private Versicherungen bleiben von konjunkturellen Schwankungen weitgehend unberührt[9]. Demgegenüber werden die Leistungen an die Sozialversicherung sowie an die Bausparkassen in stärkerem Maße von konjunkturellen Schwankungen beeinflußt. Insbesondere in Perioden des Konjunkturabschwungs ist mit einer Reduzierung der Zahlungen des Publikums an diese Institute zu rechnen.

Einen Teil der ihnen aus dem Publikum zufließenden Mittel halten diese paramonetären Institutionen regelmäßig als eine Form der Vermögensanlage bei monetären Intermediären. Hierbei ist besonders auffallend, daß die Einlagen der Sozialversicherungsträger und der privaten Bausparkassen einen erheblich höheren Umfang einnehmen als die der privaten Versicherungen[10]. Diese regelmäßig erfolgenden Transfers von Zahlungsmitteln seitens der paramonetären Institutionen an die monetären Intermediäre bedeuten keineswegs eine Beeinträchtigung der Geldpolitik. Sie werden von den notenbankpolitischen Instrumenten erfaßt. Anders wäre es, wenn die paramonetären Institutionen diese Mittel durch Abzug aus dem Bereich der monetären Intermediäre dem Zugriff der Zentralbank entziehen würden. Werden jedoch mangels geeigneter Anlagemöglichkeiten Zahlungsmittel aus laufenden Einzahlungen aus dem Publikum nicht als Kasse gehalten, sondern monetären Intermediären zugeführt, so erhöht sich deren Liquidität. Diese Zahlungsmittel, die zusätzlich zu den regelmäßigen Zahlungen den monetären Intermediären zugeleitet werden, bilden eine zusätzliche Liquiditätsquelle im Falle restriktiver Kreditpolitik der Zentralbank. Sie tragen zu einer Erhöhung der Umlaufsgeschwindigkeit bei. Ent-

---

[9] Vgl. auch Kapitalbildung und Anlagepolitik der Versicherungsunternehmen seit 1957, Monatsberichte der Deutschen Bundesbank, Frankfurt/M., April 1965, S. 20.

[10] Siehe Tabelle 20.

sprechend ihrem Umfang sind sie geeignet, eine Verminderung der Wirkung der Geldpolitik herbeizuführen. In diesem Fall tragen die paramonetären Institutionen direkt zu einer Beeinträchtigung der Effizienz der Geldpolitik bei. Über das quantitative Ausmaß solcher Transfers lassen sich jedoch nur schwerlich exakte Angaben ermitteln.

Eine weitere Möglichkeit der Beeinträchtigung notenbankpolitischer Instrumente ist dann gegeben, wenn die monetären Intermediäre die paramonetären Institutionen als Refinanzierungsquelle in Anspruch nehmen. Insbesondere durch die Aufnahme von Schuldscheinkrediten und Darlehen in Perioden restriktiver Kreditpolitik der Zentralbank kann diese Situation eintreten. Eine Betrachtung der Schuldscheinkredit- und Darlehensgewährung seitens der privaten Versicherungen, vornehmlich aber deren jährliche Zunahmen, scheinen diese These zu unterstützen. So betrug die Zunahme der Schuldscheinkredite und Darlehen von privaten Versicherungen im Jahre 1959 1,26 Mrd. DM und 1960 0,35 Mrd. DM. Ebenso war im Jahre 1965 eine Zunahme von 0,63 Mrd. DM und 1966 sogar eine von 1,06 Mrd. DM zu verzeichnen[11]. Gerade in diesen Zeiträumen wurden seitens der Bundesbank kontraktive geldpolitische Maßnahmen ergriffen. Eine Untersuchung des jährlichen Zuwachses der Darlehensgewährung der Sozialversicherungsträger zeigt keine deutliche Parallele zu den privaten Versicherungen. Zwar lassen die Daten insbesondere für den Zeitraum zwischen 1964 und 1966 eine deutliche Entwicklung vermuten[12]. Einen exakten Beweis ergeben sie jedoch nicht. Das gilt sowohl für die Angaben zur Kreditgewährung der privaten Versicherungen an monetäre Intermediäre als auch für die Sozialversicherungen, da es sich jeweils um einen Vergleich von Kreditbeständen am Jahresende handelt. Diese erlauben jedoch keine Aussagen über die Kreditströme während des Ablaufs der jeweiligen Geschäftsjahre. Dennoch läßt das Zahlenmaterial über den Bereich von Vermutungen hinaus Aussagen zu.

Durch die Kreditgewährung der Versicherungen an die monetären Intermediäre vornehmlich in Phasen restriktiver Zentralbankpolitik erhöht sich deren Liquidität. Dabei ist jedoch zu beachten, daß den monetären Intermediären keine zusätzlichen Zentralbankgelder zugeführt werden. Sie gelangen lediglich in den Besitz bereits im Publikum umgelaufener Zahlungsmittel. Dennoch tragen diese Transfers von Zahlungsmitteln zu einer Störung des Wirkungsablaufs der Geldpolitik bei, da sie die Umlaufsgeschwindigkeit des Geldes erhöhen.

---

[11] Siehe Tabelle 21.
[12] Siehe Tabelle 22.

Tabelle 20: **Die Geldmittel der Individualversicherungen[a], der Sozialversicherungen[b] sowie der privaten Bausparkassen[c] von 1958 - 1967 in Mill. DM**

Stand am Jahres-ende	Lebens-versiche-rungen	Kranken-versiche-rungen	Schaden- u. Unfall-versiche-rungen	Rück-versiche-rungen	Geld-mittel der Individual-versiche-rungen	Sozial-versiche-rungen	private Bauspar-kassen	alle drei Gruppen
1958	299,5	74,3	—	—	661,8[d]	2 996,0	1 225,2	4 883,0
1959	312,9	75,1	—	83,4	644,9[d]	3 618,0[e]	1 419,1	5 682,0
1960	339,9	87,7	491,1	105,9	1 024,6	3 676,0	1 592,4	6 293,0
1961	352,2	101,0	511,5	112,6	1 077,3	4 589,0	1 782,4	7 448,7
1962	437,7	115,7	584,5	108,2	1 246,1	4 986,0	1 943,2	8 175,3
1963	431,9	126,0	624,2	127,4	1 309,5	5 118,0[f]	2 120,1	8 547,6
1964	479,2	130,4	603,5	146,5	1 359,6	2 860,0	2 455,9	6 675,5
1965	515,7	122,0	663,7	161,5	1 462,9	2 829,0	2 903,6	7 195,5
1966	534,3	163,0	696,8	162,1	1 556,2	1 406,0[g]	3 169,6	6 131,8
1967	544,8	140,5	722,2	—	1 407,5	1 880,0[h]	3 383,8	6 671,3

a) Ohne Pensions- und Sterbekassen. — b) Ohne knappschaftliche Versicherung. — c) Ohne Zentralbank- und Postscheckguthaben. — d) Ohne Schaden- und Unfallversich., mit Pensions- und Sterbekassen. — e) Ab 1959 einschließlich Saarland. — f) Ab 1963 nur Rentenversicherung der Arbeiter und Angestellten. — g) Ab 1966 nur Arbeitslosenversicherung. — h) Stand September 1967.

Quellen: 1. Bundesaufsichtsamt für das Versicherungs- u. Bausparwesen, Geschäftsberichte, Berlin, verschiedene Jge. — 2. Deutsche bank, Monatsberichte, versch. Jge.

Tabelle 21: **Schuldschein- und Darlehensforderungen der privaten Versicherungen gegenüber monetären Intermediären von 1958 - 1967 in Mill. DM**

Bestand am Ende des Jahres	Lebens-versicherungen	Pensions-kassen	Kranken-versicherungen	Schaden- u. Unfall-versicherungen	Rück-versicherungen	Alle erfaßten Versicherungen	Zuwachs gegenüber dem Vorjahr
1957	552,2	38,4	15,0	70,8	26,6	703,1	
1958	509,8	54,4	18,7	75,9	25,5	684,3	— 18,8
1959	573,17	97,5	19,5	100,4	19,6	810,7	126,4
1960	777,9	154,1	35,2	161,8	31,7	1 160,7	350,0
1961	866,0	189,4	44,1	169,2	44,8	1 313,5	152,8
1962	999,4	218,2	49,8	166,0	46,7	1 480,1	166,6
1963	1 059,4	250,8	55,1	196,0	49,5	1 610,8	130,7
1964	1 162,8	319,5	64,2	218,0	67,6	1 832,4	221,6
1965	1 593,3	399,1	75,0	309,8	92,8	2 470,1	637,7
1966	2 369,4	465,4	126,1	434,1	142,7	3 537,9	1 067,8
1967	2 851,8	572,6	184,8	504,5	265,8	4 379,7	841,8

Quelle: Bundesaufsichtsamt für das Versicherungs- und Bausparwesen, Geschäftsberichte, versch. Jge.

Tabelle 22: **Darlehen der Sozialversicherungsträger an Banken von 1956 - 1967 in Mrd. DM**

Stand am Jahresende	Renten-versicherung der Arbeiter	Renten-versicherung der Angestellten	Arbeitslosen-versicherung	Alle erfaßten Sozialversiche-rungsträger	Zuwachs gegen-über dem Vorjahr
1956	0,267	0,364	0,008	0,639	
1957	0,316	0,357	0,008	0,681	0,042
1958	0,349	0,193	0,035	0,577	−0,104
1959	0,442	0,277	0,091	0,810	0,233
1960	0,499	0,374	0,099	0,972	0,162
1961	0,725	0,536	0,130	1,391	0,419
1962	0,865	0,930	0,164	1,959	0,568
1963	1,018	1,229	0,192	2,439	0,480
1964	1,206	1,234	0,172	2,612	0,173
1965	1,417	1,187	0,573	3,177	0,565 b)
1966	—	—	0,709	0,709	0,163 b)
1967	—	—	0,166 a)	0,166	−0,543 b)

a) Stand September 1967. — b) Nur Zuwachs der Darlehen der Arbeitslosenversicherung.

Quelle: Deutsche Bundesbank, Monatsberichte, Jg. 12 (1960), Nr. 9, S. 14; Jg. 16 (1964), Nr. 7, S. 13; Jg. 18 (1966), Nr. 9, S. 7; Jg. 19 (1967), Nr. 11, S. 26.

Die gleiche Wirkung für die Geldpolitik ist dann gegeben, wenn paramonetäre Institutionen in der besagten Situation mit ihrem Angebot finanzieller Mittel an die Stelle anderer treten. Untersuchungen haben ergeben, daß im Falle zurückgehender Hypothekenneuzusagen der Realkreditinstitute, infolge der durch die restriktive Kreditpolitik erschwerten Refinanzierungsbedingungen, die Lebensversicherungen ihre Neuzusagen ausdehnen. Auf diese Weise wird zumindest eine teilweise Kompensation des Ausfalls von Neuzusagen durch die Realkreditinstitute möglich. Ein ähnliches Verhalten ist auch bei den Sozialversicherungen festgestellt worden, wenngleich der Umfang ihrer Kreditzusagen geringer war als der der Lebensversicherungen[13].

c) Prozyklisches Verhalten paramonetärer Institutionen durch Mobilisierung eigener Liquiditätsreserven sowie von Kassenbeständen des Publikums

Bisher wurden im Hinblick auf die Frage nach den Folgen von Vermögensumschichtungen für die Geldpolitik nur vom Publikum ausgelöste Bestandsbewegungen zwischen monetären Intermediären und paramonetären Institutionen betrachtet. Für die Wirksamkeit geldpolitischer Maßnahmen können jedoch auch Änderungen in der Zusammensetzung der Aktivabestände paramonetärer Institutionen von Bedeutung sein. Verfolgt die Zentralbank eine restriktive Kreditpolitik, so werden als Folge davon die Zinssätze steigen. Für paramonetäre Institutionen kann es dann sinnvoll sein, Staatsschulden aus ihren Portefeuilles an die Zentralbank zurückzugeben und die erlösten Zahlungsmittel in höher verzinsliche Anlagen zu investieren. An geeigneten Anlageformen wird es vornehmlich in einer langen Phase konjunkturellen Aufschwungs nicht fehlen. Durch diese Transaktion würde die Zentralbankgeldmenge im Publikum erhöht und somit den Maßnahmen der Notenbank direkt entgegengewirkt.

An diesen Aktionen können sich jedoch nur solche paramonetären Institutionen beteiligen, die über größere Bestände an Staatsschuldtiteln verfügen. Dazu gehören in der Bundesrepublik die privaten und öffentlichen Versicherungen, die Kreditinstitute mit Sonderaufgaben sowie die Realkreditinstitute. Den Bausparkassen sowie den Teilzahlungskreditinstituten kommt in dieser Hinsicht nur geringe Bedeutung zu[14].

---

[13] Vgl. *Gerd Jaeger*, Entwicklung der sekundären Finanzierungsinstitute in der Bundesrepublik Deutschland und ihre Bedeutung für die Zentralbankpolitik, a.a.O., S. 149 und 171 f.

[14] Vgl. hierzu die Analyse der Anlagestruktur des Vermögens paramonetärer Institutionen von: *Gerd Jaeger*, Entwicklung der sekundären Finanzierungsinstitute in der Bundesrepublik Deutschland und ihre Bedeutung für die Zentralbankpolitik, a.a.O.

Dieses Kriterium reicht jedoch zur Beurteilung der Möglichkeiten dieser Institute, die Geldpolitik auf diese Weise zu konterkarieren, nicht aus. Es sind darüber hinaus noch die institutionellen Rahmenbedingungen zu untersuchen, unter denen diese Institute arbeiten.

Die Anlagevorschriften für den Deckungsstock privater Versicherungen waren ursprünglich außerordentlich streng gefaßt. Im Laufe der Zeit, insbesondere nach 1950, wurde der Katalog deckungsstockfähiger Anlageformen durch die Aufsichtsbehörde erheblich erweitert[15]. Diese Anlagevorschriften sind jedoch nicht geeignet, Vermögensumschichtungen seitens der privaten Versicherungen zu verhindern, da sie keine generellen quantitativen Maßstäbe für die Vermögensanlage enthalten. Ebenso unterliegen die Sozialversicherungen durch die in der Reichsversicherungsordnung festgelegten Anlagevorschriften konkreten Bedingungen hinsichtlich der Anlageformen ihres Vermögens[16]. Sie enthalten jedoch ebenfalls keine quantitativen Anlagevorschriften. Es wäre den Sozialversicherungen daher möglich gewesen, Vermögensumschichtungen der genannten Art vorzunehmen. Es besteht kein Anlaß anzunehmen, daß sie tatsächlich von dieser Möglichkeit Gebrauch gemacht haben. Vielmehr läßt sich nachweisen, daß die Sozialversicherungen in der Vergangenheit auch dazu beigetragen haben, die notenbankpolitischen Maßnahmen zu unterstützen. Auf Ersuchen der Bundesbank nahmen sie insbesondere im zweiten Halbjahr 1960 sowie Anfang 1961 in erheblichem Umfang Mobilisierungsmittel auf[17]. Dieses Verhalten verdient insofern Beachtung, als die Bundesbank hier erstmalig restriktive Offenmarktoperationen unter Einschaltung von Nichtbanken durchführte. Diese Politik wurde im Frühjahr 1965 fortgesetzt[18]. Es verbleiben somit für potentielle Störungen der Geldpolitik durch Umstrukturierung von Aktiva primär die privaten Versicherungen, die Realkreditinstitute sowie die Kreditinstitute mit Sonderaufgaben. Bei letzteren muß nach öffentlich-rechtlichen und privaten Instituten unterschieden werden. Für die öffentlich-rechtlichen Institute gilt die Vermutung, daß sie infolge ihrer engen Zusammenarbeit mit der Bundesbank von einer Rückgabe von Staatsschuldtiteln absehen werden.

---

15 Vgl. Gesetz über die Beaufsichtigung der privaten Versicherungsunternehmen und Bausparkassen in der Fassung vom 28. Febr. 1955, BGBl I, S. 85, vgl. insbes. die §§ 65—69, ferner die Rundschreiben des Bundesaufsichtsamtes für das Versicherungs- und Bausparwesen.

16 Vgl. Reichsversicherungsordnung, Textausgabe, Hrsg. Friedrich Aichberger, 34. Aufl., Stand 15. Febr. 1969, München 1969, vgl. insbes. die §§ 25—29.

17 Vgl. Kapitalbildung und Anlagepolitik der gesetzlichen Rentenversicherung und der Arbeitslosenversicherung, in: Monatsberichte der Deutschen Bundesbank, Jg. 16 (1964), Nr. 7, S. 3 ff.

18 Vgl. Die Wirtschaftslage des Bundesgebietes im Frühjahr 1965, in: Monatsberichte der Deutschen Bundesbank, Jg. 17 (1965), Nr. 5, S. 4 ff.

Auch in diesem Falle ist ein Nachweis der Existenz solcher Vermögensumstrukturierungen sowie gegebenenfalls ihres Umfangs nicht möglich. Das verfügbare statistische Material läßt keine exakten Angaben zu. Es wären dazu Monatsdaten über die Vermögensanlagen dieser Institute notwendig. Die Tatsache, daß Vermögensumschichtungen in Perioden restriktiver Zentralbankpolitik seitens paramonetärer Institutionen nicht nachgewiesen werden können, schließt jedoch nicht aus, daß sie tatsächlich vorgenommen werden[19]. Für monetäre Intermediäre läßt sich jedenfalls eindeutig feststellen, daß sie sich im Hinblick auf ihre Vermögenshaltung in Form von Staatsschulden prozyklisch verhalten. So ist nachgewiesen worden, daß sie in Perioden expansiver Kreditpolitik der Zentralbank Staatspapiere aufnehmen[20]. Demgegenüber geben sie bei restriktiver Kreditpolitik der Zentralbank Staatspapiere ab und versorgen sich auf diese Weise mit Zentralbankgeld[21]. Dieses der Zentralbankpolitik entgegenwirkende Verhalten monetärer Intermediäre ist auch in anderen Ländern festgestellt worden[22]. Wenngleich allgemein davon ausgegangen werden kann, daß vornehmlich die Versicherungen die in ihrem Portefeuille befindlichen Staatsschulden als längerfristige Vermögensanlage betrachten und daher kaum Bestandsumschichtungen vorliegen werden, ist, solange keine präzisen Untersuchungen vorliegen, die das bestätigen, davon auszugehen, daß zumindest die Möglichkeit zu Vermögensumschichtungen besteht[23]. Wird davon Gebrauch gemacht, so ist mit einer ernsthaften Beein-

[19] So betont Jaeger, daß Vermögensumschichtungen seitens der privaten Versicherungen nicht zu beobachten sind. Da er seiner Analyse offensichtlich ebenso Jahresdaten zugrunde legt, ist diese Aussage für die Lösung des Problems wenig bedeutungsvoll. Vgl. *Gerd Jaeger*, Entwicklung der sekundären Finanzierungsinstitute in der Bundesrepublik Deutschland und ihre Bedeutung für die Zentralbankpolitik, a.a.O., S. 159.

[20] Vgl. *Jürgen Siebke* und *Manfred Willms*, Das Geldangebot in der Bundesrepublik Deutschland. Eine empirische Analyse für die Periode von 1958 bis 1968, a.a.O., S. 20.

[21] Vgl. *Manfred Willms*, Staatsschuld und Staatsschuldenpolitik, Universität Bonn, 1969, unveröffentlichtes Manuskript.

[22] Vgl. *Warren L. Smith*, Financial Intermediaries and Monetary Controls, a.a.O., S. 551. *G. Clayton*, British Financial Intermediaries in Theory and Practice, a.a.O., S. 882.

[23] Die Bedeutung der durch Vermögensumschichtungen paramonetärer Institutionen möglichen Beeinflussung der Geldpolitik wird ebenso im angelsächsischen Bereich betont. Vgl. hierzu *Warren L. Smith*, Financial Intermediaries and Monetary Controls, a.a.O., S. 446 ff. *Joseph Aschheim*, Techniques of Monetary Control, a.a.O., S. 130. *G. Clayton*, British Financial Intermediaries in Theory and Practice, a.a.O., S. 881 ff. *David A. Fand*, Intermediary Claims and the Adequacy of our Monetary Controls, a.a.O., S. 244 ff. Gegen von paramonetären Institutionen vorgenommene Verkäufe von Staatsschulden und für eine Wirkung des sog. „locking-in-effects" spricht sich Birnbaum aus. Vgl. *Eugene A. Birnbaum*, The Growth of Financial Intermediaries as Factor in the Effectiveness of Monetary Policy, a.a.O., S. 395.

trächtigung des Wirkungsablaufs der notenbankpolitischen Maßnahmen zu rechnen.

Schließlich sei noch auf ein Argument für destabilisierende Wirkungen der Geschäftspolitik paramonetärer Institutionen hingewiesen, das im angelsächsischen Raum häufig diskutiert wird. Danach tragen die paramonetären Institutionen in einer Periode restriktiver Kreditpolitik zur Erhöhung der Umlaufsgeschwindigkeit des Geldes bei, indem sie durch ein Angebot hochverzinslicher Forderungen das Publikum dazu bewegen, Kassenbestände aufzugeben[24]. Dagegen spricht in der Bundesrepublik das Verhalten des Publikums. Nach dem Einsetzen restriktiver Maßnahmen läßt sich an den Wertpapierbörsen stets eine abwartende Haltung des Publikums feststellen. Die Ursache dafür sind Erwartungen des Publikums dahingehend, daß mit weiteren Maßnahmen seitens der Bundesbank oder aber mit einer Verringerung kurzfristiger Gewinnchancen infolge der Wirkungen der Geldpolitik gerechnet wird. Das Publikum wird daher vielmehr Kassenbestände halten oder aufbauen bis zu dem Zeitpunkt, wo Kurssteigerungen der Wertpapiere zu erwarten sind. Eine kurzfristige Anlage bei paramonetären Institutionen in der Zwischenzeit wird schon mangels geeigneter Anlageformen nicht in erheblichem Umfang zu erwarten sein. Es kämen dafür nur Forderungen der Kapitalanlagegesellschaften sowie der Realkreditinstitute in Betracht. Die Gewinnchancen müßten dann jedoch als so groß erwartet werden, daß die mit dem Kauf und dem anschließenden Verkauf dieser Forderungen verbundenen Kosten in jedem Falle unter den Gewinnen liegen. Die Bedeutung von Vermögensumschichtungen solcher Art kann für die Wirkung der Geldpolitik als gering bezeichnet werden.

2. Der langfristige Aspekt

Die folgende Analyse wendet sich der Frage nach den Wirkungen auf die Geldpolitik zu, die durch eine infolge des Wachstumsprozesses ausgelöste langfristige Zunahme finanzieller Forderungen im Publikum hervorgerufen werden. Ein langfristiges Wachstum der Arten und Mengen finanzieller Forderungen kann mit einer gleichzeitigen Zunahme der Substitutionselastizität des Geldes gegenüber diesen Forderungen sowie einem Steigen der Angebotselastizitäten verbunden sein[25]. Der Anteil der Zentralbankgeldmenge an der Gesamtheit finanzieller Forderungen im Publikum kann im Zuge dieser Entwicklung absinken.

[24] Aus der Vielzahl der zu diesem Problem niedergelegten Gedanken seien folgende Beiträge genannt: *R. S. Sayers*, Monetary Thought and Monetary Policy in England, in: The Economic Journal, Vol. 70 (1960), S. 710—724. *A. B. Cramp*, Financial Intermediaries and Monetary Policy, a.a.O., S. 143—51.

[25] Vgl. hierzu auch *Abba P. Lerner*, Financial Institutions and Monetary Policy: A Re-Examination, Discussion, a.a.O., S. 401 ff.

Die Berechnungen im Zusammenhang mit der Untersuchung der Geldvermögensbildung der Haushalte in der Bundesrepublik deuten darauf hin[26]. Zum gleichen Ergebnis führen Berechnungen über die Entwicklung der Umlaufsgeschwindigkeit unter Zugrundelegung der Zentralbankgeldmenge im Publikum in der Bundesrepublik für die Jahre 1958 bis 1968[27]. Sie zeigen, daß sich die Umlaufsgeschwindigkeit in diesem Zeitraum erhöht hat. Diese Erhöhung kann jedoch nicht allein auf die Entwicklung der paramonetären Institutionen zurückgeführt werden. Durch diese Entwicklung wird die Basis zentralbankpolitischer Aktionen, die Zentralbankgeldmenge, im Verhältnis zur gesamten im Publikum verfügbaren Menge finanzieller Forderungen vermindert[28].

Die zentralbankpolitischen Instrumente, die auf eine Kontrolle der Geldmenge abgestimmt sind, erfassen somit einen schrumpfenden Teil des gesamten Bestandes finanzieller Forderungen im Publikum. Die auf die Kontrolle der Geldmenge eingerichteten Instrumente der Geldpolitik müssen infolgedessen mehr und mehr an Wirksamkeit verlieren. Sie sind nicht mehr geeignet, das Ausgabenvolumen des Publikums wirksam einzuschränken. Zu diesem Ergebnis gelangt das Radcliffe-Committee. Es weist darauf hin, daß für das Ausgabenvolumen der Wirtschaft deren gesamte Liquiditätsstruktur von besonderer Bedeutung ist[29]. Der Begriff der Liquidität wird auf diese Weise von der Bindung an die vorhandenen Zahlungsmittel befreit. Liquidität ist damit nicht mehr eine ausschließlich dem Gelde, sondern allen Gütern inhärente

---

[26] Vgl. die Ausführungen in Teil 2. III. 2. c.

[27] Siehe Tabelle 23 und Abb. 10.

[28] Dieser Prozeß wird jedoch dort seine Grenzen finden, wo die Knappheit der Geldmenge zu einer so starken Sensitivität des Publikums gegenüber Geld führt, daß es nicht mehr bereit ist, beim gegebenen Bestand an Zentralbankgeld zusätzliche nichtmonetäre Forderungen aufzunehmen.

[29] "Though we do not regard the supply of money as an unimportant quantity, we view it as only part of the wider structure of liquidity in the economy. It is the whole liquidity position that is relevant to spending decisions, and our interest in the supply of money is due to its significance in the whole liquidity picture. A decision to spend depends not simply on whether the would-be spender has cash or 'money in the bank', although that maximum liquidity is obviously the most favourable springboard. There is the alternative of raising funds either by selling an asset or by borrwing; and the prospect of a cash flow from future sales of a product both encourages commitment beyond immediately available cash and makes borrowing easier. The ease with which money can be raised depends on the one hand upon the composition of the spender's assets and on his borrowing power and on the other hand upon the methods, moods and resources of financial institutions and other firms which are prepared (on terms) to finance other people's spending. Decisions to spend on goods and services — the decisions that determine the level of total demand — are influenced by the liquidity of the spenders, and it is for this reason that", ... "we have directed attention to the liquidity of the various groups of financial institutions and to their influence on the liquidity of others". Siehe: Committee on the Working of the Monetary System, Report, a.a.O., Ziff. 389, S. 132.

Tabelle 23: **Die Entwicklung des Verhältnisses von Zentralbankgeld im Publikum und Volkseinkommen von 1958,I - 1968,I**

	1958	1959	1960	1961	1962	1963	1964	1965	1966	1967	1968
I. Quartal	0,3156	0,3193	0,2955	0,2846	0,2773	0,2883	0,2713	0,2798	0,2664	0,2658	0,2584
II. Quartal	0,3075	0,3051	0,2880	0,2838	0,2696	0,2698	0,2630	0,2646	0,2555	0,2596	
III. Quartal	0,3008	0,2924	0,2871	0,2870	0,2659	0,2645	0,2611	0,2588	0,2563	0,2576	
IV. Quartal	0,2988	0,2810	0,2739	0,2761	0,2552	0,2525	0,2644	0,2424	0,2373	0,2320	

Quelle: Errechnet nach: 1. Angaben des Deutschen Instituts für Wirtschaftsforschung. — 2. Deutsche Bundesbank, Monatsberichte, versch. Jge.

Abbildung 10: **Die Entwicklung der Umlaufgeschwindigkeit des Geldes in der Bundesrepublik in den Jahren 1958, I bis 1968, I**

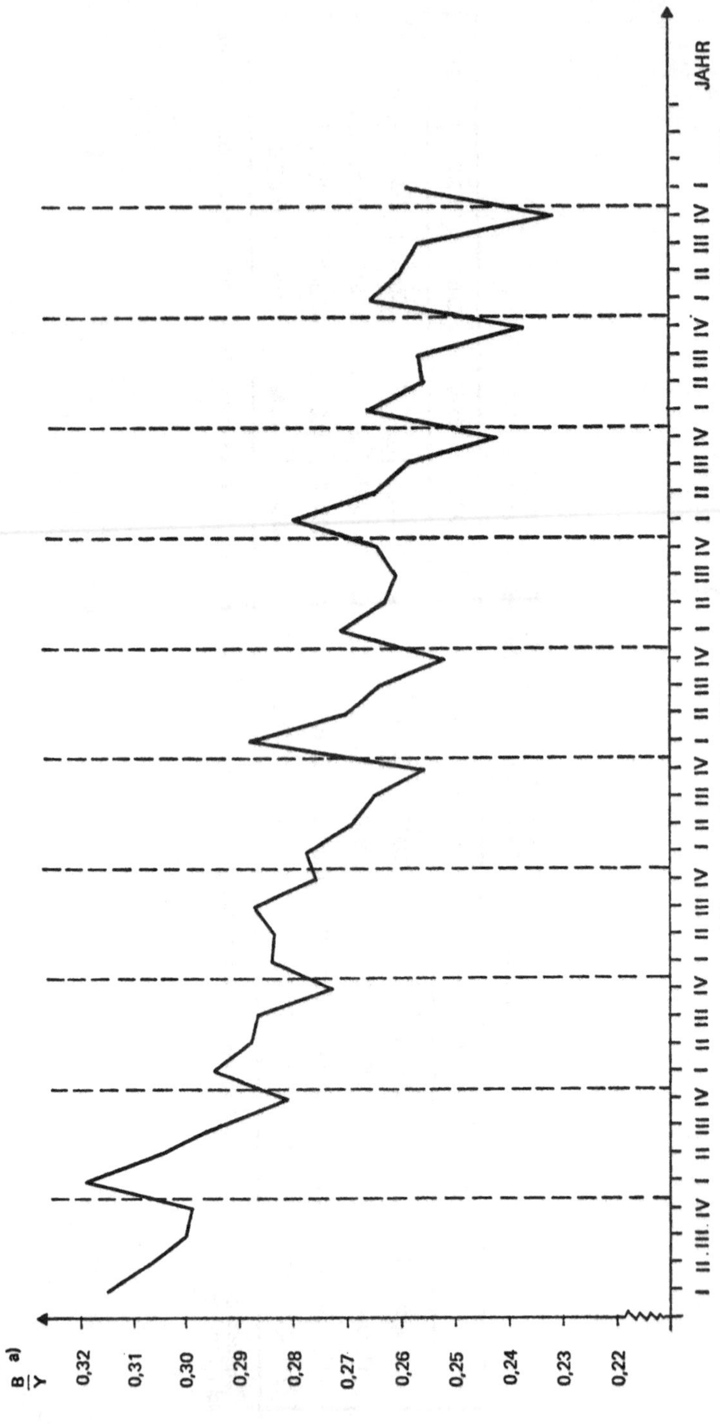

$$\frac{B}{y} = \frac{\text{monetäre Basis}}{\text{Volkseinkommen}} = \text{Reziprok der Umlaufgeschwindigkeit}$$

Eigenschaft[30]. Geld wird dadurch nur noch als einer unter vielen Liquiditätsträgern verstanden, wenngleich auch als der mit dem höchsten Liquiditätsgrad, von dem sich die Liquidität aller anderen Güter ableitet[31]. In einem Prozeß langfristigen wirtschaftlichen Wachstums tragen aber die paramonetären Institutionen zu einer beträchtlichen Zunahme des Bestandes finanzieller Forderungen im Publikum bei, wie aus der Entwicklung der Geldvermögensbildung vornehmlich der Haushalte ersichtlich ist. Auf eine Einschränkung dieses Liquiditätspotentials wird eine Zentralbankpolitik künftig in stärkerem Maße auszurichten sein, will sie bei einem Fortgang der aufgezeigten Entwicklung das Ausgabenvolumen im Hinblick auf die Erreichung gesamtwirtschaftlicher Ziele steuern. Durch eine weitere Verschärfung restriktiver Maßnahmen wird mittels der Geldmengenpolitik sicherlich auch einer Steigerung der Umlaufsgeschwindigkeit des Geldes entgegenzuwirken sein. Die Anpassungsmaßnahmen seitens der monetären Intermediäre werden jedoch ein beachtliches Ausmaß annehmen müssen. Dieses Verfahren ist nicht ungefährlich, da eine adäquate Dosierung der Maßnahmen erforderlich wird. Bei einer zu kräftigen Dosierung der Geldmenge besteht die Gefahr eines Umschlagens der Konjunktur. Diese Wirkung der Geldpolitik wird jedoch nicht erwünscht sein, da sie zu Wachstumsverlusten führen kann. Schließlich können starke Kontraktionen der Geldmenge dem Wachstum paramonetärer Institutionen förderlich sein, weil die Möglichkeit nicht auszuschließen ist, daß dadurch im Publikum höhere Begehrensintensitäten nach Geldsubstituten entfaltet werden[32].

II. Möglichkeiten und Grenzen der Einflußnahme seitens der Bundesbank auf das Verhalten paramonetärer Institutionen

Im vorangegangenen Abschnitt wurde die Frage nach den Wirkungen, die mit der Tätigkeit paramonetärer Institutionen für die geldpolitischen Maßnahmen der Zentralbank verbunden sind, erörtert. Es ist nunmehr zu untersuchen, ob und gegebenenfalls in welchem Umfang die Bundes-

---

30 Vgl. hierzu auch *Otto Veit*, Volkswirtschaftliche Theorie der Liquidität, Frankfurt/M. 1948, S. 29, *Heinrich Rittershausen*, Die Vereinigung von Geldtheorie und Preistheorie, in: Wirtschaftstheorie und Wirtschaftspolitik, Festgabe für Adolf Weber, Hrsg. A. Kruse, Berlin 1951, S. 231.

31 Die Eigenschaft des Geldes, als höchster Liquiditätsträger zu fungieren, leitet sich daraus ab, daß Geld vor allen anderen Gütern die geringste Preisvariabilität nach unten aufweist und die größte Sicherheit hinsichtlich zukünftiger Verkäuflichkeit. Vgl. dazu *H. Makower, J. Marshak*, Assets, Prices and Monetary Theory, in: Economica, Vol. 5 (1938), S. 261—88.

32 Vgl. *Warren P. Hogan*, Monetary Policy and Financial Intermediaries, a.a.O., S. 525 ff.

bank in der Lage ist, unter Einsatz ihrer Mittel das Verhalten der paramonetären Institutionen zu beeinflussen. Hierbei ist zu unterscheiden nach der Einflußnahme der Bundesbank oder der Aufsichtsbehörden kraft Gesetzes sowie nach dem Einfluß der institutionell festgelegten geldpolitischen Mittel der Bundesbank auf die Tätigkeit paramonetärer Institutionen.

Entsprechend den gesetzlichen Rahmenvorschriften für das deutsche Kreditwesen obliegt es der Deutschen Bundesbank, geldpolitische Mittel gegenüber dem Kreditsystem in Anwendung zu bringen mit dem Zweck der Einwirkung auf die gesamtwirtschaftliche Aktivität zur Realisierung gesamtwirtschaftlicher Zielsetzungen. Die gesetzlichen Grundlagen sind im Gesetz über die Deutsche Bundesbank[33] sowie erweiterte Vorschriften im Gesetz zur Förderung der Stabilität und des Wachstums der Wirtschaft[34] niedergelegt. Die Bestimmungen des Soll- und Habenzinsabkommens[35], das abgesehen von den Teilzahlungskreditinstituten auch für die paramonetären Institutionen galt, wurden am 1. April 1967 von der Bundesbank aufgehoben[36]. Die staatliche Aufsicht über einen Teil des Kreditsystems wird durch das Kreditwesengesetz (KWG) geregelt[37]. Diese gesetzlichen Regelungen gelten mit Ausnahme des Stabilitätsgesetzes für alle monetären Intermediäre und einen Teil der paramonetären Institutionen. So werden die privaten und öffentlichen Bausparkassen und Versicherungen, die Sozialversicherungsträger und die Arbeitslosenversicherung von den Bestimmungen des KWG nicht erfaßt. Für die Bausparkassen und die privaten Versicherungen gilt das Gesetz über die Beaufsichtigung der privaten Versicherungsunternehmen und Bausparkassen[38]. Für die staatliche Aufsicht der Sozialversicherungsträger und der Arbeitslosenversicherung gelten die Bestimmungen der Reichsversicherungsordnung[39]. Von den Bestim-

---

[33] Siehe Gesetz über die Deutsche Bundesbank, vom 26. Juli 1957, BGBl I 1957, S. 745 ff.

[34] Siehe Gesetz zur Förderung der Stabilität und des Wachstums der Wirtschaft, vom 8. Juni 1967, BGBl I 1967, S. 582 ff.

[35] Siehe Abkommen über die Berechnung der Zins- und Provisionssätze bei der Weitergabe von Geldern an Dritte (Sollzinsabkommen) und Abkommen über die Festsetzung von Höchstzinssätzen für hereingenommene Gelder (Habenzinsabkommen) vom 22. Dezember 1936. Reichsanzeiger, Berlin, vom 23. Dezember 1936.

[36] Mit dieser Maßnahme der Bundesbank wurde eine Periode von 36 Jahren der staatlichen Reglementierung von Bankzinsen überwunden. Vgl. Die Entwicklung der Termineinlagen unter dem Einfluß der partiellen Zinsfreigaben vom März 1965 und Juli 1966, in: Monatsberichte der Deutschen Bundesbank, Jg. 19 (1967), Nr. 3, S. 3.

[37] Siehe Gesetz über das Kreditwesen, vom 10. Juli 1961, a.a.O., S. 881 ff.

[38] Siehe Gesetz über die Beaufsichtigung der privaten Versicherungsunternehmen und Bausparkassen, vom 6. Juni 1931, RGBl I S. 315, 750, in der Fassung vom 28. Febr. 1955, a.a.O., S. 85.

[39] Siehe Reichsversicherungsordnung vom 19. Juli 1911, RGBl. S. 509.

mungen des Kreditwesengesetzes sind ferner die Realkreditinstitute und die Teilzahlungskreditinstitute ausgenommen.

Die Bestimmungen bezüglich der öffentlichen Aufsicht über die finanziellen Intermediäre dienen nur mittelbar zur Unterstützung der geldpolitischen Aufgabenstellung der Notenbank. Ihr primäres Ziel ist der Gläubigerschutz. Demgegenüber dienen die Mittel der Zentralbank zur unmittelbaren Beeinflussung der Aktivitäten des Kreditsystems. Im folgenden soll untersucht werden, ob sie geeignet sind, die paramonetären Institutionen in den Bereich ihrer Wirkungen mit einzubeziehen.

1. Die Wirkungen der Diskontpolitik auf die paramonetären Institutionen

Die Maßnahmen der Bundesbank im Rahmen der Diskontpolitik bestehen in der Festlegung des Zinssatzes, zu dem sie bereit ist, Handelswechsel sowie Schatzwechsel des Bundes, der Länder und einiger Sondervermögen anzukaufen. Darüber hinaus legt die Bundesbank Rediskontkontingente für die einzelnen Kreditinstitutionsgruppen fest, bestimmt, aus welchen Wirtschaftszweigen sie Handelswechsel anzukaufen bereit ist und erläßt Bestimmungen hinsichtlich der Qualität des rediskontfähigen Materials[40]. Zur Bestimmung des Wirkungsumfanges der Diskontpolitik auf die paramonetären Institutionen ist es zunächst erforderlich zu prüfen, ob und in welchem Ausmaß diese auf eine Refinanzierung über Wechselmaterial bei der Bundesbank angewiesen sind. Hierbei zeigt sich, daß lediglich ein Teil der paramonetären Institutionen, die Kreditinstitute mit Sonderaufgaben, die Realkreditinstitute sowie die Teilzahlungskreditinstitute, überhaupt über ein Rediskontkontingent verfügen. Von diesen können die Realkreditinstitute infolge ihrer unbedeutenden Wechselbestände für die weitere Betrachtung außer acht gelassen werden[41]. Für Teilzahlungskreditinstitute waren die diskontpolitischen Maßnahmen dagegen stets von Bedeutung. Zunächst wurden seitens der Bundesbank so strenge qualitative Anforderungen gegenüber Wechselmaterial der Teilzahlungskreditinstitute erhoben, daß der quantitative Umfang ihrer direkten Refinanzierung bei der Bundesbank als geringfügig bezeichnet werden kann[42]. Der

---

40 Vgl. *Georg Obst, Otto Hintner,* Geld-, Bank- und Börsenwesen, a.a.O., S. 226 ff.

41 Siehe Tabelle 24.

42 Vgl. *Werner B. Fischer,* Das Passivgeschäft der Teilzahlungsbanken, in: Die Finanzen des privaten Haushalts, Festschrift für Walter Kaminski, Hrsg. Franz Schneider, Frankfurt/M. 1969, S. 157 ff. Die Bundesbank stellte unter anderem 1952 folgende Anforderungen an das Wechselmaterial der Teilzahlungskreditinstitute: a) Es mußte sich bei den zu finanzierenden Objekten

direkte Einfluß laufender diskontpolitischer Maßnahmen ist daher für die Teilzahlungskreditinstitute von nur geringer Bedeutung. Infolge der Schwierigkeiten, die mit der Refinanzierung bei der Bundesbank verbunden waren, verlor der Wechseldiskontkredit der Teilzahlungskreditinstitute erheblich an Bedeutung. Während im Jahre 1950 die diskontierten Wechsel noch 39 % der Gesamtheit der fremden Mittel einnahmen, waren es im Jahre 1967 nur noch 10 %. Die Teilzahlungskreditinstitute nahmen in wachsendem Maße monetäre Intermediäre als Refinanzierungsquelle in Anspruch. Im Jahre 1967 betrug der Anteil der Banken 85 % der gesamten fremden Mittel[43]. Die Teilzahlungskreditinstitute werden infolge ihrer starken Abhängigkeit von der Aufnahme von Mitteln bei monetären Intermediären somit zumindest indirekt von den Wirkungen der Diskontpolitik erreicht. Die monetären Intermediäre werden Zinserhöhungen infolge diskontpolitischer Maßnahmen mit Sicherheit zum Anlaß nehmen, den Kreditzins gegenüber den Teilzahlungskreditinstituten zu erhöhen. Es ist damit jedoch nicht notwendig eine Verteuerung des Teilzahlungskredits verbunden. Erst wenn infolge der diskontpolitischen Maßnahmen die ebenfalls im Teilzahlungsgeschäft engagierten monetären Intermediäre gezwungen sind, den Zins zu erhöhen, können die Teilzahlungskreditinstitute die gleichen Maßnahmen ergreifen. Der Erfolg von Zinsänderungen im Hinblick auf eine Einschränkung der Teilzahlungsgeschäfte erscheint daher als nur gering. Das Radcliffe-Committee hat daher vorgeschlagen, zur Einschränkung des Kreditvolumens im Teilzahlungsgeschäft eine Erhöhung der Anzahlungen sowie eine Verkürzung der Laufzeit der Kredite zu verlangen[44].

Im Bereich der Kreditinstitute mit Sonderaufgaben kommt der Refinanzierung über Wechsel bei der Bundesbank gemessen an dem Volumen aufgenommener Fremdmittel ebenfalls nur geringe Bedeutung zu. Ihr Liquiditätspotential rekrutiert sich vornehmlich aus Termineinlagen von Kreditinstituten. Diskontpolitische Maßnahmen sind daher wenig geeignet, den Kreditspielraum der Kreditinstitute mit Sonderaufgaben ernsthaft einzuschränken.

Die bisherige Analyse hat gezeigt, daß die Diskontpolitik der Bundesbank mit ihren Wirkungen nur einen geringen Teil der paramone-

---

um langlebige Wirtschaftsgüter handeln, die produktionsfördernd wirkten. b) Mindestens ein Drittel des Kaufpreises mußte bar angezahlt sein (später wurde eine Anzahlung von 40 % des Kaufpreises verlangt). c) Es durfte die Laufzeit der Finanzierung 12 Monate nicht überschreiten. d) Es mußte sich bei dem eingereichten Material um den letzten Abschnitt der Finanzierung handeln.

[43] Vgl. *Werner B. Fischer*, Das Passivgeschäft der Teilzahlungsbanken, a.a.O., S. 156 f.

[44] Vgl. Committee on the Working of the Monetary System. Report, a.a.O., Ziffer 301, S. 104; Ziffer 433, S. 150; Ziffer 467 f., S. 165.

Tabelle 24: **Wechselbestände paramonetärer Institutionen im Vergleich zu denen aller Bankengruppen von 1966 - 1968 in Mill. DM**

	Kredit-institute mit Sonderauf-gaben	Realkredit-Institute	Teilzahlungs-kreditinstitute	Summe 1 - 3	Alle Banken-gruppen	Prozentualer Anteil von 1 - 3 an 4
Ende 1966	903,0	0,1	649,2	1 552,3	22 808,7	6,8%
Mitte 1967	700,2	—	608,8	1 309,0	20 357,5	6,4%
Ende 1967	1 073,6	1,2	577,3	1 652,1	26 791,1	6,1%
Mitte 1968	1 492,1	2,3	590,8	2 085,2	24 994,9	8,3%
Ende 1968	1 581,2	7,6	610,7	2 119,5	30 690,8	6,9%; ⌀ 6,9%

Quelle: Monatsberichte der Deutschen Bundesbank, versch. Jge.

tären Institutionen erreicht. Zudem ist der direkte Einfluß diskontpolitischer Maßnahmen mangels einer umfangreichen Refinanzierung der betroffenen Institute über Wechsel sehr gering. Allein bei den Teilzahlungskreditinstituten läßt sich eine direkte Wirkung feststellen. Der Kreditspielraum der paramonetären Institutionen wird durch die unmittelbaren Wirkungen der Diskontpolitik somit kaum beeinträchtigt.

Mittelbar allerdings lassen sich generelle Wirkungen ableiten. Von der Diskontpolitik gehen Signalwirkungen aus, die anzeigen, daß die Bundesbank gewillt ist, ihr Verhalten im Hinblick auf das Kreditangebot zu ändern. Sie gibt damit zu verstehen, daß mit einem Einsatz weiterer ihr zur Verfügung stehender, vornehmlich liquiditätspolitischer Mittel zu rechnen ist. Die diskontpolitischen Maßnahmen werden daher nicht ohne Wirkung auf den Geld- und Kapitalmarkt bleiben. Es wird zu erwarten sein, daß auch die paramonetären Institutionen bei ihrer Kredit- und Anlagepolitik Änderungen des Diskontsatzes aufmerksam registrieren werden. Eine unmittelbare Änderung des Verhalts insbesondere der paramonetären Institutionen, die ihre Mittel aus regelmäßigen Leistungen aus dem Publikum beziehen, — Bausparkassen und private Versicherungen — wird jedoch nicht zu erwarten sein. Insgesamt gesehen kann somit gefolgert werden, daß weder unmittelbar noch mittelbar von der Diskontpolitik eine wirksame Beeinträchtigung der Aktivität paramonetärer Institutionen ausgeht.

2. Die Wirkungen der Mindestreservepolitik auf die paramonetären Institutionen

Die Mindestreservepolitik der Bundesbank besteht darin, durch Veränderung des Vonhundertsatzes der Einlagen bei Kreditinstituten, die als zinsloses Guthaben bei der Bundesbank zu halten sind, die Liquiditätsposition und damit die Kreditgewährungsmöglichkeit der mindestreservepflichtigen Kreditinstitute kurzfristig unmittelbar zu beeinflussen. Bei einer Erhöhung der Mindestreservesätze sind die betroffenen Kreditinstitute verpflichtet, ihre zinslosen Einlagen bei der Bundesbank zu erhöhen. Damit ist unmittelbar eine Verschlechterung ihrer Ertragslage verbunden. Umgekehrt führt eine Senkung der Mindestreservesätze zu einer Freigabe von Guthaben bei der Zentralbank, verbunden mit der Möglichkeit für die Kreditinstitute, ihr Kreditvolumen auszudehnen.

Wie bei der Beurteilung des Wirkungsbereichs der Diskontpolitik ist auch hier zu untersuchen, welche paramonetären Institutionen von der Mindestreservepolitik überhaupt unmittelbar erfaßt werden. Die Mindestreservepflicht wird geregelt durch das Bundesbankgesetz[45], das

---

[45] Siehe Gesetz über die Deutsche Bundesbank, vom 26. Juli 1957, a.a.O., S. 745, insbes. § 16.

Kreditwesengesetz[46] sowie die jeweilige Anweisung der Deutschen Bundesbank über Mindestreserven (AMR)[47]. Danach sind von den paramonetären Institutionen lediglich die Kreditinstitute mit Sonderaufgaben, die Realkreditinstitute sowie die Teilzahlungskreditinstitute zur Haltung von Mindestreserven verpflichtet. Von diesen sind die Kreditinstitute mit Sonderaufgaben sowie die Realkreditinstitute generell nur in geringem Umfang reservepflichtig, da nur für Verbindlichkeiten aus Einlagen und aufgenommenen Geldern bei nichtreservepflichtigen Kreditinstituten mit einer Befristung unter 4 Jahren Mindestreserven zu halten sind[48]. Weitere Bestimmungen der Bundesbank im Jahre 1965 haben diese paramonetären Institutionen quasi gänzlich von der Mindestreservepflicht entbunden[49]. Es verbleiben lediglich die reservepflichtigen Verbindlichkeiten der Teilzahlungskreditinstitute, die

---

[46] Siehe Gesetz über das Kreditwesen, vom 10. Juli 1961, a.a.O., S. 881, insbes. §§ 1 und 2.

[47] Siehe Anweisung der Deutschen Bundesbank über Mindestreserven (AMR) vom 11. November 1968, in: Geschäftsbericht der Deutschen Bundesbank für das Jahr 1968, S. 115 ff.

[48] Vgl. Anweisungen der Deutschen Bundesbank über Mindestreserven (AMR) vom 11. November 1968, a.a.O., S. 116, insbes. § 1 (1).

[49] Für die Realkreditinstitute bzw. die Kreditinstitute mit Sonderaufgaben gelten ferner folgende erleichternde Bestimmungen: „Nicht reservepflichtig sind jeweils für ein Kalenderjahr diejenigen Kreditinstitute, die die Gewährung langfristiger Kredite als ständigen Geschäftszweig betreiben und bei denen die eigenen und die ihnen langfristig zur Verfügung gestellten Mittel einschließlich der langfristigen durchlaufenden Kredite (Treuhandgeschäfte) sowie die Verbindlichkeiten aus Schuldverschreibungen nach den Angaben zur Monatlichen Bilanzstatistik zu den 12 Monatsendständen vom 31. Oktober des vorvergangenen Jahres bis zum 30. September des vergangenen Jahres im Durchschnitt mindestens 90 v. H. des um die Wertberichtigungen verminderten Geschäftsvolumens betragen haben.“ Siehe AMR vom 11. November 1968, S. 1 (2) 1, S. 115. „Von der Reservepflicht sind freigestellt Verbindlichkeiten aus zweckgebundenen Geldern, soweit diese bereits an die Empfänger oder an ein zwischengeschaltetes Kreditinstitut weitergeleitet sind. Zweckgebundene Gelder im Sinne dieser Bestimmung sind solche Gelder, die nach von vornherein festgelegten Weisungen des Geldgebers, vor allem bezüglich der Kreditbestimmungen, an vom Geldgeber namentlich bezeichnete Kreditnehmer oder — soweit es sich um eine öffentliche oder öffentlich geförderte Kreditaktion handelt — an solche Kreditnehmer auszuleihen sind, welche die Voraussetzungen für die Teilnahme an dieser Kreditaktion erfüllen; die vereinbarte Laufzeit oder Kündigungsfrist sowohl der zweckgebundenen Gelder als auch der daraus zu gewährenden bzw. gewährten Kredite muß, soweit es sich nicht um eine öffentliche oder öffentlich geförderte Kreditaktion handelt, mindestens ein Jahr betragen.“ „... von Hypothekenbanken, öffentlich-rechtlichen Grundkreditanstalten oder Schiffspfandbriefbanken aus aufgenommenen, aber noch nicht an die vorgesehenen Kreditnehmer weitergeleiteten Globaldarlehen, zu deren Sicherung dem Darlehensgeber ein nicht durch Hypotheken, sondern durch Ersatzdeckung unter Verwendung der empfangenen Darlehnsvaluta gedeckter Namenspfandbrief übereignet ist.“ Siehe AMR vom 11. Nov. 1968, § 2 (4) b, c. Von den Kreditinstituten mit Sonderaufgaben sind die Kreditanstalt f. Wiederaufbau u. die Lastenausgleichsbank von der Reservepflicht befreit. Vgl. Bundesanzeiger, vom 26. Mai 1965.

jedoch als unbedeutend bezeichnet werden können. Die unmittelbare Wirkung der Mindestreservepolitik auf die Kreditgewährung paramonetärer Institutionen ergibt sich somit als verschwindend gering.

Mit der weitgehenden Entbindung paramonetärer Institutionen von der Mindestreservepflicht können direkte Wirkungen für die monetären Intermediäre verbunden sein. Mit der Aufhebung deren Reservepflicht haben monetäre Intermediäre für Einlagen paramonetärer Institutionen Mindestreserven zu halten[50]. Die daraus resultierende zusätzliche Belastung der monetären Intermediäre erscheint jedoch angesichts des relativ geringen Einlagenvolumens der betroffenen paramonetären Institutionen bei diesen als wenig bedeutungsvoll. Weitere mittelbare Wirkungen der Mindestreservepolitik ergeben sich für einige paramonetäre Institutionen aus den Veränderungen der Zinssätze auf dem Geld- und Kapitalmarkt. Die veränderten Bedingungen auf den Kreditmärkten werden sich für den Liquiditätsspielraum der Kreditinstitute mit Sonderaufgaben, der Realkreditinstitute sowie der Teilzahlungskreditinstitute auswirken. Bei einer Erhöhung der Mindestreservesätze werden die monetären Intermediäre in der Regel ihre Wertpapierkäufe reduzieren[51]. Sie fallen als Nachfrager für die Emissionen der Kreditinstitute mit Sonderaufgaben und der Realkreditinstitute ganz oder teilweise aus. Dadurch können die Refinanzierungsmöglichkeiten dieser Institute beträchtlich vermindert werden. Die Teilzahlungskreditinstitute werden dagegen für die bei monetären Intermediären aufgenommenen Gelder höhere Zinsen zu entrichten haben. Da die Finanzierung über den Geldmarkt für diese Institute von so erheblicher Bedeutung ist, kann sich daraus eine wirksame Beeinträchtigung ihrer wirtschaftlichen Aktivität ergeben.

Gemessen am Kreditvolumen der von der Mindestreservepolitik unbeeinflußten paramonetären Institutionen erweist sich die Einwirkung auf die von ihr betroffenen Institute dennoch als gering. Insgesamt gesehen ist es der Bundesbank somit nicht möglich, mittels der Mindestreservepolitik auf die Kreditgewährung der paramonetären Institutionen in erheblichem Maße Einfluß zu nehmen.

---

50 Vgl. *Gerd Jaeger*, Die Entwicklung der sekundären Finanzierungsinstitute in der Bundesrepublik Deutschland und ihre Bedeutung für die Zentralbankpolitik, a.a.O., S. 187 f.

51 Vgl. hierzu Geschäftsbericht der Deutschen Bundesbank für das Jahr 1964, S. 20. Ferner: Monatsberichte der Deutschen Bundesbank, Jg. 17 (1965), Nr. 10, S. 10, zitiert bei *Gerd Jaeger*, Entwicklung der sekundären Finanzierungsinstitute in der Bundesrepublik Deutschland und ihre Bedeutung für die Zentralbankpolitik, a.a.O., S. 189.

3. Die Wirkungen der Offenmarktpolitik auf die paramonetären Institutionen

Die von der Bundesbank verfolgte Offenmarktpolitik besteht in der Festsetzung der Ankaufs- und Verkaufssätze der offenmarktfähigen Papiere. Die Arten von Forderungen, die von der Bundesbank zu Operationen am „offenen Markt“ verwendet werden dürfen, werden durch § 21 des Bundesbankgesetzes bestimmt[52]. Danach könnte die Bundesbank sowohl kurzfristiges als auch langfristiges Material zum Einsatz bringen. Gegenwärtig finden bei Offenmarktoperationen jedoch nur Schatzwechsel, unverzinsliche Schatzanweisungen, Privatdiskonten sowie Vorratsstellenwechsel Verwendung. Dabei handelt es sich jedoch lediglich um kurz- bzw. mittelfristige Staatsschulden. Von einer Einbeziehung langfristiger Staatsschuldtitel in die Offenmarktpolitik hat die Bundesbank bisher insbesondere deshalb abgesehen, weil das ihr zur Verfügung stehende Volumen geeigneter Papiere nicht ausreicht. Die Wirkungen der Offenmarktpolitik richten sich somit primär auf die Zinssätze für kurzfristige Anlagen. Das breite Spektrum der Zinssätze auf den Finanzmärkten wird von ihnen jedoch direkt nicht erreicht. Wie an anderer Stelle bereits angedeutet wurde[53], gelingt es der Bundesbank nicht unbedingt, das Liquiditätsvolumen der monetären Intermediäre in der gewünschten Weise mittels ihrer Offenmarktoperationen zu beeinflussen. Diese mangelnde Effizienz der Offenmarktpolitik ist auf das Marktverhalten der Bundesbank zurückzuführen. Sie tritt gegenüber den monetären Intermediären allein als Preisfixierer auf. Infolge dieser im Hinblick auf den angestrebten Erfolg der Offenmarktpolitik als passiv zu bezeichnenden Handlungsweise überläßt sie den monetären Intermediären die Entscheidung einer Anpassung an die von ihr verfolgte Politik. Diese haben in der Vergangenheit ausreichende Beweise dafür geliefert, daß sie zweckrationales Verhalten vor die Erfordernisse gesamtwirtschaftlicher Stabilität stellen[54].

---

[52] Siehe Gesetz über die Deutsche Bundesbank, vom 26. Juli 1957, a.a.O., S. 745. Im § 21 heißt es: Die Deutsche Bundesbank darf zur Regelung des Geldmarktes am offenen Markt zu Marktsätzen kaufen und verkaufen:
1. Wechsel, die den Erfordernissen des § 19 Nr. 1 entsprechen;
2. Schatzwechsel und Schatzanweisungen, deren Aussteller der Bund, eines der in § 20 Abs. 1 Nr. 1 genannten Sondervermögen des Bundes oder ein Land ist;
3. Schuldverschreibungen und Schuldbuchforderungen, deren Schuldner die in Nummer 2 genannten Stellen sind;
4. andere zum amtlichen Börsenhandel zugelassene Schuldverschreibungen.

[53] Vgl. die Ausführungen in Teil 3. I. 1. c.

[54] Vgl. hierzu *Jürgen Siebke, Manfred Willms,* Das Geldangebot in der Bundesrepublik Deutschland, eine empirische Analyse für die Periode von 1958 bis 1968, a.a.O., S. 20. Ferner: *Manfred Willms,* Staatsschuld und Staatsschuldenpolitik, a.a.O.

Die Handhabung des Instruments der Offenmarktpolitik durch die Bundesbank verdient strenggenommen die Bezeichnung „offener Markt“ nicht. Vielmehr werden die sogenannten Offenmarktoperationen auf einem beschränkten Markt vorgenommen, zu dem regelmäßig nur monetäre Intermediäre, also Banken, Zugang haben. Daran ändern auch die bisher sporadisch von der Bundesbank mit paramonetären Institutionen, in diesen Fällen mit den Sozialversicherungsträgern, abgeschlossenen Offenmarktgeschäfte nur wenig. Auch die im Stabilitätsgesetz[55] im Jahre 1967 festgelegten Regelungen sehen Offenmarktgeschäfte mit paramonetären Institutionen — hier der Rentenversicherung und der Arbeitslosenversicherung — nur bei erschwerten Bedingungen für die Durchsetzbarkeit stabilisierender Maßnahmen und damit quasi als Ausnahme vor. Die Bausparkassen und die Individualversicherungen werden weiterhin nicht in den Markt einbezogen.

Im Lichte dieser Bedingungen für den Wirkungsbereich der Offenmarktpolitik in bezug auf die monetären Intermediäre ist nunmehr zu untersuchen, inwieweit die paramonetären Institutionen von den Wirkungen der Offenmarktoperationen betroffen werden. Wie aus der monatlichen Bilanzstatistik der Bundesbank zu ersehen ist, halten die paramonetären Institutionen mit Ausnahme der Kreditinstitute mit Sonderaufgaben keine nennenswerten Bestände solcher kurzfristigen Papiere, die von der Bundesbank bei ihren Offenmarktoperationen eingesetzt werden. Die privaten Versicherungen, die Realkreditinstitute und die Teilzahlungskreditinstitute halten keine Geldmarktpapiere in ihrem Vermögensbestand. Die Bestände der Bausparkassen an diesen Papieren sind im Verhältnis zu ihren gesamten Aktiva sehr gering. Die Bundesbank hat für die Anlagepolitik dieser paramonetären Institutionen daher unmittelbar kaum eine Bedeutung. Demgegenüber kann das Anlageverhalten der Sozialversicherungsträger infolge der sie direkt betreffenden Bestimmungen des Stabilitätsgesetzes in gewissem Umfang beeinträchtigt werden. Dennoch ist damit der Bundesbank keine unmittelbare Möglichkeit zur Beeinflussung der Anlagepolitik der Sozialversicherungsträger in die Hand gegeben. Gemäß § 30 des Stabilitätsgesetzes kann die Bundesregierung, wenn es die Bundesbank vorschlägt, bestimmen, daß die Rentenversicherung der Arbeiter „bis höchstens 60 % der durchschnittlichen Monatsausgabe im jeweils vorvergangenen Kalenderjahr in Mobilisierungs- und Liquiditätspapieren anzulegen hat“[56]. Für die Bundesanstalt für Arbeitsvermittlung und Arbeitslosenversicherung gilt, daß sie auf die gleiche Weise verpflichtet

---

[55] Siehe Gesetz zur Förderung der Stabilität und des Wachstums der Wirtschaft, vom 8. Juni 1967, a.a.O., S. 582, insbes. § 30.

[56] Siehe Gesetz zur Förderung der Stabilität und des Wachstums der Wirtschaft, vom 8. Juni 1967, a.a.O., S. 582 ff., § 30.

werden kann, ihre Rücklagen bis zu einem Drittel in Mobilisierungs- und Liquiditätspapieren anzulegen. Die Dauer dieser Bindung kann höchstens zwei Jahre betragen[57]. Die Bestimmung stellt darauf ab, die Bundesbank bei ihrer nicht leichten Aufgabe, konjunkturelle Überhitzungstendenzen durch restriktive Kreditpolitik zu bekämpfen, wirksam zu unterstützen. Es wird dadurch möglich, sukzessive zusätzliches Zentralbankgeld aus dem Kreislauf abzuziehen. Diese Unterstützung der Zentralbankpolitik erscheint vornehmlich unter Berücksichtigung der durch den Außenhandel bedingten Liquiditätszuflüsse aus dem Ausland als erforderlich. Eine direkte Einbeziehung der Sozialversicherungsträger in die Stabilisierungsbemühungen von Bundesbank und Bundesregierung erscheint insbesondere deshalb als dringend erforderlich, weil diese jährlich aus dem Bundeshaushalt erhebliche Zuschüsse erhalten. Es mutete geradezu paradox an, wenn die staatlich bezuschußten Sozialversicherungsträger durch ihre Anlagepolitik in der Lage wären, die Stabilitätspolitik der Bundesbank in ihrer Wirkung zu beeinträchtigen. Ansätze zu derartigen Aktionen hat es jedoch in der Vergangenheit durchaus gegeben[58].

Für die von den unmittelbaren Wirkungen der Offenmarktpolitik nicht betroffenen paramonetären Institutionen können sich jedoch mittelbare ergeben, die von der Veränderung der Zinssätze auf dem Kapitalmarkt ausgehen. Das Absinken der Kurse langfristiger Staatsschuldtitel könnte paramontäre Institutionen daran hindern, sich durch den Verkauf solcher Papiere in den Besitz von Zentralbankgeld zu bringen, da sie andernfalls Bilanzverluste ausweisen müßten. Ob darin jedoch ein Hindernis besteht, wenn die realisierten Verluste aus dem Verkauf von Staatsschulden durch Gewinne in anderen Verwendungen überkompensiert werden können, ist zweifelhaft. Solange die paramonetären Institutionen nicht in den Kreis der Marktteilnehmer im Rahmen der Offenmarktpolitik aufgenommen werden, bleiben sie ein potentieller Störfaktor in bezug auf die Wirkungen der Offenmarkttransaktionen und damit der Bemühungen der Bundesbank zur Stabilisierung der konjunkturellen Entwicklung.

---

[57] Siehe Gesetz zur Förderung der Stabilität und des Wachstums der Wirtschaft, vom 8. Juni 1967, a.a.O., S. 582 ff., § 30.

[58] Vgl. hierzu *Gerd Jaeger*, Entwicklung der sekundären Finanzierungsinstitute in der Bundesrepublik Deutschland und ihre Bedeutung für die Zentralbankpolitik, a.a.O., S. 172.

III. Vorschläge zur Erweiterung der Einflußnahme der Bundesbank auf die Anlagepolitik der paramonetären Institutionen

Die Analyse der Möglichkeiten paramonetärer Institutionen, den Wirkungsgrad notenbankpolitischer Maßnahmen zu beeinträchtigen, wie auch die Analyse der Einflußnahme der Bundesbank auf die Anlagepolitik dieser Institute hat gezeigt, daß das Instrumentarium der Bundesbank nicht ausreicht, um diesen Störungen wirkungsvoll entgegenzutreten, bzw. es gar nicht erst zu solchen kommen zu lassen. Insbesondere die Offenmarktpolitik und die Mindestreservepolitik können durch die Aufnahme zusätzlicher Maßnahmen dergestalt erweitert werden, daß Beeinträchtigungen ihres Wirkungsumfangs ausgeschlossen, zumindest aber reduziert werden können.

Im Hinblick auf eine Erhöhung der Effizienz der Offenmarktpolitik erscheint es als sinnvoll, die Angriffsfläche dieses Instruments zu erweitern. Das kann durch eine Einbeziehung langfristiger Staatsschuldtitel in den Kreis offenmarktfähiger Papiere erreicht werden sowie durch eine Erweiterung der Zahl der Marktteilnehmer. Werden neben kurzfristigen auch langfristige Staatsschulden zu Offenmarktoperationen verwendet, so wird neben dem dadurch ausgelösten Geldmengeneffekt gleichzeitig der mit dem Einsatz der Offenmarktpolitik verbundene Zinsniveaueffekt beschleunigt. Operationen mit kurzfristigen Staatsschulden haben als Primäreffekt den Geldmengeneffekt zur Folge. Gleichzeitig wird der Zinssatz der Geldmarktpapiere verändert. Infolge der Interdependenzen der Finanzmärkte ergibt sich als sekundäre Wirkung der Zinsniveaueffekt. Der Einsatz von Staatsschulden unterschiedlicher Fristigkeit beschleunigt das Eintreten von Zinsänderungen auf allen Finanzmärkten.

Es wird nicht nur das Liquiditätsvolumen der Teilnehmer an Offenmarktgeschäften verändert, sondern auch, stärker als bei einer Beschränkung auf kurzfristige Titel, ihre Liquiditätsstruktur. Die von der Offenmarktpolitik betroffenen Kreditinstitute werden die Änderung des langfristigen Zinssatzes bei ihrer Kreditgewährung stärker zu beachten haben. Die gewünschte Wirkung auf den Kapitalmarktzins wird somit schneller eintreten. Durch die Einbeziehung langfristiger Staatsschulden in die Offenmarktpolitik kann somit der Zeitraum verkürzt werden, in dem sich das gewünschte Zinsniveau auf dem Kapitalmarkt durchgesetzt hat. Dem Kapitalmarktzins kommt aber bei dem Versuch, das Ausgabenvolumen der Wirtschaft zu beeinflussen, stärkere Bedeutung zu als dem Geldmarktzins. Er bildet einen Bestandteil des Kalkulationszinsfußes, der neben dem internen Zinsfuß von Bedeutung ist für die Entscheidungen zur Bildung von Realvermögen. Eine schnellere Anpassung des Kapitalmarktzinses an das gewünschte Niveau würde es daher erlauben, vornehmlich kapitalintensive, zinsabhängige Investitionen einer direkteren und damit wirkungsvolleren Steuerung zugänglich zu machen.

Eine Offenmarktpolitik, die sowohl kurzfristige als auch langfristige Staatsschulden zum Einsatz bringt, wäre ferner geeignet, die mit der Zentralbankpolitik verbundenen Zinsstruktureffekte zu verstärken. Dazu besteht gerade in der Situation der Bundesrepublik eine quasi permanent gegebene Notwendigkeit. Angesichts der lang anhaltenden Phasen der Hochkonjunktur erweist es sich als notwendig, mittels eines hohen Zinsniveaus die Realvermögensbildung in Grenzen zu halten. Gleichzeitig ist angesichts der erheblichen Außenhandelsüberschüsse außenwirtschaftlich ein niedriges Zinsniveau erforderlich, um den Kapitalimport einzuschränken. Eine Veränderung in der Struktur der Staatsschuld über Offenmarktoperationen kann dazu beitragen, die gewünschten Zinsstruktureffekte zu bewirken. Ein relativ großes Volumen an Staatsschulden wäre eine Voraussetzung für den Erfolg dieser Maßnahmen. Andererseits werden die Erwartungen der Wirtschaftssubjekte hinsichtlich der zukünftigen Erträge für die Zinsbildung auf den einzelnen Finanzmärkten von Bedeutung sein[59].

Die gegenwärtigen wie die durch die Einbeziehung langfristiger Papiere hervorgerufenen Wirkungen der Offenmarktpolitik in der Bundesrepublik können noch verstärkt werden durch eine Erweiterung der Zahl der Marktteilnehmer an Offenmarktgeschäften. Die paramonetären Institutionen bieten sich dazu an. Gerade sie bevorzugen unter den Staatsschulden längerfristige Anlageformen. Das Eintreten und der Umfang des von der Offenmarktpolitik ausgelösten Geldmengeneffekts würde damit nicht mehr ausschließlich von dem Verhalten monetärer Intermediäre bestimmt. Über die paramonetären Institutionen kann dem Kreislauf direkt Zentralbankgeld zugeführt bzw. entzogen werden. Vornehmlich aber sollten Maßnahmen getroffen werden, die staatlich geförderten Sozialversicherungsträger generell in den Dienst einer konjunkturgerechten Anlagepolitik zu stellen. Es kann nicht hingenommen werden, daß seitens dieser Institutionen auch nur die Möglichkeit einer Behinderung der Wirkungen zentralbankpolitischer Maßnahmen besteht.

---

[59] Zu den theoretischen Grundlagen der geldpolitischen Beeinflussung der Zinsstruktur vgl. *Burton Gordon Malkiel,* The Term Structure of Interest Rates, Princeton 1966. Zu den Erfordernissen einer Beeinflussung der Zinsstruktur unter den in der Bundesrepublik gegebenen Verhältnissen vgl. *Manfred Willms,* Staatsschuld und Staatsschuldenpolitik, a.a.O., S. 7 f.

Schließlich wäre zu prüfen, ob die Bundesbank im Rahmen ihrer Offenmarktoperationen weiterhin als Preisfixierer auftreten soll. Eine Änderung ihres Verhaltens im Hinblick auf eine Festlegung der aufzunehmenden bzw. abzugebenden Mengen an Staatsschulden würde ihren Handlungsspielraum erweitern. Durch eine geeignete Wahl der in Einsatz gebrachten Mengen könnte einem den Intentionen der Bundesbank entgegengesetztes Verhalten der monetären Intermediäre in gewissem Umfang entgegengewirkt werden. Es wäre allerdings auch hierbei erforderlich, daß diese entsprechend reagieren.

Zur Erhöhung der Effizienz der Mindestreservepolitik ist in den USA der Vorschlag unterbreitet worden, die paramonetären Institutionen in die Verpflichtung, Mindestreserven zu halten, einzubeziehen. Die Befürworter dieser Regelung sehen die von den paramonetären Institutionen ausgehenden destabilisierenden Wirkungen als so gravierend an, daß sie eine Beeinflussung der Aktivitäten dieser Institutionen über die indirekten Wirkungen der Zentralbankpolitik nicht für ausreichend halten[60]. Für die paramonetären Institutionen in der Bundesrepublik scheint eine solche Regelung wenig sinnvoll. Wie bereits dargestellt wurde, sind die paramonetären Institutionen nicht in der Lage, Geld zu schöpfen. Die Analyse des Zusammenwirkens aller finanziellen Intermediäre ergab, daß der für diese abgeleitete Kreditschöpfungsmultiplikator kleiner ist als der unter alleiniger Berücksichtigung des Bankensystems. Daraus ergibt sich, daß der Kreditschöpfung durch das Bankensystem weitaus größere Bedeutung zukommt als der paramonetärer Institutionen. Für die Kontrolle der Geld- bzw. Kreditschöpfung des Bankensystems ist die Mindestreservepolitik geschaffen worden. Eine Ausdehnung der Mindestreservebestimmungen auf die paramonetären Institutionen würde letztlich zu einer zusätzlichen Belastung des Bankensystems führen. Die paramonetären Institutionen halten einen beträchtlichen Teil ihrer Vermögensanlagen in Form von Depositen bei monetären Intermediären. Für diese werden jedoch von den monetären Intermediären bereits Mindestreserven gehalten. Angenommen, die paramonetären Institutionen halten eine Reserve in Höhe von R_{pI} bei den monetären Intermediären in Form von Einlagen. Für diese haben die monetären Intermediäre eine Mindestreserve von R_B bei der Zentralbank zu halten. Werden die paramonetären Institutionen nun verpflichtet, eine Reserve $R_{pI,z}$ in gleicher Höhe wie R_{pI} bei der Zentralbank zu halten, werden sie auf ihre Einlagen bei den monetären Inter-

---

[60] Vgl. hierzu *John G. Gurley, Edward S. Shaw*, Money in a Theory of Finance, a.a.O., S. 247 ff. Nicht für alle paramonetären Institutionen werden Mindestreservebindungen vorgeschlagen von: *Thomas Meyer*, Is the Portfolio Control of Financial Intermediaries justified?, in: The Journal of Finance, Vol. 17 (1962), S. 317.

mediären zurückgreifen. Dadurch wird bei diesen eine Mindestreserve von R_B frei. Es ist aber von ihnen zusätzlich Zentralbankgeld in Höhe der Differenz $R_{pl} - R_B$ kurzfristig den paramonetären Institutionen zur Einzahlung bei der Zentralbank zur Verfügung zu stellen. Sind bei den monetären Institutionen keine Überschußreserven mehr vorhanden, müssen sie entweder Kredite abrufen oder Kredite bei der Zentralbank aufzunehmen versuchen. Letzteres wird jedoch nicht immer möglich sein. Den monetären Intermediären würde somit eine erhebliche Anpassungslast aufgebürdet. Dadurch können unerwünschte Fluktuationen in der Kreditgewährung verbunden mit dem Auftreten von Unsicherheit hervorgerufen werden. Eine Einbeziehung der paramonetären Institutionen in die Reserveanforderungen der Bundesbank erscheint daher nicht empfehlenswert[61].

---

[61] In anderen Ländern mit ähnlichen Problemen hinsichtlich der paramonetären Institutionen wie in der Bundesrepublik, jedoch abweichenden Strukturen bezüglich des Kreditsystems, werden mit der gleichen Begründung Reservebestimmungen für paramonetäre Institutionen abgelehnt. Vgl. Committee on the Working of the Monetary System, Report, a.a.O., Ziffer 394, S. 134. *Richard S. Thorn*, Nonbank Financial Intermediaries, Credit Expansion, and Monetary Policy, a.a.O., S. 378 ff. *Warren L. Smith*, Financial Intermediaries and Monetary Controls, a.a.O., S. 551. *G. Clayton*, British Financial Intermediaries, in Theory and Practice, a.a.O., S. 884 ff.

Zusammenfassung

In dieser Arbeit bestand die Aufgabe darin, die Tätigkeit, die Entwicklung sowie die ökonomischen Wirkungen der paramonetären Institutionen in der Bundesrepublik im Zeitraum von 1950 bis 1968 zu untersuchen. Die Untersuchung führte zu folgenden Ergebnissen:

1. Es ist der Versuch unternommen worden, den Finanzierungsaspekt des wirtschaftlichen Wachstums in einen Zusammenhang mit der Geldvermögensbildung der Haushalte, der Produktivvermögensbildung der Unternehmen sowie der finanziellen Transformation durch das Geld- und Kreditsystem zu stellen.

2. Wie in einigen anderen Ländern, konnten die paramonetären Institutionen auch in der Bundesrepublik im Beobachtungszeitraum im Durchschnitt ein stärkeres Wachstum realisieren als die monetären Intermediäre.

   Im Zeitraum von 1950 bis 1957 konnten die paramonetären Institutionen ihre Marktstellung relativ gegenüber den monetären Intermediären erweitern. Zum Ende des Jahres 1968 ergibt sich bezogen auf die Gesamtheit der Aktiva der finanziellen Intermediäre für die monetären Intermediäre ein Anteil von 58 % und für die paramonetären Institutionen von 42 %. Der Anteil der paramonetären Institutionen an der Sachvermögensbildung von Unternehmen und Haushalten wuchs kontinuierlich von 36,7 % im Jahre 1952, bezogen auf alle finanziellen Intermediäre, auf 42,4 % im Jahre 1957. Im Jahr 1967 erreichten die paramonetären Institutionen einen Anteil von 42,5 %. Die Analyse der Entwicklung der Geldvermögensbildung der Haushalte bei den paramonetären Institutionen ergab eine trendmäßige Abnahme der Bedeutung dieser Institute. Die Einbeziehung der Kapitalverflechtungen zwischen monetären Intermediären und paramonetären Institutionen führt zu einer Modifizierung dieser Ergebnisse. Ein Teil der paramonetären Institutionen wird über Kapitalanteile von monetären Intermediären kontrolliert. Daraus ergibt sich, daß die Geschäftsentwicklung dieser paramonetären Institutionen nicht ausschließlich auf ihre eigene Dynamik zurückzuführen ist. Vielmehr ist von einer geschäftspolitischen Einflußnahme der sie in unterschiedlichem Ausmaß kontrollierenden monetären Intermediäre auszugehen.

3. In der Bundesrepublik lassen sich keine Anzeichen dafür feststellen, daß periodisch oder langfristig von den Wirtschaftssubjekten Umschichtungen ihrer finanziellen Vermögensbestände oder Umlenkungen ihrer laufenden Ersparnisse in bedeutendem Umfang von monetären Intermediären zu paramonetären Institutionen vorgenommen werden. Auch zukünftig sind derartige Vermögensumschichtungen kaum zu erwarten, da die monetären Intermediäre durch eine Erweiterung der von ihnen angebotenen Anlagemöglichkeiten um höher verzinsliche Anlageformen versuchen, ihre Kunden mit Sparkonten auf diese Weise an sich zu binden.

   Ist die Gültigkeit der These von Gurley und Shaw, nach der infolge des Angebots von finanziellen Anlageformen durch paramonetäre Institutionen, die in enger Substitutionsbeziehung zum Gelde stehen, die Geldnachfrage der Haushalte sich vermindert, wesentlich von dem Liquiditätsgrad der Anlagemöglichkeiten abhängig, so kann in der Bundesrepublik ein etwaiger langfristig feststellbarer Rückgang der Geldnachfrage nicht primär auf das Angebot finanzieller Anlagemöglichkeiten der paramonetären Institutionen zurückgeführt werden, da die von den paramonetären Institutionen angebotenen finanziellen Anlageformen einen geringeren Liquiditätsgrad aufweisen als die der monetären Intermediäre.

   Die Analyse der kurzfristigen und langfristigen Motive der Vermögensbildung zeigt, daß bei den Haushalten starke Anreize zur Bildung von finanziellen Vermögensbeständen vorhanden sind. Die Maßnahmen zur Steuerung des gesamtwirtschaftlichen Ausgabevolumens sollten daher auch direkt bei der Vermögensbildung der Haushalte ansetzen. Das Konzept der subjektiven Liquidität, das im Radcliffe-Report formuliert wurde, stellt einen Zusammenhang her zwischen dem Vermögensbestand der Wirtschaftssubjekte, deren Ausgabenverhalten und den finanziellen Institutionen. Es liefert Ansatzpunkte zur Entwicklung eines Konzepts zur Steuerung des gesamtwirtschaftlichen Ausgabenvolumens unter Einbeziehung des Vermögensbestandes der Wirtschaftssubjekte.

4. Die These von Gurley und Shaw, daß durch die Einführung und die Ausbreitung paramonetärer Institutionen der Zins für Kredite sinkt und dadurch zusätzliche Investitionsanreize geschaffen werden, erweist sich als problematisch. Die paramonetären Institutionen binden durch ihre Tätigkeit Ressourcen, die dem Prozeß der Produktivvermögensbildung entzogen werden. Sie werden in der Regel nur dadurch liquide Mittel an sich ziehen können, daß sie Anlegern höher verzinsliche Anlageformen anbieten als die monetären Intermediäre. Das wird jedoch auf längere Sicht zu einer Erhöhung der Kreditzinsen führen.

5. Eine isolierte Betrachtung des Geld- bzw. Kreditschöpfungsmechanismus der Geschäftsbanken ist nicht geeignet, die Grenzen der Kreditschöpfung der finanziellen Institutionen exakt zu bestimmen. eine simultane Analyse der Kreditschöpfung der monetären Intermediäre sowie der paramonetären Institutionen ergibt, daß die Grenzen der Geld- bzw. Kreditschöpfung enger gezogen sind als bei isolierter Betrachtung der Geschäftsbanken.

6. Die paramonetären Institutionen können als potentieller Störfaktor hinsichtlich des Wirkungsgrades der Geldpolitik bezeichnet werden. Ihre Kreditgewährungsmöglichkeiten werden von den geldpolitischen Instrumenten direkt nur in sehr geringem Umfang betroffen. Die Wirkungen des geldpolitischen Instrumentariums auf die Geschäftstätigkeit der paramonetären Institutionen treten nur indirekt über den Kapitalmarkt ein. Eine Erhöhung der Effizienz der notenbankpolitischen Mittel kann durch eine Erweiterung der Offenmarktoperationen seitens der Bundesbank auf die paramonetären Institutionen erreicht werden. Eine Ausdehnung der Mindestreservepolitik auf die paramonetären Institutionen erweist sich infolge der dadurch entstehenden Anpassungslasten für die Geschäftsbanken als nicht sinnvoll.

Literaturverzeichnis

Ackley, Gardner: Macroeconomic Theory, 9. Aufl., New York 1965

Alhadeff, David A.: Credit Controls and Financial Intermediaries, in: The American Economic Review, Vol. 50 (1960), S. 655—671

— Credit Controls and Financial Intermediaries: Reply, in: The American Economic Review, Vol. 52 (1962), S. 194—203

Ando, Albert und Franco *Modigliani*: The Relative Stability of Monetary Velocity and the Investment Multiplier, in: The American Economic Review, Vol. 55 (1965), S. 693—728

Argy, F.: Non-Banking Financial Intermediaries and the Process of Credit Creation, in: The Economic Record, Vol. 36 (1960), S. 530—541

Arnold, Hans: Risikotransformation, Finanzierungsinstrumente und Finanzierungsinstitute als Institutionen zur Transformation von Unsicherheitsstrukturen, Dissertation, Saarbrücken 1964

Aschheim, Joseph: Techniques of Monetary Control, Baltimore 1961

Benavie, Arthur: Financial Institutions and Monetary Policy: A Reexamination of their Interrelationship, Discussion, in: The American Economic Review, Vol. 53 (1963), S. 407—410

Biacabe, Pierre: Intermédieres Financiers, Comptabilité Nationale et Théorie Monétaire, in: Revue de Sciènce Financière, No. 54 (1962), S. 597—656

Birnbaum, Eugene A.: The Growth of Financial Intermediaries as a Factor in the Effectiveness of Monetary Policy, in: Staff Papers, Vol. 6 (1957 bis 58), S. 384—426

Bitschnau, Roland: Das Revolvingsystem in der Industriefinanzierung, Frankfurt/M. 1959

Böhm-Bawerk, Eugen v.: Kapital und Kapitalzins, II. Abtlg., Positive Theorie des Kapitals, Bd. 1, 4. Aufl., Jena 1921

Bombach, Gottfried und Heinrich *Dräger*: Vermögenspolitik heute. Studienstiftungsgesellschaft zur Förderung der angewandten Sozial- und Wirtschaftswissenschaften GmbH — gemeinnützige Gesellschaft — Lübeck, hrsg. in Zusammenarbeit mit der Studiengesellschaft für Geld- und Kreditwissenschaft, Düsseldorf, Juli 1968

Boulding, Kenneth E.: Economic Analysis, Vol. I, 4. Aufl., New York 1966

Brunner, Karl: A Scheme for the Supply Theory of Money, in: The International Economic Review, Vol. 2 (1961), S. 79—109

Brunner, Karl und Allan H. *Meltzer*: The Place of Financial Intermediaries in the Transmission of Monetary Policy, in: The American Economic Review, Vol. 53 (1963), Papers and Proceedings, S. 372—382

Brunner, Karl und Robert *Crouch*: Money Supply Theory and British Monetary Experience, in: Operation Research Verfahren, Bd. III, Festschrift für Wilhelm Krelle, Hrsg. Rudolf Henn, Meisenheim am Glan 1967, S. 77—112

Bundesaufsichtsamt für das Versicherungs- und Bausparwesen: Geschäftsberichte, versch. Jge.

— Rundschreiben R 13/58 vom 1. Dez. 1958, in: Veröffentlichungen des Bundesaufsichtsamts für das Versicherungs- und Bausparwesen (BAV), Berlin 1959

— Rundschreiben R 15/58 vom 20. Dez. 1958, in: Veröffentlichungen des Bundesaufsichtsamts für das Versicherungs- und Bausparwesen (BAV), Berlin 1959

— Veröffentlichungen, Jg. 2 (1953), S. 47

— Veröffentlichungen des Bundesaufsichtsamts für das Versicherungs- und Bausparwesen, Berlin 1955

Bundesministerium für Arbeit und Sozialordnung: Arbeits- und Sozialstatistische Mitteilungen, Bonn, versch. Jge.

Bundesregierung: Bericht der Bundesregierung über die Untersuchung der Wettbewerbsverschiebungen im Kreditgewerbe und über eine Einlagensicherung, Deutscher Bundestag, 5. Wahlperiode, Drucksache VI 3500, Bonn 1968

Burns, Joseph M.: The Relative Decline of Commercial Banks: A Note, in: The Journal of Political Economy, Vol. 77 (1969), S. 122—129

Cassel, Gustav: Theoretische Sozialökonomie, 5. Aufl., Leipzig 1932

Claren, Joachim: Die Kapitalanlagen der privaten deutschen Lebensversicherungsunternehmen, Betriebswirtschaftliche Forschungen, Hrsg. K. Mellerowicz; H. H. Hohlfeld; O. Schnutenhaus, Bd. 3, Berlin 1955

Clark, J. B.: Essentials of Economic Theory, as applied to modern Problems of Industry and Public Policy, New York 1924

Clayton, G.: British Financial Intermediaries in Theory and Practice, in: The Economic Journal, Vol. 72 (1962), S. 867—886

Commerzbank AG: Wer gehört zu wem? 8. Aufl., ohne Ort 1969

Commission on Money and Credit: Money and Credit. Their Influence on Jobs, Prices and Growth. The Report of the Commission on Money and Credit, Englewood Cliffs 1961

Committee on the Working of the Monetary System: Report, Presented to the Parliament by the Chancellor of the Exchequer by Command of her Majesty, August 1959, Reprinted 1964, London (Radcliffe-Report)

Cramp, A.B.: Financial Intermediaries and Monetary Policy, in: Economica, Vol. 29 (1962), S. 143—151

Culbertson, J. M.: Intermediaries and Monetary Theory: A Criticism to the Gurley and Shaw Theory, in: The American Economic Review, Vol. 48 (1958), S. 119—131

Deutsche Bundesbank: Geschäftsberichte, versch. Jge.

— Aus den Ergebnissen der Teilzahlungskreditstatistik, Monatsberichte, Jg. 5 (1953), Nr. 11, S. 26—33

— Zur Entwicklung der Teilzahlungskredite der Kreditinstitute, Monatsberichte, Jg. 10 (1958), Nr. 2, S. 38—43

— Kapitalbildung und Anlagepolitik der Individualversicherung, Monatsberichte, 10. Jg. (1958), Nr. 6, S. 54—61

— Methodische Erläuterungen zu den Berechnungen über die Vermögensbildung und ihre Finanzierung, Monatsberichte, Jg. 13 (1961), Nr. 12, S. 13—25

Deutsche Bundesbank: Die Entwicklung des Investmentsparens seit 1959, Monatsberichte, Jg. 15 (1963), Nr. 3, S. 6—12

— Die ersten Ergebnisse der Konsumentenkreditstatistik, Jg. 15 (1963), Nr. 6, S. 3—11

— Aus den Ergebnissen der Konsumenten- und Ratenkreditstatistik, Monatsberichte, Jg. 16 (1964), Nr. 5, S. 15—25

— Kapitalbildung und Anlagepolitik der gesetzlichen Rentenversicherung und der Arbeitslosenversicherung, Monatsberichte, Jg. 16 (1964), Nr. 7, S. 3—13

— Monatsberichte, Jg. 17 (1965), Nr. 4, S. 15—19

— Kapitalbildung und Anlagepolitik der Versicherungsunternehmen seit 1957, Monatsberichte, Jg. 17 (1965), Nr. 4, S. 20—28

— Die Wirtschaftslage des Bundesgebiets im Frühjahr 1965, Monatsberichte, Jg. 17 (1965), Nr. 5, S. 4—21

— Zur Entwicklung der Konsumentenkredite der Banken, Monatsberichte, Jg. 18 (1966), Nr. 6, S. 15—23

— Die Entwicklung der Termineinlagen unter dem Einfluß der partiellen Zinsfreigaben vom März 1965 und Juli 1966, Monatsberichte, Jg. 19 (1967), Nr. 3, S. 3—9

— Monatsberichte, Jg. 20 (1968), Nr. 4, S. 11—32

— Monatsberichte, Jg. 20 (1968), Nr. 4, S. 19, 24

— Monatsberichte, Jg. 20 (1968), Nr. 9, S. 3—15 u. 29—36

— Ausländische Investmentfonds in der Bundesrepublik, Monatsberichte, Jg. 20 (1968), Nr. 9, S. 16—20

Deutsches Industrie-Institut: Vermögenspolitische Pläne, in: Berichte des Deutschen Industrieinstituts zur Sozialpolitik, Jg. 2 (1968), Nr. 9, Köln 1968

Duesenberry, James: Income, Saving and the Theory of Consumer Behavior, Cambridge (Mass). 1962

Fand, David A.: Intermediary Claims and the Adequacy of our Monetary Controls, in: Banking and Monetary Studies, Hrsg. Deane Carson, Homewood 1963, S. 234—253

Feige, Edgar L.: The Demand for Liquid Assets: A Temporal Cross-Section Analysis, Englewood Cliffs 1964

Fischer, Werner B.: Das Passivgeschäft der Teilzahlungsbanken, in: Die Finanzen des privaten Haushalts, Festschrift für Walter Kaminski, Hrsg. Franz Schneider, Frankfurt/M. 1969, S. 149—171

Forstmann, A.: Volkswirtschaftliche Theorie des Geldes, Erster Hauptteil: Reine Theorie des Geldes, Bd. I, Allgemeine Geldtheorie, Berlin 1943

Frank, Vincent C.: Zur Problematik der Investmenttrusts, Staatswissenschaftliche Studien, Hrsg. Edgar Salin und Gottfried Bombach, N. F., Bd. 42, Zürich 1961

Frankfurter Allgemeine Zeitung: Kein triumphaler Erfolg, aber hoffnungsvoller Anfang. Deutsche Beteiligungsgesellschaft hat sich bisher an zwölf Unternehmen beteiligt, FAZ, Nr. 262, 9. Nov. 1968, S. 20

Freund, William C.: The Federal Reserve and Financial Intermediaries, in: Monetary Economics; Readings, Hrsg. A. D. Entine, Belmont (Calif.) 1968, S. 86—93

Friedman, Milton: The Quantity Theory of Money — A Restatement, in: Studies in the Quantity Theory of Money, Hrsg. Milton Friedman, Chicago 1956, S. 1—22

Geschäftsstelle Öffentliche Bausparkassen: Jahresberichte, Bonn, versch. Jge.

Gestrich, Hans: Kredit und Sparen, Jena 1944

Goldsmith, Raymond W.: The Share of Financial Intermediaries in National Wealth and National Assets, 1900—1949, Studies in Capital Formation and Financing, Occasional Paper 42, New York 1954

— The National Balance Sheet of the United States of America, 1900—1949, Income and Wealth, Series IV, Bowes and Bowes 1955

— Financial Structure and Economic Growth in Advanced Countries, Capital Formation and Economic Growth, Princeton University Press for the National Bureau of Economic Research, Special Conference Series No. 6, 1956

— Financial Intermediaries in the American Economy since 1900, A Study by the National Bureau of Economic Research (Studies in Capital Formation and Financing, 3.), Princeton 1958

— The Determinants of Financial Structure, Development Center of the Organisation for Economic Cooperation and Development (OECD), Paris 1966

Gurley, John G und Edward S. *Shaw*: Financial Aspects of Economic Development, in: The American Economic Review, Vol. 45 (1955), S. 515—538

— Financial Intermediaries and the Saving — Investment Process, in: The Journal of Finance, Vol. 11 (1956), S. 257—276

— The Growth of Debt and Money in the United States 1800—1950: A Suggested Interpretation, in: The Review of Economics and Statistics, Vol. 39 (1957), S. 250—262

— Money in a Theory of Finance, 3. Aufl., Washington 1964

Haberler, Gottfried: Weitere Bemerkungen zum Pigou-Effekt (1952), wiederabgedruckt in: Prosperität und Depression, 2. Aufl., Tübingen und Zürich 1955, S. 225—534

Hahn, Albert: Volkswirtschaftliche Theorie des Bankkredits, 3. Aufl., Tübingen 1930

Hamburger, Michael J.: The Demand for Money by Households, Money Substitutes and Monetary Policy, in: The Journal of Political Economy, Vol. 74 (1966), S. 600—623

Hansen, Alvin H.: The Pigouvian Effect, in: The Journal of Political Economy, Vol. 59 (1951), S. 535—536

Hax, Karl: Grundlagen des Versicherungswesens, Schriftenreihe „Die Versicherung", Hrsg. W. Grosse; H. L. Müller-Lutz; R. Schmidt, Bd. 1, Wiesbaden 1964

Heckhausen, H.: Motivation der Anspruchsniveausetzung, in: Die Motivationen menschlichen Handelns, Hrsg. Hans Thomae, Neue wissenschaftliche Bibliothek, Bd. 4, 5. Aufl., Köln, Berlin 1965, S. 231—250

Hogan, Warren P.: Monetary Policy and Financial Intermediaries, in: The Economic Record, Vol. 36 (1960), S. 517—529

Hoppe, F.: Das Anspruchsniveau, in: Die Motivationen menschlichen Handelns, Hrsg. Hans Thomae, Neue wissenschaftliche Bibliothek, Bd. 4, 5. Aufl., Köln, Berlin 1965, S. 217—230

Hoppenstedt: Vademecum der Investmentfonds 1969, 9. Aufl., Darmstadt, Berlin, Haarlem, Wien 1969

Huhle, Fritz: Sparwille und Sparfähigkeit als Komponenten der Spartätigkeit. Zur Entwicklung des privaten Kontensparens, in: Beiträge zur Theorie des Sparens und der wirtschaftlichen Entwicklung, Untersuchungen über das Spar-, Giro- und Kreditwesen, Hrsg. Fritz Voigt, Bd. 1, Berlin 1958, S. 85—104

Jaeger, Gerd: Entwicklung der sekundären Finanzierungsinstitute in der Bundesrepublik Deutschland und ihre Bedeutung für die Zentralbankpolitik, Kieler Studien, Forschungsberichte des Instituts für Weltwirtschaft an der Universität Kiel, Hrsg. Erich Schneider, Bd. 89, Tübingen 1968

Johnson, Harry G.: The General Theory after twenty-five Years, in: The American Economic Review, Vol. 51 (1961), Papers and Proceedings, S. 1—17

— Monetary Theory and Policy, in: The American Economic Review, Vol. 52 (1962), S. 335—384.

— Recent Developments in Monetary Theory, in: Essays in Monetary Economics, London 1967, S. 73—103

— Money in a Neo-Classical One-Sector Growth Model, in: Essays in Monetary Economics, London 1967, S. 143—178

Kaminsky, Walter: Die Teilzahlungsbanken, Taschenbücher für Geld, Bank und Börse, Hrsg. Ph. Möring und Hch. Rittershausen, Bd. 3, 3. Aufl., Frankfurt 1964

Katona, George: Das Verhalten der Verbraucher und Unternehmer, Veröffentlichungen der Akademie für Gemeinwirtschaft, Hamburg, Tübingen 1960

— On the so — called Wealth — Effect, in: The Review of Economics and Statistics, Vol. 43 (1961), S. 59—60

— Die Macht des Verbrauchers, Düsseldorf — Wien 1962

— The Mass Consumption Society, New York 1964

— Der Massenkonsum. Eine Psychologie der neuen Käuferschichten. Übertragen aus dem Amerikanischen von T. Stolper, Wien, Düsseldorf 1965

— Consumer Behavior and Monetary Policy, in: Geldtheorie und Geldpolitik, Günter Schmölders zum 65. Geburtstag, Hrsg. C. A. Andreae; K. H. Hansmeyer; G. Scherhorn, Berlin 1968

Katona, George und John B. *Lansing:* The Wealth of the Wealthy, in: The Review of Economics and Statistics, Vol. 46 (1964), S. 1—13

Keynes, John Maynard: The General Theory of Employment, Interest, and Money, Dtsch. Übersetzung: Allgemeine Theorie der Beschäftigung, des Zinses und des Geldes, Berlin 1955

Krahnen, H. Joachim: Kapitalbeteiligungsgesellschaft, in: Enzyklopädisches Lexikon für das Geld-, Bank- und Börsenwesen, Bd. II, 3. Aufl., Frankfurt/M. 1968, S. 958—959

Krelle, Wilhelm: Die Investitionsfunktion, in: Jahrbücher für Nationalökonomie und Statistik, Bd. 172 (1960), S. 345—391

— Volkswirtschaftliche Gesamtrechnung, 2. Aufl., Berlin 1967

Latané, H. A.: Cash Balances and the Interest Rate — A Pragmatic Approach, in: The Review of Economics and Statistics, Vol. 36 (1954), S. 456—460

Lehmann, Werner: Bausparkassen, in: Enzyklopädisches Lexikon für das Geld-, Bank- und Börsenwesen, Bd. I, 3. Aufl., Frankfurt/M. 1967, S. 182 bis 183

Lehmann, Werner: Die Bausparkassen, Taschenbücher für Geld, Bank und Börse, Hrsg. Ph. Möhring und Hch. Rittershausen, Bd. 5, 3. Aufl., Frankfurt/M. 1967

Lerner, Abba P.: Financial Institutions and Monetary Policy: A Re-examination of their Interrelationship, Discussion, in: The American Economic Review, Vol. 53 (1963), Papers and Proceedings, S. 401—407

— The Burden of National Dept, in: Income, Employment and Public Policy: Essays in Honor of Alvin Hansen (1948), wiederaufgelegt New York 1964, S. 225—275

Lindbeck, Assar: A Study in Monetary Analysis, 2. Aufl., Stockholm 1965

Lobscheid, Hans Gerd: Versicherung in wirtschaftstheoretischer Betrachtung, Versicherungsstudien, Veröffentlichungen der Kölner Versicherungswissenschaftlichen Vereinigung e.V., Hrsg. Hans Gerd Lobscheid, Heft 2, Berlin 1959

Lukarsch, Gerhard: Die Kapitalanlagepolitik der privaten Lebensversicherungsunternehmen im Hinblick auf die Erstellung kaufkraftäquivalenter Versicherungsleistungen, Frankfurter Wirtschafts- und Sozialwissenschaftliche Studien, hrsg. von der Wirtschafts- und Sozialwissenschaftlichen Fakultät der Johann-Wolfgang-Goethe-Universität Frankfurt am Main, Heft 5, Berlin 1959

Lydall, H. F.: Income, Assets and the Demand for Money, in: The Review of Economics and Statistics, Vol. 40 (1958), S. 1—14

Makower, H. und J. *Marshak:* Assets, Prices and Monetary Theory, in: Economica, Vol. 5 (1938), S. 261—288

Malkiel, Burton G.: The Term Structure of Interest Rates, Princeton 1966

Marty, Alvin L.: Gurley and Shaw on Money in a Theory of Finance, in: The Journal of Political Economy, Vol. 69 (1961), S. 56—62

Meyer, Thomas: Is the Portfolio Control of Financial Intermediaries Justified?, in: The Journal of Finance, Vol. 17 (1962), S. 311—317

Metzler, Lloyd A.: Wealth, Saving, and the Rate of Interest, in: The Journal of Political Economy, Vol. 59 (1951), S. 93—116

Modigliani, Franco und Richard E. *Brumberg:* Utility Analysis and the Consumption Function: An Interpretation of Cross Section Data, in: Post-Keynesian Economics, Hrsg. K. K. Kurihara, New Brunswick 1954

Modigliani, Franco und Albert *Ando:* Tests of „Life-Cycle" Hypothesis of Saving, in: Bulletin of the Oxford University Institute of Statistics, Vol. 19 (1957), S. 99—124

— The „Permanent Income" and the „Life-Cycle" Hypothesis of Saving Behavior: Comparison and Test, in: Proceedings of the Conference on Consumption and Saving, Bd. 2, Hrsg. J. Friend and R. Jones, Philadelphia 1960, S. 49—174

— The „Life-Cycle" Hypothesis of Saving: Aggregate Implications and Tests, in: The American Economic Review, Vol. 53 (1963), S. 55—84

— The „Life-Cycle" Hypothesis of Saving. A Correction, in: The American Economic Review, Vol. 54 (1964), S. 111—113

Monissen, Hans Georg: Konsum und Vermögen. Analyse der Konsum-Vermögensrelation im makroökonomischen Gesamtzusammenhang, Theorie und Politik, Volkswirtschaftliche Untersuchungen aus dem Institut für Industrie- und Gewerbepolitik der Universität Hamburg, Hrsg. Gérard Gäfgen, Bd. 3, Göttingen 1968

Neisser, Hans: Der Tauschwert des Geldes, Jena 1928

Obst, Georg und Otto *Hintner:* Geld-, Bank- und Börsenwesen, 36. Aufl., Stuttgart 1967

OECD: Capital Markets Study III, Functioning of Capital Markets, Paris 1969

Paschke, Werner: Bestimmungsgründe des persönlichen Sparens. Ein Beitrag zur ökonomischen Verhaltensforschung, Untersuchungen über das Spar-, Giro- und Kreditwesen, Hrsg. Fritz Voigt, Bd. 17, Berlin 1961

Patinkin, Don: Financial Intermediaries and the logical Structure of Monetary Theory, in: The American Economic Review, Vol. 51 (1961), S. 95 bis 116

— An Indirect-Utility Approach to the Theory of Money, Assets and Savings, in: The Theory of Interest Rates, Proceedings of a Conference held by the International Economic Association, Hrsg. F. H. Hahn und F. P. R. Brechling, London 1965, S. 52—79

— Money, Interest, and Prices. An Integration of Monetary and Value Theory, 2. Aufl., New York 1965

Paulsen, Andreas: Allgemeine Volkswirtschaftslehre, Bd. I, Grundlegung, Wirtschaftskreislauf, 6. Aufl., Berlin 1965

— Allgemeine Volkswirtschaftslehre, Bd. IV, Gesamtbeschäftigung, Konjunkturen, Wachstum, 4. Aufl., Berlin 1966

Pesek, Boris P. und Thomas R. *Saving:* Money, Wealth and Economic Theory, New York, London 1967

— The Foundations of Money and Banking, New York, London 1968

Phillips, Chester, A.: Bank Credit, New York 1920

Preiser, Erich: Der Kapitalbegriff und die neuere Theorie, in: Bildung und Verteilung des Volkseinkommens, 3. Aufl., Göttingen 1963, S. 99—123

— Multiplikatorprozeß und dynamischer Unternehmergewinn, in: Bildung und Verteilung des Volkseinkommens, 3. Aufl., Göttingen 1963, S. 124—170.

— Investition und Zins, in: Bildung und Verteilung des Volkseinkommens, 3. Aufl., Göttingen 1963, S. 171—205

Rassi, Faonzi: Investment Trusts: Gestion et Fiscalité, Paris 1964

Ritter, Lawrence: Income Velocity and Anti-Inflationary Monetary Policy, in: Money and Economic Activity, Readings in Money and Banking, Hrsg. Lawrence S. Ritter, 2. Aufl., Boston 1961, S. 346—352

— The Structure of Financial Markets, Income Velocity and Effectiveness of Monetary Policy, in: Schweizerische Zeitschrift für Volkswirtschaft und Statistik, Jg. 98 (1962), S. 276—289

Rittershausen, Heinrich: Die Vereinigung von Geldtheorie und Preistheorie, in: Wirtschaftstheorie und Wirtschaftspolitik. Festgabe für Adolf Weber, Hrsg. A. Kruse, Berlin 1951, S. 229—238

— Strukturwandlungen im Bankwesen, in: Wandlungen der Wirtschaftsstruktur in der Bundesrepublik Deutschland, Schriften des Vereins für Socialpolitik, Hrsg. Heinz König, N. F. Bd. 26, Berlin 1962, S. 525—554

Robinson, Joan: The Rate of Interest, in: Econometrica, Vol. 19 (1951), S. 92 ff.

Royal Commission on Banking and Finance: 1964 — Report of the Royal Commission on Banking and Finance, Ottawa 1965

Rozen, Marvin E.: Credit Controls and Financial Intermediaries: Comment, in: The American Economic Review, Vol. 52 (1962), S. 185—194

Rudloff, Hartmut: Vermögensbestand, Sparverhalten und Wirtschaftswachstum, Untersuchungen über das Spar-, Giro- und Kreditwesen, Hrsg. Fritz Voigt, Bd. 47, Berlin 1969

Sachverständigenrat zur Begutachtung der gesamtwirtschaftlichen Entwicklung: Stabilität im Wachstum, Jahresgutachten 1967/68, Stuttgart und Mainz 1967

Sayers, R. S.: Monetary Thought and Monetary Policy in England, in: The Economic Journal, Vol. 70 (1960), S. 710—724

Schmalenbach, Eugen: Kapital, Kredit und Zins in betriebswirtschaftlicher Beleuchtung, 4. Aufl., Köln und Opladen 1961

Schmölders, Günter: Von der Quantitätstheorie zur Liquiditätstheorie des Geldes, in: Akademie der Wissenschaften und der Literatur, Abhandlungen der geistes- und sozialwissenschaftlichen Klasse, Jg. 1960, Nr. 12, Wiesbaden 1960, S. 1115—1136

Schmölders, Günter; G. *Scherhorn* und G. *Schmidtchen:* Der Umgang mit Geld im privaten Haushalt. Beiträge zur Verhaltensforschung, Hrsg. Günter Schmölders, Heft 10, Berlin 1969

Schneider, Erich: Einführung in die Wirtschaftstheorie, Teil III, Geld und Kredit, Volkseinkommen und Beschäftigung, 9. Aufl., Tübingen 1964

— Einführung in die Wirtschaftstheorie, Teil II, Wirtschaftspläne und Wirtschaftliches Gleichgewicht in der Verkehrswirtschaft, 10. Aufl., Tübingen 1965

Schumpeter, Joseph: Theorie der wirtschaftlichen Entwicklung. Eine Untersuchung über Unternehmensgewinne, Kapital, Kredit und den Konjunturzyklus, 5. Aufl., Berlin 1952

Shaw, Edward S.: Money, Income and Monetary Policy, Homewood 1950

Shelby, Donald: Some Implications of the Growth of Financial Intermediaries, in: The Journal of Finance, Vol. 13 (1958), S. 527—541

Siebke, Jürgen und Manfred *Willms*: Das Geldangebot in der Bundesrepublik Deutschland. Eine empirische Analyse für die Periode von 1958 bis 1968, in: Zeitschrift für die gesamte Staatswissenschaft, 126. Jg. (1970), S. 55—74

Smith, Warren L.: Financial Intermediaries and Monetary Controls, in: The Quarterly Journal of Economics, Vol. 73 (1959), S. 531—553

— On the Effectiveness of Monetary Policy, in: Money and Economic Activity, Readings in Money and Banking, Hrsg. Lawrence S. Ritter, 2. Aufl., Boston 1961, S. 334—337

Solomon, Ezra: The Issue of Financial Intermediaries, in: Money and Economic Activity, Readings in Money and Banking, Hrsg. Lawrence S. Ritter, 2. Aufl., Boston 1961, S. 327—333

Spaetling, Dieter: Die Beziehungen zwischen dem institutionellen Aufbau des Geld- und Kreditsystems und dem wirtschaftlichen Wachstum, Untersuchungen über das Spar-, Giro- und Kreditwesen, Hrsg. Fritz Voigt, Bd. 32, Berlin 1966

Stackelberg, Heinrich v.: Beitrag zur Theorie des individuellen Sparens, in: Zeitschrift für Nationalökonomie, Bd. 9 (1939), S. 167—200

— Grundlagen der theoretischen Volkswirtschaftslehre, 2. Aufl., Tübingen — Zürich 1951

Statistisches Bundesamt: Statistisches Jahrbuch für die Bundesrepublik Deutschland, Wiesbaden, versch. Jge.

Stützel, Wolfgang: Banken, Kapital und Kredit in der zweiten Hälfte des zwanzigsten Jahrhundert, in: Strukturwandlungen einer wachsenden Wirtschaft, Schriften des Vereins für Socialpolitik, N. F. Bd. 30/II, Berlin 1964, S. 527—575

— Bankpolitik heute und morgen, 2. Aufl., Frankfurt/M. 1964

— Commercial Banks in Relation to Medium and Long Term Credit (Lecture delivered at the 16th International Banking Summer School, Semmering Austria, September 1963), Wien 1964

Stucken, Rudolf: Banken (II) Theorie, in: HdSW, Bd. 1, Göttingen 1956, S. 550—560

— Geld und Kredit, 2. Aufl., Tübingen 1957

Thorn, Richard S.: Nonbank Financial Intermediaries, Credit Expansion, and Monetary Policy, in: Staff Papers, International Monetary Fund, Vol. 4 (1957—58), S. 369—383

Tobin, James: Liquidity Preference as Behavior Towards Risk, in: The Review of Economic Studies, Vol. 25 (1957—58), S. 65—86

— Money and Economic Growth, in: Econometrica, Vol. 33 (1965), S. 671 bis 684

— The Theory of Portfolio Selection, in: The Theory of Interest Rates, Proceedings of a Conference held by the International Economic Association, Hrsg. F. H. Hahn und F. P. R. Brechling, London 1965, S. 3—51

— Notes on Optimal Monetary Growth, in: The Journal of Political Economy, Vol. 76 (1968), S. 833—859

Tobin, James und William C. *Brainard:* Financial Intermediaries and the Effectiveness of Monetary Controls, in: The American Economic Review, Vol. 53 (1963), Papers and Proceedings, S. 384—400

Tong Hun Lee: Substitutability of Non-Bank Intermediary Liabilities for Money: The Empirical Evidence, in: The Journal of Finance, Vol. 21 (1966), S. 441—457

Tormann, Wolfgang: Die Investmentgesellschaften, Taschenbücher für Geld, Bank und Börse, Hrsg. Ph. Möhring und Hch. Rittershausen, Frankfurt 1964

Tsiang, S. C.: The Precautionary Demand for Money; An Inventory Theoretical Analysis, in: The Journal of Political Economy, Vol. 77 (1969), S. 99 bis 117

Uhlmann, Reinhard: Was Banken und Sparkassen zu leisten haben. Verwirrende Planfülle — mit und ohne Bonus, in: Der Volkswirt, 23. Jg., Nr. 27 (1969), S. 38—41

Veit, Otto: Volkswirtschaftliche Theorie der Liquidität, Frankfurt/M. 1948

— Reale Theorie des Geldes, Tübingen 1966

Voigt, Fritz: Der volkswirtschaftliche Sparprozeß, Berlin 1950

— Probleme der Kapitalbildung, in: Sparkasse, 7. Jg., Heft 2 (1953), S. 21—24

— Versicherung, in: Evangelisches Soziallexikon, Hrsg. Fr. Karrenberg, Stuttgart 1954, Sp. 1072—1078

— Die volkswirtschaftliche Bedeutung der Versicherung, in: Versicherungswirtschaftliches Archiv, hrsg. von der Arbeitsgemeinschaft der Versicherungswissenschaftler an deutschen Hochschulen, 1. Heft, Berlin 1955, S. 89—111

Voigt, Fritz: Aussagefähigkeit und Erkenntnisgrenzen der modernen Wirtschaftstheorie, in: Beiträge zur Theorie des Sparens und der wirtschaftlichen Entwicklung, Untersuchungen über das Spar-, Giro- und Kreditwesen, Hrsg. Fritz Voigt, Bd. 1, Berlin 1958, S. 7—83

— Versicherungswissenschaft, in: Handwörterbuch des Versicherungswesens, Hrsg. Eberhart Finke, Bd. 2, Darmstadt 1958, Sp. 2383—2390

— Die volkswirtschaftliche Bedeutung des Verkehrssystems, Verkehrswissenschaftliche Forschung, Schriftenreihe des verkehrswissenschaftlichen Seminars der Universität Hamburg, Bd. 1, Berlin 1960

Wicksell, Knut: Lectures on Political Economy, Vol. I, General Theory, 6. Aufl., London 1951

Willms, Manfred: Portfolioentscheidungen, Zinsstruktur und Geldpolitik, Habilitationsschrift, Universität Bonn 1968

— Staatsschuld und Staatschuldenpolitik, unveröffentlichtes Manuskript, Universität Bonn 1969

Weise, Herbert: Probleme der Geld- und Kreditpolitik im Lichte des Radcliffe-Reports, Kieler Studien, Forschungsberichte des Instituts für Weltwirtschaft an der Universität Kiel, Bd. 67, Tübingen 1964

Woll, Artur: Die Theorie der Geldnachfrage: Analytische Ansätze und statistische Ergebnisse für die Bundesrepublik Deutschland, in: Zeitschrift für die gesamte Staatswissenschaft, Bd. 125 (1969), S. 56—81

Zincone, Louis: The Real Balance Effect: Aspects and Evidence, in: The Journal of Finance, Vol. 23 (1968), S. 693—694

II. Gesetze und Verordnungen

Gesetz über das Kreditwesen, vom 10. Juli 1961, BGBl I 1961, S. 881

Hypothekenbankgesetz, in der Fassung vom 5. Februar 1963, BGBl I 1963, S. 81 und Berichtigung vom 17. Mai 1963, BGBl I 1963, S. 368

Gesetz über Kapitalanlagegesellschaften, vom 16. April 1957 (BGBl I 1957, S. 378), in der Fassung vom 20. Januar 1965, BGBl I 1965, S. 12

Gesetz über die Beaufsichtigung der privaten Versicherungsunternehmen und Bausparkassen, vom 6. Juni 1931 (RGBl I 1931, S. 315), in der Fassung vom 28. Februar 1955, BGBl I 1955, S. 85

Gesetz über die Errichtung eines Bundesaufsichtsamtes für das Versicherungs- und Bausparwesen, vom 31. Juli 1951 (BGBl I 1951, S. 480), in der Fassung vom 22. Dezember 1954, BGBl I 1954, S. 501

Reichsversicherungsordnung, vom 19. Juli 1911 (RGBl 1911, S. 509), mit Änderung vom 9. Mai 1956, BGBl I 1956, S. 415

Gesetz über die Errichtung des Bundesversicherungsamts, die Aufsicht über die Sozialversicherungsträger und die Regelung von Verwaltungszuständigkeiten in der Sozialversicherung und der betrieblichen Altersfürsorge, vom 9. Mai 1956, BGBl I 1956, S. 415

Gesetz über die Bundesanstalt für Arbeitsvermittlung und Arbeitslosenversicherung, vom 10. März 1952, BGBl I 1952, S. 123

Gesetz über die Pfandbriefe und verwandten Schuldverschreibungen öffentlich-rechtlicher Kreditanstalten in der Fassung vom 8. Mai 1963, BGBl I 1963, S. 312

Gesetz über die Deutsche Bundesbank, vom 26. Juli 1957, BGBl I 1957, S. 745

Gesetz zur Förderung der Stabilität und des Wachstums der Wirtschaft, vom 8. Juni 1967, BGBl I 1967, S. 582

Abkommen über die Berechnung der Zins- und Provisionssätze bei der Weitergabe von Geldern an Dritte (Sollzinsabkommen) und Abkommen über die Festsetzung von Höchstzinssätzen für hereingenommene Gelder (Habenzinsabkommen) vom 22. Dezember 1936, Reichsanzeiger, Berlin, vom 23. Dezember 1936

Personenverzeichnis

Sachverzeichnis

Kolibri 360 GmbH
Ferdinand-Jühlke-Straße 7
99095 Erfurt, Deutschland
produktsicherheit@kolibri360.de

Druck:
CPI Druckdienstleistungen GmbH
im Auftrag der
Kolibri 360 GmbH
Ferdinand-Jühlke-Str. 7
99095 Erfurt